KB050524

제 2 판

# 공공선택론

## Politics without Romance

김 성 준

박영사

사랑하는 아이들이

자유롭고 정의로운 사회에서 자라길 바라며

# 제2판 머리말

2002년 「공공선택론: 정치행정의 경제학적 분석」을 처음 세상에 선보이고 10년이 조금 못 되어 제2판을 출간하게 되었습니다. 그동안 강단에서 열심히 가르치고 부끄럽지 않을 정도로 부지런히 내공을 쌓으면서, 강산이 한 번 바뀌기 전에 책을 다듬고 보완해야겠다는 보이지 않는 의지(invisible will)가 작용했던 모양입니다.

정치와 행정을 다루는 공공선택론은 우리 생활과 매우 밀접한 관계를 맺고 있습니다. 이제 정부 없는 사회를 상상하기 어렵고, 호불호와 관계없이 정치에 대한 이야기는 일상과 떼어내기 어렵습니다. 어떤 정치 세력이 권력을 잡고 어떤 사람들이 정부를 구성하는가는 우리 삶의 터전인 시장과 경제에 직결되며, 국가의 장기적인 번영에 결정적인 영향을 미친다는 것은 피할 수 없는 사실입니다. 개인적으로 다소 의아한 것은 정치인과 관료를 보통사람과는 다른 매우 이타적인 사람들로 보고 대통령과 정부를 마치 자애심으로 가득한 군주로 생각하는 사람들이 여전히 상당수라는 것입니다. 나아가 경제성장이 더디 되는 원인을 시민과 기업의 이기심, 시장실패의 탓으로 돌리고 정부가 더 적극적으로 개입해야 한다고 생각하는 사람들이 적지 않은 현실입니다. 이러한 '미신'을 깨는 공공선택론의 가르침이 많은 분들에게 아직 낯선 분야라는 점이 안타까울 따름입니다.

이번에 제2판을 준비한 이유는 크게 두 가지입니다. 우선, 초판이 나온 후 10년 가까이 강의를 하면서 학생들이 이해하기 어려운 내용을 보다 쉽게 표현하고 필요한 경우 좀 더 자세히 설명해야겠다고 생각했습니다. 이 점에 초점을 맞추고 기본적인 내용이 크게 변하지 않는 수준에서 단어와 문장들을 다듬고 내용을 보충하는 데 집중하였습니다. 동시에 학생 수준에서 다루기에 어려운 내용은 과감하게 삭제하였습니다. 둘째, 제2판에서는 집단행동론의 개척자인 M. Olson 교수의 이론과 주장을 중심으로 공공선택론적 관점에서의 집단행동에 대한 내용을 새롭게 추가했습니다. 정부로부터 각종 특권과 지대를 얻어내려는 이익집단에 대한 그의 이론의 중요성 때문에 그동안 강의를 통해서만 전달하던 내용을 이번에 추가하게 된 점을 기쁘게 생각합니다. 물론 이번에도 책의 분량을 고려하여 가장 핵심적인 내용을 중심으로 소개하는 데 초점을 맞추었습니다.

책을 준비하면서 이번에도 여러 지인들의 신세를 졌습니다. 제가 경북대학교에서 제자들을 가르치는 보람과 행복한 삶을 누리는 데 결정적인 역할을 하시는 이시철 교수는 집필 내내 시도 때도 없이 내미는 손길을 귀찮은 기색 없이 응답해 주셨습니다. 교수님께 변함없는 감사와 존경의 마음을 전합니다. 한밭대학교 권기석 교수는 교재로 사용하면서 느낀 점을 틈나는 대로 피드백 해주어 내용을 알차게 하는 데 크게 기여하였습니다. 늘 곁에서 변함없는 모습으로 응원해주는 교수님의 소중함을 전하고 싶습니다. 청출어람 제자들인 문인정, 전혜지, 박하영은 세심한 정성으로 책의 내용을 꼼꼼히 다듬어 주었습니다. 제자 복이 분에 넘칠 뿐입니다. 또한 삶의 터전에서 하루하루 지적 교류와 '일용할 양식'을 나누는 막내 박선주 교수를 비롯한 학과 교수님들께도 고마움을 전합니다. 마지막으로 부족한 책을 강단에서 사용해 주시고 아낌없이 격려해 주시는 한양대학교 이건 교수님을 비롯한 여러 교수님들께 특별한 마음을 담아 감사를 전합니다.

처음 공공선택론을 세상에 내면서 독자들에게 "책도 아이와 마찬가지로 낳는 것만큼이나 기르는 것이 중요하다고 믿으며 향후 연구에 더욱 매진할 것"이라고 한 약속은 제 평생 유효합니다. 하나님께서 허락하신

날까지 게으르지 않고 꾸준히 다듬고 보완하여 더 좋은 책으로 보답하겠습니다.

타고난 역량이 부족한 탓에 '일타강사'의 수준과는 거리가 먼 선생의 수업을 총명함과 성실함으로 이겨내는 제자들이 대견하고 고맙기만 합니다. 경북대학교에서 함께 공부할 수 있음을 보람 있고 자랑스럽게 만들어 준 제자들에게 변함없는 고마움을 전합니다. 그대들은 선생이 내 평생의 소명임을 늘 확인해주고 있습니다.

2020년 12월

'합리적' 이타주의자를 배출하는 경북대학교에서

저자

# 머리말

공부가 업(業)인 사람으로서 학문의 궁극적인 목적은 무엇인가에 대해 끊임없이 스스로에게 질문을 던진다. 정치경제학과 행정학을 공부하는 저자는 연구와 교육을 통해 사회의 여러 가지 현상을 정확히 이해하고, 우리가 살고 있는 이 사회가 나아가야 할 바람직한 방향이 무엇인가를 항상 고민한다.

사회현상을 올바르게 이해하기 위한 첫걸음은 무엇인가. 저자는 그것이 관찰하고자 하는 대상에 대한 본질(nature)을 이해하는 것에서 출발해야 한다고 믿는다. 특히, 정부의 정책을 공부하는 사람으로서 마땅히 정치, 행정, 그리고 이들을 움직이는 주체인 사람에 대한 본질을 이해하는 것이 공부의 중심이 될 수밖에 없다. 모든 사회과학은 어쩌면 인간이란 어떤 존재인가의 질문에 대해 끊임없이 해답을 찾아가는 것이라고 생각한다. 그리고 인간과 사회현상의 본질을 찾아 그로부터 인간사회의 행복을 추구하고자 하는 것이 사회과학자의 임무라고 생각한다. 공공선택론은 저자에게 인간과 사회현상의 본질을 이해하는 데 중요한 시각을 제공해 주었다.

이 책의 목적은 독자들에게 정치와 행정(정부)의 본질적인 측면을 설명하고, 그 이해를 바탕으로 올바른 문제해결을 할 수 있는 시각을 제공하기 위한 공공선택론의 내용을 소개하기 위한 것이다.

정치란 무엇이고 어떻게 움직이며, 정치인이란 누구이며 그들은 어떤 행태를 보이는지, 또한 정부란 무엇이며 어떻게 운영되는지, 정부를 움직이는 관료란 어떤 사람들이며 어떤 행태를 보이는지에 대한 이러한 질문들과 이에 대한 답을 찾고자 하는 관심은 비단 지식인이나 사회과학을 공부하는 사람이 아니더라도 누구나 한번쯤은 가질 수 있을 것이다. 우리는 오랫동안 부지불식간에 정치인과 관료는 소위 '공복(public servant)', 즉 국가의 심부름꾼으로서 국민의 세금으로 국가의 녹을 받으며 '공익'의 실현을 위해 일하는 사람들이라고 큰 의심 없이 배우고 믿고 있다. 그런데 도대체 어떻게 하루가 멀다 하고 공복인 정치인과 관료의 부패, 비리, 비위 등에 대한 뉴스를 접하게 되는 것일까. 이윤만을 목적으로 하는 기업의 직원도 아닌 공익을 위해 불철주야 일하는 공복들에게 어떻게 이런 일들이 발생할 수 있을까. 우리가 목격하는 부패한 정치인과 관료들은 본래부터 비도덕적이고 비윤리적인가. 정치와 정치인, 정부와 관료에 대해 학창시절 '교과서'대로 배운 평범한 사람들에게 쉽게 풀리지 않는 의문임에 틀림없다. 저자 역시 대학 때부터 사회과학을 공부하면서 이러한 궁금증에 대한 명쾌한 대답을 찾기가 어려웠다.

그런데 이러한 궁금증에 대해 공공선택론은 전통적인 교과서와는 다르게 가르치고 있다. 한마디로 정치인과 관료 등에 관해 과거 배운 것들은 현실과는 너무나도 거리가 먼, 낭만적인 생각이라는 것이다. 정치인과 관료의 목표가 기업가의 목표와 크게 다르지 않으며, 나아가 바로 '나'의 목표와 크게 다르지 않다는 것이다. 그들 역시 '나'와 같이 자신을 가장 사랑하고(self-love), 자신의 이익과 행복을 극대화하기 위해 노력하는 '보통 사람'일 뿐이라는 것이다.

사실 우리는 어쩌면 정치인과 관료가 국가와 국민의 공익을 위하여 그래야 된다고 생각하거나 혹은 그렇게 해 주었으면 하고 '희망할' 뿐인지 모른다. 반면, 공공선택론은 '실제로' 정치와 정부가 어떻게 작동하는지를 보고자 정치경제학적 렌즈를 통해 실증론적 접근 방식을 취하면서, 그것들이 어떻게 작용해야 하는지 그리고, 어떤 방향으로 가야 하는지에 대한 대안을 찾고 있다.

위대한 정치경제학자인 A. Smith아담 스미스의 「국부론」의 원 제목은 '*An Inquiry into the Nature and Causes of the Wealth of Nations*국가의 부의 본질과 원인에 대한 연구'이다. 이렇듯 정치경제학과 일반 사회과학의 연구가 본질과 원인에 대한 탐구이듯이 저자 역시 공공선택론의 시각을 통해 정치와 정부의 본질과 정부실패의 근본적인 원인을 탐구하고자 한다. 저자는 세상의 대부분의 오해는 그것이 의도적이든 그렇지 않든 상관없이, 사물과 사안의 본질을 정확하게 이해하지 못하는 것에서 발생한다고 생각한다. 모쪼록 공공선택론이라는 렌즈로 독자들이 정치, 정부와 정책에 대한 본질을 제대로 이해하고, 이를 통해 우리 모두가 더 나은 정치와 정부, 그리고 더 좋은 정책을 만드는 데 동행하기를 소망한다.

이 책은 모두 여섯 장으로 구성되어 있다. 1장에서는 공공선택론을 이해하기 위한 기초적인 내용을 담았다. 공공선택론은 어떤 배경에서 탄생하고 지금까지 진화했으며, 이론적 측면에서 공공선택론은 무엇을 전제하고 어떤 관점에서 정부를 바라보는지를 소개한다. 2장에서는 공공선택론에서 주장하는 정부실패에 대한 이론을 전통적인 후생경제학의 시장실패론과 비교하여 설명한다. 우선 기존 시장실패의 개념과 유형을 살펴보고, 정부실패의 개념을 정리한 후 이를 유형화하고 그 의미를 탐구한다. 3장에서는 공공선택론의 창시자 가운데 G. Tullock털럭의 연구를 중심으로 지대추구론에 대하여 살펴본다. 일반적인 지대의 개념에서 공공선택론에서 지대의 개념까지 살펴보고, 지대추구, 지대추구행위, 지대보호 등 지대추구론의 주요 개념을 공부한 후 마지막으로 지대추구가 전달하는 메시지를 생각해 본다. 정치시장의 구성요소는 무엇인가. 정치시장의 핵심주체는 누구이며 그들은 어떤 행태를 취하는가. 정치시장은 일반 경제시장에 비해 효율적인가 비효율적인가, 그리고 그 원인은 무엇인가. 이 같은 일련의 질문들은 전통적으로 정치학에서 다루는 주제들이다. 4장에서는 이러한 질문에 대해 공공선택론의 관점으로 새로운 이해와 해석을 하고자 한다. 5장은 관료모형을 수요측면과 공급측면의 모형으로 나누어 소개하였다. 수요측면의 대표적 모형으로 M. Weber베버의 이상적 관료모형과 완전계층적 관료모형을 소개하고, 공급측면의 모형으로 A. Downs다운스의 다원주의 모형, W. Niskanen니스카넨의 예산극대화 모형과 이를 수정한 Migue-Belanger 미구에-블랑제르의 재량권극대화 모형, 그리고 P. Dunleavy던리비의 부처최적화모형을 살펴본다. 관료모형에 대한 전개의 틀과 내용은 민경국(1993)의 '신정치경제학'을 참고하였다. 대동소이한 자원을 보유하고 있는 두 나라의 현재 모습은 왜 이토록 다를까? 왜 어떤 나라는 괄목할 만한 발전을 보이고 또 다른 나라는 그에 훨씬 못 미치는 성장을 보이는가? 이러한 의문은 개인, 집단, 조직 수준에서도 어렵지 않게 발견된다. 공공선택론자들은 이것을 소위 '게임의 규칙(rule of game)'에서 찾고자 한다. 즉, 한 나라의 제도, 법, 시스템의 차이에서 온다는 것이다. 6장에서는 이러한 법, 제도를 바라보는 공공선택의 중요한 영역인 헌법경제학에 대한 내용을 다루고 있다. 헌법경제학은 공공선택론 가운데에서 실증적 근거를 바탕으로 규범적 성격이 강한 분야이다. 특히, 이 장에서는 J. Buchanan뷰케넌이 전개한 핵심적인 내용을 중심으로 검토한다.

저자가 현재 대학에 몸담고 있기 때문에 이 책은 기본적으로 대학에서 행정학을 비롯한 사회과학을 공부하는 학생들과 관련 연구자들을 대상으로 집필하였다. 그러나 공공선택이론의 핵심적인 내용을 소개하는 것을 목적으로 '입문(introduction)' 수준에서 집필했기 때문에 정치와 행정에 관심이 있는 사람이면 누구나 읽을 수 있도록 가급적 평이하게 쓰고자 노력하였다. 때문에 경제학이나 행정학, 정치학에 대한 전문적인 지식 없이도 읽을 수 있도록 전문용어(jargon)는 간단한 설명을 추가하거나 참고문헌을 소개하였다. 그리고 자칫 지나치게 이론적으로 쏠리지 않도록 핵심적인 내용을 설명을 하는 데 크게 어려움이 없는 한 가급적 수식이나 그래프 분석을 지양하였다. 다만 구체적인 내용에 대한 기술적이고 전문적인 지식을 원하는 독자들을 위해 가급적 원서와 원문을 소개하였다. 공공선택론을 처음 접하는 독자나 혹은 공공선택론에 대한 전문적인 지식을 원하는 독자에게 작은 도움이 될 수 있었으면 한다.

정치와 정치인 그리고 정부와 정부를 움직이는 사람들에 대한 올바른 이해는 그에 대한 불필요한 오해를 줄여준다. 그리고 이렇게 오해를 없애는 과정을 통해 우리는 문제에 대한 보다 정확한 처방을 내릴 수가 있다. 저자는 공공선택론을 공부해야 하는 가장 큰 이유를 여기서 찾는다. 부디 저자의 이러한 생각을 독자들과 나누기를 소원하며, 책의 내용에 대한 모든 책임을 저자 스스로에게만 지운다.

책이 세상에 나오기까지 여러 분들의 도움을 받았다. 능력 있는 조력자가 곁에 있다는 것만으로도 연구에 대한 부담을 반으로 줄일 수 있다. 경북대학교 대학원의 하선권 군은 자료를 수집하고 내용을 풍요롭게 하는데 탁월한 능력과 성실함으로 연구조교 이상의 역할을 해 주었다. 자랑스럽고 고맙다. 또한 초고의 편집과정에서 빵점짜리 국어 실력의 글을 읽을 만한 수준으로 탈바꿈시키며 놀라울 만한 섬세함과 정확성을 보여준 이지예 님께 감사의 말을 전한다. 공공선택론에 대한 대부분의 내용이 외국문헌으로부터 준비되어 용어나 내용에 가장 적합한 우리말을 찾는 것이 쉽지 않았다. 저자가 이런 어려움을 겪을 때마다 고민을 함께 해 준 경북대학교 김윤상, 배태영, 이광석 교수님을 비롯한 행정학부 교수님들께 진심으로 감사드린다.

좋은 출판사를 만난다는 것이 얼마나 행운인지 몰랐다. 무엇보다도 사업을 하는 입장에서 책의 '시장성'은 안보고 흔쾌히 출판을 허락해 주신 안종만 박영사 회장님께 감사를 드린다. 또한 성질 급한 저자의 속도를 맞추시고 이런저런 요구를 너그럽고 적극적으로 반영해 주신 편집부 여러 선생님들께 진심으로 감사드린다.

내 주변에는 나보다 더 나를 사랑하고 아끼는 사람들이 많다. 특히 곁에 계시는 것만으로도 큰 힘이 되어 주시는 부모님과 젊지 않은 나이와 바쁜 학교 일에도 징그럽게 나를 닮은 신우와 신아를 내게 선물해 준 아내에게 진심으로 고마움을 전한다. 또 저자 곁에는 총명하면서도 겸손을 잃지 않고 나보다 남을 더 생각하며 성실히 공부하는 제자들이 있다. 그들에게 나의 처녀작을 선물하고 싶다.

공부를 시작하고 첫 작품을 세상에 내놓는 마음은 기대보다 불안이 앞선다. 다만, 책도 아이와 마찬가지로 낳는 것만큼이나 기르는 것이 중요하다고 믿으며, 향후 연구에 더욱 매진할 것을 약속한다.

2012년 3월<br>이타주의자를 배출하는 경북대학교 연구실에서<br>저자

# 차 례

## 1장 공공선택론의 기초



## 2장 정부실패론

## 3장 지대추구론

## 4장 집단행동론



## 5장 정치시장

## 6장 관료모형

## 7장 헌법정치경제학

# 일러두기

1. 우리말이 아닌 외국의 인명과 도서명 등은 원칙적으로 현행 외래어 표기법을 따르고, 표기 원칙이 정해져 있지 않은 경우는 학계에서 일반적으로 통용되고 있는 것을 사용하였다.

2. 인명, 도서명, 전문용어 등은 원칙적으로 처음 나올 때 한 번 원어와 우리말을 함께 사용하고 이후에는 원어만을 사용하였다. 다만, 본문에서 문맥의 뜻을 분명히 하거나 필요하다고 생각되는 용어의 경우에는 중복 사용하였다.

3. 원어가 외래어(영어)인 경우 이해가 쉽도록 문맥에 따라 교환하여 사용하였다. 예를 들어, welfare는 경우에 따라 후생 또는 복지 등으로 문맥에 더 자연스러운 단어를 선택하였다.

4. 본문에서 시장과 민간부문이라는 용어를 비슷한 의미로 사용하고, 정부 역시 공공부문 등으로 사용하였다. 문맥에 따라서 독자들이 이해하기 쉽도록 선별하여 사용하고 때로는 의미를 살리기 위해 용어들을 함께 사용하였다.

5. 각 장(chapter)은 하나의 독립된 연구주제로 충분하기 때문에 독자들의 편의를 위해 장마다 참고문헌을 따로 정리하였으며, 집필에 활용한 모든 자료는 책의 마지막에 종합적으로 정리하였다.

CHAPTER

# 1

# 공공선택론의 기초

*"New opinions are always suspected, and usually opposed, without any other reason but because they are not already common"*

*— John Locke*[1]

*"Only by varied iteration can alien conceptions be forced on reluctant minds"*

*— Herbert Spencer*[2]

1 존 로크(1632－1704). 영국 경험론적 정치 철학자이자 사회계약론자로서 근대 정치철학사에 위대한 족적을 남겼다. 가장 영향력 있는 계몽주의 사상가이자 자유주의 이론가의 하나로 평가받으며 볼테르, 루소 등에게 영향을 주고 미국의 독립혁명과 스코틀랜드 계몽주의 사상가들에게도 영향을 미쳤다. 주요 저서로는 통치론, 인간오성론, 교육론 등이 있다.

2 허버트 스펜서(1820－1903). 철학자, 교육학자, 심리학자이자 영국의 대표적인 사회학자이다. 콩트의 체계에 필적할 만한 현대 사회학 체계를 세운 것으로 평가받으며, 특히 당시 과학적 성과를 수용하여 독창적인 진화사상을 발전시킨 사회진화론의 창시자이다.

CHAPTER 01

# 공공선택론의 기초

## 프롤로그

과거 전통적인 정치학과 행정학에서는 정치와 행정이 '실제로' 작동하는 방식을 연구하고 가르치기보다는 정치와 행정이 '이상적으로' 작동하는 방식, 즉 어떻게 작동해야 하는지 혹은 작동해 주었으면 하는지에 대한 방식에 초점을 두었다. 전자를 실증론적 접근방식(positive approach), 후자를 규범론적 접근방식(normative approach)이라고 한다. 규범론적 관점에서 보면 정치인과 관료는 자신보다 국가와 시민을 먼저 생각하고 공익(public interest)을 추구하는 사람들이다. 그것이 그들에게 주어진 임무이고 사회적 책임이기 때문이다. 하지만 이것이 현실적인 모습일까? 실제로 정치인이나 관료가 공익을 위해 자신의 이익을 포기하고 국가와 시민을 위해 기꺼이 희생을 감수하겠는가? 상식적인 사람들은 그렇지 않다고 생각할 것이다. 그러면서도 동시에 그래야 한다고 기대한다. (그렇다면 과연 시민들은 대의를 위해(for a great cause) 그들의 희생을 요구하는 것이 정당한가?)

놀라운 사실은 우리나라에는 여전히 많은 사람들이 사실은 그렇지 않다는 것과 그래야 한다는 생각 중에 후자에 더 많은 무게를 두고 있다는 것이다. 실증적 판단보다 규범적 주장에 더 기대는 것이다. 하지만 우리가 무엇을 기대하는 것과 실제 그런 것과는 분명한 구별이 있어야 한다. 현실(fact)을 무시한 희망과 기대는 문제해결에 도움이 되지 않을 뿐만 아니라 오히려 의도하지 않은 부작용만을 양산하기 때문이다.

공공선택론은 기본적으로 현실적이다. 공공선택론이 전하는 가장 중요한 메시지는 실제로 정치인과 관료가 나와 같은 보통 사람과 다르지 않다는 것이다. 공공선택론은 그들도 우리처럼 스스로를 사랑하고 최대한 자기 이익을 추구하고 노력한다는 사실을 수용하고 인정한다. 이러한 '사실의 인정'을 통해서만이 비로소 어떤 현상을 보다 정확하게 이해하고 문제의 해결방안을 찾아낼 수 있다. 공공선택론은 비시장적 대상인 정부(정치와 행정)에 대한 고전적 정치경제학의 원리와 방법론을 적용한 연구이다. 인간은 일차적으로 자신을 사랑하고, 자신이 가장 행복할 수 있는 방법을 찾으며, 이를 위해 가장 합리적인 결정을 한다고 가정한다. 이를 바탕으로 공공선택론은 크게 두 가지 흐름으로 발전해 왔다. 하나는 정치와 행정이 실제로 작동하는 방식에 초점을 두고 투표행위, 정치인과 관료의 행태, 직접민주주의와 대의민주주의 비교연구 등과 같이 연구대상에 대한 분석을 중심으로 한 실증적 공공선택론(positive public choice)이다. 다른 하나는 헌법을 중심으로 규칙을 선택하고 수정하는 방식, 혹은 정치적 대표자의 행태에 영향을 주기 위해 어떠한 헌법적 제약을 해야 하는가 등에 대해 규범적으로 접근한 헌법정치경제학(constitutional political economy)이다. 물론 이러한 규범적 접근 역시 현실에 대한 관찰을 통한 분석에 기초한다.

# 1절 진화와 배경

## 1. 탄생과 진화

공공선택론은 어떻게 탄생하여 지금까지 진화해 왔는가?

공공선택론(public choice theory)이 본격적으로 연구되기 시작한 시기는 20세기 중반부터이다. 연구 초기에는 독립된 학문이나 경제학의 세부분야로 출발한 것이 아니라 정치경제학의 이론을 탐구하는 일종의 연구프로그램(research program)이었다(Buchanan, 2003). 공공선택론의 핵심 주제인 '비시장적 의사결정(non-market decision making)'에 대한 연구는 정치/정책과정에 대해 관심이 있는 학자들이 중심이 되어 진행되었다. 이들은 경제학뿐 아니라 정치학, 법학 등 다양한 학문 영역에서 출발하여 자신의 학문적 경계를 벗어나 학제적(interdisciplinary) 연구를 갈망하는 사람들이었다.

공공선택론자들은 시장에서 경제주체들의 의사결정과 행동이 법과 관습 그리고 정부와 어떻게 상호작용(관계)하는지를 연구하는 18세기 고전적 정치경제학(classical political economy)의 전통을 이어받는다. 그들은 19세기 말에서 20세기에 들어오면서 정치경제학이 지나치게 이론적, 수리적 경제학(economics)으로 변질되어 정치적 측면을 등한시하고 단순히 경제현상에 대한 분석과 연구에 집중하고 있는 점을 지적한다. 이는 지금도 많은 국가에서 총생산의 1/3이나 1/2에 이르는 수준까지 시장이 아닌 정치제도(political institutions)와 공공부문을 통해 생산/배분되고 있다는 점에서 공공선택론자들의 지적이 타당하다는 것을 보여준다.

학문적으로는 1950년대부터 J. Buchanan제임스 뷰캐넌과 G. Tullock고든 털럭의 저작과 A. Downs앤터니 다운스 등의 연구가 본격적으로 등장한다. 대표적으로 Buchanan의 'Social Choice, Democracy and Free Markets사회선택, 민주주의, 자유시장(1954)', Tullock의 'Problems of Majority Voting다수결 투표의 문제(1959)', Downs의 'An Economic Theory of Democracy민주주의 경제이론(1957)' 등이 있다.

D. Black던컨 블랙은 The Theory of Committees and Elections위원회와 선거의 이론(1958)에서, 그리고 사회선택이론(social choice theory)의 출발인 K. Arrow케네스 애로우는 Social Choice and Individual Values사회선택과 개인의 가치(1951)에서 다수결 제도로 대표되는 민주주의가 사회후생 혹은 공공의 이익을 달성하도록 작동하지 않는다는 것을 증명하고자 하였다. 이들의 연구는 선거 결과가 어떤 균형점에 도달하지 못하고 계속해서 순환한다는 다수결 순환(majority cycle)이라는 현상을 (재)발견하는 데 기여한다. Arrow와 Black의 연구는 다수결 제도하의 민주주의는 본질적으로 불안정하다고 제안하고 있다. 특히, Arrow는 '불가능성 정리(Impossibility Theorem)'를 통해 이에 대한 논의를 확장시키면서 모든 구성원의 선호가 반영된 민주주의적 의사결정은 불가능하다고 주장하였다(Arrow, 1950).

반면, Buchanan은 정치적 결과의 안정성보다는 다수결원칙이 적용될 때 발생하기 쉬운 '소수자에 대한 차별'을 어떻게 방지할 것인가에 관심을 갖는다. 그는 Arrow나 Black의 접근방식에 비판적으로 접근하면서 다수결원칙이 민주주의 발전 과정에서 가장 바람직한 결과인가에 의문을 제기한다. 다수결원칙을 통한 정치적 균형의 달성은 투표과정에서 패배한 소수에 대해 다수의 의지를 영속적으로 부과하는 것과 마찬가지라는 것이다. 그는 다수결원칙에서 과연 어떻게 효율성(efficiency)과 공정성(justice)의 조합을 얻어내느냐에 관심을 두었다.

1962년에 출간된 Buchanan과 Tullock의 'The Calculus of Consent: Logical Foundations of Constitutional Democracy합의의 분석[3]'와 실증정치이론의 창시자인 정치학자 W. Riker윌리엄 라이커의 'The Theory of Political Coalitions정치적 제휴이론'은 공공선택론의 초석을 제공하였다. 이후 공공선택론의 학문적 기여로 Buchanan이 1986년에 노벨경제학상을 수상하면서 경제학뿐 아니라 다양한 분야의 사회과학 연구자들에게 광범위하게 주목받는다.

이후 공공선택론은 크게 세 학파로 나뉘어 발전하게 된다. 우선 Buchanan과 Tullock을 중심으로 University of Virginia버지니아 대학, Virginia Politechnic Institute and State University버지니아 공대, George Mason University조지메이슨 대학 등 미국 버지니아주 지역의 대학에서 연

---

3 국내에서는 전상경·황수연 교수가 '국민 합의의 분석'이라는 이름으로 번역하였다. 필자의 생각에는 수학에서 미적분학이라고 하는 calculus에 대한 직역이 부담스러워 분석이라고 번역한 듯 보인다. 이 책에서는 포괄적인 의미에서 간단히 '합의의 분석'으로 사용한다. 참고로 강신택 교수는 사회과학에서 calculus의 의미를 다음과 같이 설명하고 있다. "사회과학에서 calculus란 순수하게 형식적이거나 혹은 해석되지 않는 공리체계를 말한다. 과학이론이 해석되지 않은 체계와 이런 체계의 단어나 문장에 대해 경험적 의미를 부여하는 해석으로 구성되어 있다고 보면 '해석되지 않은 체계'가 바로 calculus이며 이론의 구조이다. 이론 구조 속에 calculus를 포함하고 있다는 말은 그 이론적 체계를 밝힌 것이지 실제의 이론구성의 절차가 그렇다는 것은 아니다. 또한 이론을 이론적 용어와 이론적 법칙으로 구성된 체계라고 본다면 이론적 체계는 추상적이라는 면에서 해석되어야 하며 이 점은 calculus와 유사하다. 그러나 calculus는 기본적으로 순수한 형식적인 체계로서 어떤 대상을 준거로 삼지 않는데, 이론체계는 그 용어가 일정한 이상을 그 대상으로 삼고 있다는 점에서 구별된다. 결국, 하나의 calculus는 이론용어로만 구성되는 체계로 해석될 수도 있다. 이런 해석으로 나온 이론체계는 다시 관찰 가능한 경험적 의미를 갖는 이론으로 해석되어야 한다."(강신택, 1981: 61-62).

구가 진행되었다. 그리고 Riker를 중심으로 University of Rochester로체스터 대학에서, Ostrom오스트롬 부부를 중심으로 Indiana University인디애나 대학에서 각자의 색깔로 공공선택 연구를 진행했다(전상경, 1999).[4] 이 책에서는 이들 가운데 Buchanan과 Tullock의 연구를 중심으로 진행하고자 한다.

공공선택론의 창시자인 Buchanan은 정부의 재정인 조세와 정부지출 그리고 이와 관련된 제도의 정치적 측면과 헌법의 정치경제학에 대해 연구하였고, Tullock은 법학을 배경으로 정치체계와 관료제의 원리, 소득재분배, 지대추구에 대한 이론적 발전을 통해 공공선택론의 발전에 지대한 영향을 미친다. 이들의 정치경제학적 배경은 자연스럽게 공공선택론의 방법론에도 영향을 주었다. 경제학적 방법론에 기초한 공공선택론은 시장에서 경제주체의 의사결정과 행동을 분석하고 이러한 원리를 비시장적 집단의사결정(collective decision making)에 적용한다.

여기서 잠시 Buchanan의 학문적 배경과 연구를 통해 공공선택론의 모습을 설명하고자 한다. 그는 경제학 중에서도 재정학을 전공하였는데 재정학은 크게 조세 부문과 공공지출 분야로 나눌 수 있다(Rosen, 1992). 기존의 후생경제학(welfare economics)이 공공재의 공급을 위한 문제해결에 중점을 둔 재정문제에 치중하고 주로 조세수익의 측면에 관심을 두었다면 Buchanan은 정부지출의 정치적 측면에 초점을 두었다.

전통적인 후생경제학은 시장기구에 의해 효율적인 자원배분이 달성

4 전상경 교수는 이러한 전통을 바탕으로 버지니아 학파, 로체스터 학파, 블루밍턴 학파로 나누기도 한다.

되지 못하는 경우를 시장실패(market failure)로 규정하고 이를 치유하기 위한 정부개입의 정당성을 제공하고 합리화하기 위한 규범적 근거를 제공한다. 여기서 시장기구(market mechanism)란 가격의 자동조절기능이 작동할 수 있게 구성된 사회조직으로, 수요와 공급의 법칙에 따라 가격이 재화와 서비스의 공급량과 수요량을 일치하도록 조절하는 기능을 수행한다. 자유시장경제(free market economy) 체제에서는 시장에 대한 정부의 간섭 없이도 가격기구가 자연스럽게/자동적으로 자원배분의 효율성이 유지하는 역할을 하여 A. Smith아담 스미스는 Wealth of Nation국부론에서 이를 '보이지 않는 손(invisible hand)'이라고 하였다. 시장경제체제에서는 가격기구로 인해 자원이 효율적으로 배분되고 경제 질서도 효율적으로 이루어진다는 것이다.

하지만 후생경제학에서는 시장실패를 치유하는 정부의 정책과정과 법/제도적 측면이 분석대상에서 제외되었다. 결국 실제 시장에 대한 정부개입이 정치적 과정에 참여하는 이해관계자들의 의사결정을 통해 이루어진다는 사실이 대부분 무시되는 문제점을 안고 있다. 공공선택론자들은 시장실패를 치유하기 위한 정부의 개입이 정책의 주체와 대상, 정책과정, 내용과 방법 등을 간과하고 경제적 효율성 달성에 치중한 결과, 오히려 '정부실패(government failure)'를 초래했다고 지적한다. 시장실패를 치유하는 정부의 성과를 제대로 파악하기 위해서는 정치적 과정에 참여하는 정치인이나 관료 등에 대한 행태적 분석이 선행되어야 한다는 것이다. 이런 의미에서 공공선택론은 정부의 활동과 정책과정에서 현실 정치가 어떤 영향을 미치는가를 이론적으로 접근하고자 하는 정치경제학적(political economy) 입장을 취한다.

시카고대학University of Chicago 출신인 Buchanan(조금 다른 의미이지만 Tullock도 같은 대학에서 법학박사(J.D.) 학위를 받는다)의 배경 때문에 흔히들 Buchanan을 중심으로 한 버지니아학파를 시카고학파와 비교하기도 한다. 시카고학파가 주로 시장의 균형을 중심으로 한 전통적인 경제학의 주제에 연구의 관심을 두었다면, 버지니아 공공선택학파는 자유민주주의 사회의 정치조직과 법·제도를 이해하는 데 연구의 초점을 둔다. 이는 정부가 공익을 극대화하려는 중립적이고 전능한 기관이라고 보는 전통적인 인식에 전환을 가져오는 계기가 된다(김비환, 2005). Buchanan은 이에 대해 "공공선택론은 정부의 업무에 대해 낭만적이고 환상적인 시각을 보다 회의적인 시각으로 대신한다"고 말한다.[5]

## 2. 이론적 배경

Buchanan은 자신의 학문과 공공선택이론에 가장 큰 영향을 준 인물로 스웨덴의 경제학자 K. Wicksell 크누트 빅셀을 꼽는다. 특히 그의 논문의 핵심적인 내용을 다음과 같이 요약하고 있다.[6] 정부재정의 효율성은 조세와 정부지출에 대한 '만장일치의 규칙(unanimity rule)'에 바탕을 두고 평가될 수 있으며, 진정한 경제개혁은 관련된 규칙의 변경(법의 개정)을 통

5 "Public choice theory replaces … romantic and illusory … notions about the workings of governments [with] … notions that embody more skepticism."

6 Lindahl(린달)과 Wicksell(빅셀)의 연구는 정치적 과정에서 결정되는 예산 등 공공부문의 연구에 전체론적 접근방법을 적용한 것으로 알려져 있다.

해서 가능하고, 이는 사회적/정치적 합의를 기초로 이루어진다. Buchanan은 또한 이탈리아 재정학의 전통을 수용하고 있는데, 이는 독일이나 영국의 그것과 달리 '개인주의적 자발적 재정선택이론'을 주창하고 있으며, 그가 비시장적 의사결정을 분석하기 위해 방법론적 개인주의를 적용하는 데 크게 영향을 미친다(Wagner, 1988). 공공선택론의 또 한 명의 선구자인 Tullock은 초기 연구의 관심을 다양한 정치규칙들 가운데 어떤 것을 선택할 것인가에 대한 집합적 결정 과정에서 개인의 선택에 관심을 둔다. 이것은 이후 Buchanan과의 공동 저작인 '합의의 분석(1962)'의 밑그림이 된다.

이러한 배경과 함께 1940−50년대 후생경제학을 중심으로 논리적 기반을 다진 시장실패에 관한 연구에 대해 Buchanan과 Tullock을 비롯한 W. Niskannen윌리엄 니스카넨, M. Olsen 맨슈어 올슨 등의 공공선택론자들은 시장실패의 치유를 위한 정부개입으로 초래된 정부실패에 대한 연구를 활발하게 진행한다.[7] 시대적으로 이 시기 미국은 제2차 세계대전이 끝나고 전례 없는 경제적인 번영을 달성하며 세계에서 가장 부유한 국가로서의 입지를 강화하였다. 사회적으로는 민권운동이 시작되어 1950년대 후반 대법원이 각종 인종분리정책을 취하는 것을 위헌이라고 판결내리고 연방정부 차원에서 공민권법(Civil Rights Act)을 제정했다. 이와 함께 정부의 수입과 지출이 증가하고 공공부문의 규모가 급속하게 팽창되는 모습이 나타났다. 당시 공공선택론자들은 이 같은 현상을 정치인과 관료의 이기심에 기

7 공공선택론의 초기연구와 문헌에 대한 자세한 내용은 D. Mueller(데니스 뮐러)(1979, 1989)를 참고하길 바란다.

초한 행동으로 인해 경제정책이 왜곡되고 대다수 사람들의 선호를 반영하지 못한 것에서 기인한다고 진단한다.

학문적으로 공공선택론은 신정치경제학과 맥락을 같이 한다. 일반적으로 신정치경제학(New Political Economy)이라고 하면 공공선택론과 함께 재산권경제학, 법경제학, 규제경제학, 신제도주의 경제학 등을 그 분파로 본다(Buchanan, 1987). 이 가운데 공공선택론과 자주 비교되는 신제도주의 경제학(New Institutional Economics)은 게임규칙으로서의 제도를 개인의 합리적 선택의 결과로 설명하면서 경제적 활동의 성과는 법적, 사회적 제도에 의해 결정된다고 본다. 또한 주로 기업을 중심으로 한 민간부문의 경제활동과 제도에 관심을 두고 경제성과에 대한 제도와 거래비용의 역할을 강조한다. 주요 학자로는 코즈의 정리(Coase Theorem)로 알려진 R. Coase로널드 코즈와 거래비용이론(Transaction Cost Theory)으로 노벨 경제학상(2009)을 수상한 그의 제자 O. Williamson올리버 윌리엄슨, 그리고 D. North더글러스 노스가 있다. 신제도주의 경제학과 비교할 때 공공선택론은 법과 제도뿐만 아니라 그들이 만들어지는 정치, 정치적 과정 등을 포함한 내용 등을 포괄하는 학문이라고 할 수 있다.

## 3. 공공선택론의 개념

공공선택론이란 무엇인가? 이를 설명하기 위해 우선 '공공선택(public choice)'의 사전적 의미를 해석하면서 출발하고자 한다. 영어의 public은 한

자로는 公共이라 쓰고 국가나 사회의 구성원이란 뜻으로, 쉽게 이해하면 일반 사람들을 의미한다. 그리고 choice란 대안들로부터 선정/선발하는 행위를 뜻한다. 물론 선택의 의미에는 여러 대안들(alternatives)이 있다는 전제가 있어야 한다. 대안이 없는 상태에서의 선택이란 실질적인 의미가 없기 때문이다. 이렇게 사전적인 의미로 해석하면 공공선택이란 한마디로 사람들의 선택이라는 의미가 된다. 따라서 문자 그대로 해석하면 공공선택론은 '사람들의 선택에 대한 이론'이라고 할 수 있다. 여기서 사람들을 '여럿(복수)'의 의미로 풀어서 해석하면 개인이 둘 이상의 여럿이 되었을 때(집단 또는 공공) 어떤 선택 혹은 의사결정을 하게 되는가를 설명하는 이론이라고 할 수 있다.

한편, 개인의 선택에 대응하여 여러 사람들의 선택을 '사회적' 선택이라고 한다면 이는 다시 시장에서 결정되는 것과 시장이 아닌 비시장(non-market)에서 결정되는 것으로 나눌 수 있다. 전자는 일반 경제학의 관심대상이고 비시장, 즉 정부(정치와 행정)의 선택과 결정이 바로 공공선택론이 탐구하는 대상이다.

다만 공공선택론의 방법론적 관점에서 실제로 선택의 주체는 집합으로서의 사람들(집단 또는 사회)이 아니다. 하나가 아닌 집단 혹은 사회가 된다 할지라도 여전히 선택/의사결정은 개인(individual) 수준에서 이루어진다.[8] 또한 이러한 개인의 선택행위는 의도에서부터 결과까지 순수한 의미에서 개인적(private)일 수도 있고 공적(public)일 수도 있다. 즉, 개인으로서 사람들은 일상과 경제활동 속에서 여러 대안들 가운데 사적인 선택을 하거

8 이것이 공공선택론이 방법론적 개인주의를 채택하게 되는 이유이다.

나 자신이 아닌(혹은 자신을 포함한) 다른 이들을 위한 공적인 선택을 할 수도 있다. 그리고 개인이 자신뿐 아니라 다른 사람들과 연관된 대안들 가운데 선택을 할 때 우리의 관심인 공공선택이 된다.

이제 공공선택론의 학문적 정의를 살펴보자. 공공선택론은 합리적인 인간의 사익추구를 전제로 경험적인 측면에서는 공공문제의 본질을 진단하고, 규범적으로는 법과 제도의 개선을 위한 처방을 제시한다. 이 내용을 중심으로 공공선택론을 정의하면 "정치와 경제의 상관관계에 대해 분석한 정치경제학으로서 비시장적 의사결정이나 행위에 대해 경제학적 방법론을 적용한 학문이다"라고 할 수 있다(소병희, 1993).

공공선택론을 이해하기 위한 또 하나의 힌트는 1986년 스웨덴 왕립과학아카데미 노벨 경제학상 심사위원회의 수상으로부터 유추할 수 있다. 그들은 Buchanan의 수상 이유를 "경제 및 정치적 의사결정이론의 토대가 되는 계약과 헌법적 기반을 제공한 공로"라고 밝히고 있다.[9] 이로부터 공공선택론은 정치적 의사결정에 대한 탐색이라는 점과 헌법정치경제학의 핵심 내용인 계약과 헌법적 질서에 대한 연구라는 점을 알 수 있다.

전통적으로 경제학이 재화나 서비스 시장에서 개인의 사적선택(private choice)에 초점을 둔 반면, 정치학에서는 개인의 의사결정과 선택 행위에 대한 분석에 크게 관심을 두지 않았다. 공공선택론은 이 두 학문의 교차영역으로서 제도적 측면은 주로 정치학에서, 방법론은 경제학에서 취하고 있다. 즉, 경제학적 방법론을 현실 정치에서 정부 시스템, 제도 등 비시장적

9 The Sveriges Riksbank Prize in Economic Sciences in Memory of Alfred Nobel 1986 [Web site]. Retrieved from http://nobelprize.org/nobel_prizes/economics/laureates/1986/index.html

분야에 적용하는 것이다.

한편, 공공선택론의 대표적인 학술지인 'Public Choice'에서는 공공선택론을 "경제학과 정치학의 교차영역을 연구하는 것으로, 통상 정치학자들이 다루던 문제에 경제학적 방법을 응용한 것이다. 공공선택론은 기본적으로 경제학적 방법론에 바탕을 두고 있으나 기존 경제학의 영역에서 벗어나 최신 개발된 효과적인 기법들도 다루고 있다"라고 정의한다.[10] 이에 따르면 공공선택론은 '정치적 문제에 대한 경제학적 방법론의 적용'이라고 정의할 수 있다.

Muller(1989)를 비롯한 일부 학자들은 이에 공공선택론을 '정치의 경제학economics of politics'이라고 부른다. 그런데 1968년부터 공식적으로 발행된 학술지 Public Choice는 과거 1963년에 Buchanan과 Tullock을 중심으로 조직된 'Committee on Non－market Decision－Making비시장 의사결정 위원회'이 출간한 'Papers on Non－Market Decision－Making비시장 의사결정에 관한 논문'으로부터 출발한 것이다. 따라서 정치적이라는 개념을 비시장적이라는 말로 대체하고 이 둘을 조합해보면 공공선택론을 '비시장적 의사결정에 대한 경제학적 방법론의 적용'이라고 정의할 수 있다. 그리고 '비시장(non－market)'을 현대적 의미로 해석하면 시장이 아닌 정부의 영역, 즉 정치와 행정이라고 볼 수 있다. 따라서 이 책에서는 공공선택론을 간단하게 '정치와 행정의 의사결정에 관한 경제학적 분석'으로 정의한다.

공공선택론에서 다루는 주제의 범위는 다양하다. 투표원칙, 투표자 행

10 Public Choice[Website]. Retrieved from https://www.springer.com/journal/11127/aims－and－scope

위, 정당정치, 관료주의, 이익집단 행위 등 기존의 주류 정치학의 주제와 관련되며, 정치과정에 참여하는 개인의 행동양식(투표자, 공직후보자, 의회, 정당인, 관료 등) 등 정치학 분야뿐 아니라 정부와 행정 그리고 이들의 교차영역에 관심을 두고 있다.[11]

11 미국경제학회에서 출간하는 Journal of Economic Literature에서는 Economic Models of Political Processes: Rent-Seeking, Elections, Legislatures, and Voting Behavior로 분류하고 있다(JEL classification codes: JEL D72).

# 2절 기본가정

공공선택론은 정치와 행정을 연구의 대상으로 하고 있지만 전통적인 정치학, 행정학과는 다른 가정들로부터 출발한다. A. Smith아담 스미스 이후 고전적 정치경제학(classical political economy)의 영향을 받은 '방법론적 개인주의'와 '경제인간', 그리고 정치에 대한 재조명을 통해 '교환으로서의 정치'가 그것이다(Buchanan & Tullock, 1962; Buchanan, 1984).

## 1. 방법론적 개인주의

공공선택론의 첫 번째 가정은 고전적 정치경제학의 접근방식에서 출발한 방법론적 개인주의/개체주의(methodological individualism)[12]이다. 넓은 의미에서 방법론적 개인주의는 모든 사회현상에 대한 분석의 기본을 개인(individual)으로 인식하는 것에서 출발한다. 우리가 관찰하고 이해하고자 하는 사회현상은 결국 개별 구성원들의 행동을 집합적 결과로 보여주는 것이다. 따라서 사회현상의 실체 혹은 실제로 존재하는 것은 개인이며, 그들의 행위의 결합에 의한 집단적 효과로 이해해야 한다. 방법론적 개인주의에 의한 접근방식은 특정 사회현상이나 여러 사회현상들 간의 관계를 관련된 개인들의 동기와 행동의 결과로 분석하는 것이다. 한마디로 의사결정과

12 방법론적 개인주의의 철학적 개념은 J. Mill(존 스튜어트 밀)을 비롯하여 그 이전까지 올라가지만, 현대 사회과학적 의미에서 처음으로 발전시킨 사람은 Joseph Schumpeter(슘페터)로 본다. 자세한 내용은 그의 논문 'On the Concept of Social Value', *The Quarterly Journal of Economics* (1909)를 참고하기 바란다.

행동의 주체는 오직 개인이며 사회는 이들의 집합체에 불과하다고 본다.

이러한 가정은 소위 사회유기체설의 개념을 수용하여 집합체 혹은 집단(collectivity) 자체를 하나의 유기체로 보고 그 자체가 의사결정의 주체이며 행동한다는 집합체론 혹은 '방법론적 집단주의(methodological collectivism/holism)'를 거부하는 것이다. 사회유기체설(Theory of the Social Organism)은 사회를 일종의 유기적 생물 혹은 생명체로 간주하고 연구하는 이론이다. 이들은 마치 생물의 모든 부분의 기능과 형태는 분화되어 있지만 부분들 상호 간의 그리고 전체 사이에 연관성이 있어 하나의 일체적 구조를 가진 유기체인 것처럼 사회도 하나의 유기체라는 것이다.

하지만 방법론적 개인주의 관점에서 집합체는 하나의 독립된 유기체가 아니며 그 자체만으로는 어떤 결정과 판단도 하지 못한다. 나아가 집단은 단지 개인들의 선택과 행동의 결과로만 고려될 수 있으며 분석 방법과 수준에서 의사결정의 주체는 개인이어야 한다는 입장이다. 사회를 구성원들의 상호 간의 관계에 지나지 않는 것으로 이해하기 때문에 사회적 결과나 영향 역시 개인들의 영향으로 파악한다. 한마디로 방법론적 개인주의는 방법론적으로 연구의 분석단위(unit of analysis)를 개인에 둔다는 의미로 이해할 수 있다.[13]

다만 여기서 방법론적 개인주의라는 용어가 불러올 수 있는 해석상의 오해를 주의해야 한다. 방법론적 개인주의는 분석의 기본 단위를 개인에 두고 의사결정과 행동을 개인의 선택에 기초한다는 의미로 사용하는 것이

---

13 이 같은 방법론상의 차이는 사회학적 의미에서 개인과 사회와의 관계를 보는 사회명목론과 사회실재론의 맥락에서도 비교할 수 있다(차조일 · 박선웅, 2018).

지 모든 가치의 궁극적인 원천을 개인에만 국한한다는 의미와는 다르다.

Buchanan과 Tullock은 방법론적 개인주의와 사회적 활동을 조직하기 위한 개인주의를 구별하고 있다. 방법론적 개인주의는 경제와 정치조직의 이슈들을 개인이 직면하는 대안과 그 대안들 중에서의 선택에 초점을 맞춘다. 또한 개인의 선택에 대한 논리가 분석의 초점이기 때문에 선택을 통제하는 목적이나 기준에 관련된 어떠한 입장도 요구하지 않는다.

반면 우리가 흔히 사용하는 가치관 혹은 성향으로서의 개인주의란 개인의 도덕적 가치를 중시하는 사상, 정치철학, 사회적 관점 등을 의미한다. 개인주의를 강조하는 입장은 개인의 욕망과 행복을 추구하는 것을 가장 우선시하고 독립적인 개인에 가치를 두고 개인의 이익이 공동체 사회와 국가보다 우선시 되어야 한다고 주장한다. 이런 의미에서의 개인주의는 집단주의, 공동체주의, 국가주의, 전체주의 등과 반대의 입장이다. 국가나 사회보다 개인이 우선한다는 의미에서의 개인주의는 조직규범으로서 어떤 가치에 대한 기준이 명확하게 수용되어야 한다(Buchanan & Tullock, 1962).

결국 방법론적 개인주의는 개인의 동기를 사실로서 받아들이고 이를 통해 정치적, 사회적 제도의 기능 원리를 분석하며 이를 토대로 사회질서의 개선을 위한 정책적 함의를 제시하게 한다(민경국, 1993: 27-28).

## 2. 경제인간

공공선택론의 두 번째 가정은 경제인간(homo economicus)이다. 19세기 후반 고전적 정치경제학자인 J. S. Mill 존 스튜어트 밀이 제시한 경제인간은 기본적으로 자기애(self-love)를 갖고 자신의 이익을 추구하는 합리적인(rational) 인간을 의미한다. 경제인간의 가정은 고전적 정치경제학에서 오늘날 주류경제학까지 일관적으로 수용되는 것으로 Buchanan을 비롯한 사회계약론자들의 기초를 형성하는 인간상으로 볼 수 있다. 그가 상정하는 인간상에 따르면, 계약에 참여하는 사람들은 자신의 이해관계(사익)를 최우선시 하고 구체적인 목적을 달성하려는 의지를 가진 '목적 합리적'인 인간이며, 가능한 비용을 최소화하고 효용을 극대화하고자 한다(민경국, 1993: 35-36).

즉, 개인 수준에서 인간행동의 가장 큰 동기는 주어진 법질서와 사회체제 안에서 가능한 합리적으로 최대한 자신의 행복(utility, 효용)을 극대화하는 것이다. 이 개념을 보다 기술적이고 현실적인 의미에서 해석하면, 경제인간은 자신의 이익과 손실을 금전으로 환산할 수 있고 가중치가 부여된 구성인자들로 이루어진 금전적 부의 극대화를 추구하는 구체적인 효용함수가 도출될 수 있는 인간이라는 의미로 해석된다.[14]

여기서 주목해야 할 것은 현실적으로 인간의 동기부여 요인은 다양하지만 '주로(mainly)' 자신의 이익에 의해 동기가 부여된다는 점이다. 공동체와 사회를 구성하는 사람들은 자신의 의사결정과 행동에서 (본능적으로) 다른 사람들을 고려하게 마련이다. 다만 인간의 주된 관심이 자기 자신의 행복에 있다는 사실을 인정하는 것이다. 공공선택론이 관심을 두는 정치시장이나 관료시스템에서도 타인 혹은 공공의 복지에 대한 배려가 전혀 없다는

14 자세한 내용은 '비용편익분석의 이해(김성준 · 오정일, 2012)'를 참고하기 바란다.

뜻이 아니라 정치인과 관료 등 모든 인간행동의 가장 큰 동기는 역시 자신의 이익(사익)이라는 점을 지적한 것이라고 해석해야 한다.

경제인간이라는 가정의 이해를 돕기 위해 간단한 사례를 들어보자. 허 사장은 해외에서 신선한 수산물을 수입하여 국내에 판매하는 무역회사의 대표이다. 그의 목표는 가능한 값싸고 질 좋은 수산물을 많이 팔아서 회사의 이윤을 극대화시키는 것이다. 물론 회사의 실적을 늘리고 이윤을 극대화하려고 노력한다는 것이 그의 삶을 통째로 일에만 전념한다는 뜻은 아니다. 그는 건강 유지를 위해 운동시간이 필요하며, 가족과 함께하는 시간을 필요로 하고, 또 주말에는 교회에서 봉사도 해야 한다. 그는 어떻게 하면 회사의 이윤을 극대화시키고 시장 점유율을 확대할 수 있을지 등에 대해 항상 고민한다. 아직 회사를 시작한 지 얼마 안 되기 때문에 어느 정도 불이익을 감수할 때도 있지만 마냥 손해를 보는 영업은 할 수 없다. 또한 이윤을 더 많이 내려는 욕심으로 지나치게 자신에게 유리하게 거래를 추진할 수는 없다. 따라서 그는 적당한 선에서 자신의 이익과 비용의 균형을 잡아가면서 사업을 운영한다.

이제 허 사장이 내일 국회의원을 뽑기 위해 투표하기로 결정했다고 생각해보자. 이 때 그는 투표소에서 어떤 결정과 행동을 할 것으로 예상할 수 있을까? 자기애를 갖고 자신의 효용을 극대화하고자 하며, 회사를 운영할 때 비용과 수익을 생각하며 판단하는 허 사장이 과연 투표장에서도 비슷한(이기적이고 사익추구의) 모습을 보일까 아니면 전혀 다른 (이타적이고 공익적인) 모습을 보일 것인가? 허 사장이 투표를 할 때의 그도 평소의 모습 혹은 기업가로서의 모습과 다르지 않다고 가정하는 것이 타당한가 아니면 투표행위를 할 때에는 기존의 모습과 완전히 다른, 즉 합리적으로 자신의 효용을 극대화하는 자신의 모습을 버리고, 지역과 국가를 최우선하고 개인적인 비용과 편익을 고려하지 않는 순수하게 이타적이고 공익적인 인간으로 가정하는 것이 타당한가?

공공선택론자는 기본적으로 사업을 하는 사람과 투표행위를 하는 사람은 같은 의미의 행위를 하는 것으로 의사결정에 있어서도 같은 원리에 의해 행동할 것으로 가정하는 것이 타당하다고 주장한다. 경제시장에서의 거래를 할 때 사람들의 의사결정과 행동이 정치시장에서의 그것과 근본적으로 다르지 않다는 것이다. 결국 인간은 누구나 자기를 가장 사랑하고, 주어진 조건에서 가능한 최대한의 효용을 얻고자 하며, 기대할 수 있는 득실을 고려하면서 선택하는 것이 기본적인 속성이라고 생각한다. 이렇듯 공공선택론은 시장에서의 합리적 선택 행위의 원리를 비시장적 영역까지 확대시켜 적용한다.

다만, 공공선택론이 전제하고 있는 자기애, 효용, 비용과 편익 등은 모든 사람이 동일한 것이 아니라 사람마다 다르다는 점을 기억해야 한다. 어떤 이에게 효용은 그 자신만의 행복일 수 있지만, 또 다른 이에게 효용은 자신 이외의 다른 이의 행복이 될 수 있다. 부모의 효용은 아이들이 행복인 경우가 절대적이다. 또 어떤 이에게 효용은 자신이 속한 조직이나 집단 전체의 복지가 될 수 있다. 도산 안창호 선생에게 제일 중요한 효용은 국가의 이익일 수 있다. 이렇듯 사람들마다 각자 자기가 생각하는 효용 등의 개념이 다르며 각각의 내용이 다를 뿐 이들은 모두 경제인간으로 가정할 수 있다.

예를 들어, 어떤 종교인에게 어려운 사람들을 구원하고자 하는 바람

혹은 목적이 있다면 바로 이것이 그에게는 효용이고 이해(interest)이다. 그리고 그는 이 같은 자신의 효용을 극대화하기 위해 가능한 합리적으로 비용을 줄이고 편익을 극대화하기 위해 노력할 것이다. 따라서 경제인간의 가정에서는 늘 천사 같은 이타적 마음을 갖고 사는 사람, 한결 같이 자기보다 다른 사람과 공익/국가를 먼저 생각하는 사람, 모든 의사결정에서 비용을 전혀 고려하지 않고 오직 사회적 편익만을 생각하는 사람들은 제외된다. 그들은 공공선택론이 가정하는 보통사람들이 아니고 매우 예외적인 존재(outlier)이다.[15] 경제인간의 개념은 이것이 인간의 행동 혹은 행태에 대한 가장 완벽한 모형이라서가 아니라 제도와 시스템이 사익의 추구를 공익의 진작으로 전환시키는 데 어떤 역할을 하는지를 검증하기 위한 모형으로 적합하기 때문이다(Brennan & Buchanan, 1980).

## 3. 교환으로서의 정치

공공선택론의 마지막 가정은 교환으로서의 정치(politics as exchange)이다. 정치(과정) 또한 본질적으로 시장에서와 같은 선택의 문제이며 정치적 행동도 기본적으로 교환행위의 특수한 형태라고 본다(Buchanan & Tullock, 1962: 23-24). 그리고 시장에서와 같이 모든 구성원들에게 상호이익을 주는 것이 정치라는 집합적 관계로부터 이상적으로 기대할 수 있는

---

15 어떤 이론 혹은 모형에서 전제되는 분석단위의 성격은 평균적인, 정상적인(normal), 동질적인 특징을 가지고 있어야 한다. 따라서 필자는 이 예외자가 '덜(less)' 중요한 것이 아니라 예외자에 대한 연구는 별도로 이루어져야 한다고 생각한다.

것이다.

공공선택론자들이 자원배분에 대한 시장기구의 원리와 운영을 강조했던 이유는 그것이 근본적으로 '자발적 교환'에 기초하기 때문이다. 시장참여자들은 누구나 시장에서 교환을 통해 이익을 얻을 수 있다고 판단할 경우에만 거래에 참여한다. 정치(시장)와 정책과정도 같은 방식으로 설명할 수 있다. 나아가 사람들은 개별적으로 교류를 통해 성취할 수 없는 목적을 함께 달성하기 위해 정치라는 집단적인 활동을 한다. 교환으로서의 정치에 대한 공공선택론자들의 생각은 정치행위가 일어나는 규칙을 평가하는 일종의 규범적 틀이라고 할 수 있다. 그리고 합의기준에 부합하는 규칙은 바람직한 헌법원칙이며, 모든 정부활동이 그 기준을 만족하는 것은 아니라는 점을 인식하고 있었다(Gwartney & Holcombe, 2014).

교환으로서의 정치는 집합적 선택 과정에서 인간이 다른 사람들에 대한 자신의 지배력/권력(power)을 극대화하려 한다는 정치학의 가정과 다르다. 즉, 정치 또한 시장에서와 마찬가지로 개인의 효용(예컨대, 정치권력)을 극대화하기 위해 다른 사람들의 희생을 요구하는 제로섬 게임(zero-sum game)이 아니라는 것이다. 교환으로서의 정치가 함의하는 것은 정치과정에서 집합적 행동은 모든 구성원들에게 이익이 되어야 한다는 것이다.

지금까지 설명한 공공선택론의 가정들은 정치, 행정, 정책 등을 바라보는 기존의 정치학이나 행정학과는 다른 시각과 접근방식이다. 특히 정부는 일부 사회적 문제들과 이슈에 대해서는 어느 정도 해결안을 내놓을 수 있지만, 그 밖의 많은 문제들에 있어서는 해결책이 아니라 오히려 문제를 악화시킬 수 있는 원인을 야기할 수 있다는 점을 지적하고 있다. Buchanan

은 'The Limits of Liberty자유의 제한(1975)'에서 사람들의 개인적 선호가 반영되지 못하게 하는 정치(정부)구조는 강력한 국가 권력을 지닌 Leviathan 리바이어던 국가와 같은 반면에 극단적인 이익집단에 의한 정치구조는 무정부상태(anarchy)와 같다고 주장한다. 공공선택론은 민주주의 국가의 정부가 초래할 수 있는 문제, 즉 정부실패와 헌법실패를 해결하기 위한 이론적 기초를 제공한다.

## 3절 정부관과 집합적 선택

### 1. 두 개의 정부관

'정부란 도대체 무엇인가'라는 질문에 대한 답변은 정부를 바라보는 이들의 시각, 즉 정부관(perspectives on government)에 따라 다양하게 정의된다. 시대적 흐름에 따라 기준이 다르고 자유주의적 정부관과 사회주의적 정부관이 서로 다르듯이 사람들의 신념, 사상, 철학에 따라 정부를 다양하게 정의할 수 있다. 여기서는 공공선택론의 관점이 반영된 정부를 정의하고자 한다. 최광 교수는 정부란 "민주주의 체제하에서 사회구성원들이 집단적으로 의사결정을 하고 수많은 활동을 수행하는 하나의 제도적 과정(institutional process)으로서의 사회를 조직화하는 한 가지 방법"이라고 정의하고 있다(최광, 2007). 이 정의에 따르면, 우리가 다루는 정부는 민주주의 체제를 전제로 하고 있다. 공산주의 혹은 전체주의 국가에서 정부는 그 자체가 독재적인 주인이며 시민의 대리인으로서의 역할을 하지 않기 때문이다. 또한 정부는 정치적 과정을 통해 집단적/집합적 의사결정에 따라 행동한다. 마지막으로 정부는 시민들의 삶에 영향을 미치는 정책, 법률, 규정 등의 법/제도적 틀(framework)을 제공한다. 따라서 법과 제도를 주어진 것으로 볼 것이 아니라 그 역시 선택의 대상으로서 간주하는 것이 중요하다.

정부를 바라보는 관점은 크게 두 가지로 나눌 수 있다(Buchanan, 1949).[16] 하나는 정치학과 행정학에서 대부분 취하는 것으로 정부를 독자적인 목표를 갖는 하나의 유기체(organism)로 보는 관점이다. 다른 하나는 정부를 하나의 민주적 과정으로 보고 정치적 과정에 참여하는 구성원들의 집합체로 보는 공공선택론이 취하는 관점이다. 정부를 바라보는 관점의 차이에 따라 집합적 선택에 관한 결정방법에서 정부를 하나의 유기체로 보는 유기체적 접근방법 혹은 민주적 과정, 즉 구성원들의 의사결정이 모여서 정부의 의사결정(정책결정)으로 보는 개인주의적 접근방법으로 나눌 수 있다.

첫째, 유기체론 관점에서 바라본 정부는 그 자체가 하나의 인격체로서 독립적인 목적/목표를 가지고 행동할 수 있는 주체로 간주된다. 이러한 정부관을 효용극대화의 측면에서 해석하면, 독립된 개체로서 정부가 추가적인 지출에서 발생하는 한계편익과 추가적인 조세로 인한 한계비용이 같아지도록 정부지출과 조세를 합리적으로 운용하여 정부 자신의 후생을 극대

16 정부를 바라보는 두 관점에 대한 자세한 내용은 Buchanan의 논문 "The Pure Theory of Government Finance: A Suggested Approach," *Journal of Political Economy* (1949)을 참고하기 바란다.

화하고자 한다고 이해할 수 있다. 이는 마치 개별 소비자나 생산자와 마찬가지로 정부 스스로 자신의 효용을 극대화시키고자 한다는 뜻으로 해석할 수 있다. 이 경우 정부의 목표는 사회구성원들의 목표와 별개로 독자적으로 결정되기 때문에 정부와 시민의 목표가 다를 수 있다. 더욱 심각한 것은 정부가 스스로 자신의 목적을 추진하는 경우 시민들은 정부의 목적달성을 위한 수단으로 전락되기 쉽다는 점이다.

예를 들어, 만일 정부가 어질고 자비심으로 가득 찬 군주(benevolent despot)와 같다면 정부의 효용은 곧 그의 효용이며, 궁극적으로 국민 전체의 복지 혹은 공익과 직결될 수 있다. 하지만 정부가 성경에 나오는 거대한 바다 괴물과 같은 독재 군주(Leviathan)나 소수의 특정 지배계급이라면 이때 정부의 효용은 바로 군주 자신이나 혹은 특정 지배계급만의 효용을 의미하게 된다.

여기서 자연스럽게 제기되는 질문은 도대체 하나의 인격체로서 정부의 효용(후생/복지)이란 무엇을 의미하며 어떻게 정의될 수 있는가이다. 이론이 아니라 실증적으로 독립적인 인격체로서 정부를 정의한다는 것은 매우 어렵다. 정부를 무엇이라고 정의하는 자체가 각자의 견해나 관점에 따라 다르고 자의적이기 쉬우며, 정부 효용과 정책의 성과를 객관적으로 측정하기가 매우 어렵기 때문이다. 주류경제학에서는 이를 사회후생함수(social welfare function)로 설명하는데, 국가경제와 국민생활의 소망스러운 정도나 수준을 수치로 측정하는 방식이다(이만우 · 전병헌, 2000). 하지만 사회후생함수 자체가 주관성과 가치판단을 배제할 수 없기 때문에 사회전체의 복지 수준을 객관적으로 측정한다는 것은 현실적으로 불가능에 가깝다.

정부를 바라보는 두 번째 관점은 방법론적 개인주의에 기초하여 정부를 개별 구성원들의 합인 하나의 집합체(집단)로 이해하는 것이다. 이 경우 정부를 독자적인 목적을 가진 하나의 유기체로 볼 때와 달리 정부는 개인이 정치나 공공부문에 관한 결정에 집합적으로 참여하는 수단으로 간주된다. 이 관점에서는 정부 고유의/자신의 독립적인 효용이라는 것은 존재하지 않고 정부의 효용은 개인의 효용과 별개의 것이 아니라 이들 효용의 (사회적) 총합으로 이해한다. 정부는 이를 통해 개인들의 필요와 수요를 집합적으로 만족시키는 수단으로서 존재한다. 따라서 공공정책에 관한 집합적 결정에 개인이 참여하는 실제의 과정을 분석하고 이해함으로써 정부의 본질과 행태를 분석할 수 있다고 보는 것이다.

결국 정부를 무엇으로 바라보는가 하는 우리의 생각과 태도인 정부관에 따라 정부와 시민의 관계성(relationship)이 달라진다. 모든 살아있는 유기체들은 본연의 목적성을 가지고 있기 때문에 존재하고 나아가 성장하고 재생산 할 수 있다. 그들의 본질적인 목표 지향적 활동들은 이미 내재되어 있는 셈이다(Sheldrake, 2013). 따라서 정부를 하나의 유기체로 인정하면 정부 스스로 목적이 되고, 시민들은 목적을 달성하기 위한 수단으로 전락한다. 반면에 방법론적 개인주의의 시각에서 바라보면 정부는 구성원들의 수단에 불과하게 되고, 시민은 목적이 된다. 결론적으로 정부관의 차이에 따라 무엇이/누가 목적이고 수단이 되는지가 결정된다는 것이다.

그렇다면 공공선택론자들은 정부의 역할을 무엇이라고 생각하는가? Buchanan은 정부(국가)를 크게 보호적 국가와 생산적 국가로 나누어 보았다(Buchanan, 1979). 그는 사회 규모가 커질수록 동시에 국가의 법을 위반하는 수가 늘어 헌법계약의 위반을 예방할 장치로서 보호적 국가가 필요하다고 생각했다. 보호적 국가(protective state)는 법과 권리를 집행하는 역할을 통해 국가의 경제적 번영을 위한 체제의 기본 틀을 제공하는 역할을 한다. 즉, 국민들이 자유로운 사회 분위기와 환경 속에서 각자 자신의 능력을 최대한 발휘할 수 있도록 기본적인 제도를 마련하는 것이다. 기본적인 법과 질서를 유지하면서 사유재산권 제도를 확립하고 계약을 보호하는 것이 바로 보호적 국가의 의무이다. 즉, 계약을 통해 형성된 법을 집행하여 개인의 자유와 재산을 보호하는 것이다. 그는 보호적 국가의 출현을 1단계 계약으로 보고 집단적 의사결정을 위한 규칙이 제정되어야 한다고 주장하는데, 이것이 공공재를 공급을 위해 필요한 2단계 헌법제정 단계이다(민경국, 2018: 473－475).

다음으로 생산적 국가(productive state)는 헌법이 허용하는 범위 안에서 공공재를 생산하고 이를 위한 조세 및 정부지출 등의 재정활동을 하는 것이다. 즉, 시장기구를 통해 제공되기 어려운 재화나 서비스를 정부가 직간접적으로 생산 혹은 공급하는 역할을 하는 것이다. 이는 소위 시장실패로부터 발생하는 문제들이나 불공정한 소득분배 등을 교정하는 기능을 의미하는 것으로 생산적 기능을 강조한 것이다. 보호적 국가가 사회구성원들과는 독립적이고 중립적인 반면, 생산적 국가는 그들의 이해관계가 서로 상호작용한 결과로 이해할 수 있으며 스스로 주체가 되어 작동한다. Buchanan은 시장이 제대로 기능하기 위해서는 보호적 국가의 역할이 우선되어야 한다고 생각했다.

## 2. 집합적 선택의 결정방법

정부관의 차이는 집합적/집단적 선택의 결정방식에 대해서도 서로 다른 방법론적 차이를 가져온다. 대부분 정치학과 행정학에서는 유기체적 혹은 공익적 접근방법을 취하고 있는 반면에, 공공선택론과 정치경제학에서는 개인주의적 혹은 사익적 접근방식을 따르고 있다.

우선, 유기체적/공익적(organic or public-interest) 관점은 공공재나 행정서비스의 선택은 개인의 이익을 추구해서가 아니라 사회 전체 구성원의 이익, 즉 공익을 추구하는 동기와 관점에서 결정된다고 본다. 이는 정부가 단순히 개인의 집합체가 아니라 자신의 선호를 가지고 행동으로 실현시키고자 하는 하나의 유기체라고 보는 시각과 같은 맥락이다. 이러한 시각에서 예산의 구성이나 규모는 국회, 행정부, 이익집단 등의 참여로 공익관점에서 결정된다. 이 방법은 개인의 합리성보다는 사회적 혹은 집단적 합리성(social/collective rationality)을 중시하며 정책의 집행가능성에 초점을 둔다.

유기체적 접근방식은 전통적으로 정치학과 행정학에서 수용해 온 방법론이다(Dahl & Lindblom, 1953; Wildavsky, 1964). 이들의 분석 주제는 사회적 가치나 공익을 추구하는 존재로 간주되는 정부와 같은 조직과 집합체들의 행위이다. 유기체적 접근방식에 따르면 집합적 선택을 분석할 때 개인은 집단(사회)에 종속적인 역할을 한다. 예를 들어, 행정학에서 가장 보편적인 정책결정이론 가운데 하나인 점증주의 접근방법이 바로 유기체적 접근방법과 같은 맥락에서 이해할 수 있다. C. Lindblom린드블럼으로 대표되는 점증주의(Incrementalism)는 정책결정에서 소위 '점증적Muddling Through'

접근을 택하고 있다.[17] 즉, 정책변화라는 것은 대부분 주어진 환경조건에서 혁신적(revolutionary)이기보다 점진적이고 진화적(evolutionary)이라는 생각이다. 그는 "개인주의적 후생경제학의 원리를 포기하고 운영에서 집행 가능한 예산규모와 구조를 가져야 타당하다"고 주장하면서 정책결정에 있어서 분산성(fragmentation)은 불가피하며 따라서 정책결정자의 리더십과 합의의 극대화가 중요하다고 강조한다(Lindblom, 1968).

다음으로, 개인주의적/사익적(individualistic or self-interest) 관점은 공공선택론의 가정에서 보듯이 집합적 선택의 결정방법을 개인의 선호나 사익의 극대화 행태에 초점을 두고 분석하는 것이다(Downs, 1957). Buchanan과 Tullock은 '합의의 분석(1962)'에서 집합적 선택에 대한 이론을 몇 가지 가정을 통해 설명하고 있다. 우선 인간은 재화/서비스 시장에서든 정치/행정에서와 같이 비시장적 결정에서든 효용극대화의 원칙에 충실하다는 인간의 합리성을 가정한다. 그리고 민주적 정치과정으로서 정치적 결정은 모든 구성원의 공동 참여에 의해 이루어지는 것으로 간주한다. 따라서 정치적 결정의 산물인 공공재 생산을 위해서는 구성원들의 합의가 필요하며 이에 따른 비용(합의의 비용)이 요구되는데 이를 집합적 의사결정비용 혹은 집단행동비용이라고 할 수 있다.

집합적 의사결정비용은 크게 의사결정비용과 외부비용으로 구성된다.[18] 의사결정비용(decision/internal costs)은 설득에 소요되는 비용, 정보제공을 위한 비용, 전략적 협상비용 혹은 정치적 거래(logrolling) 비용 등을 포

17 점증주의에 대한 자세한 내용은 C. Lindblom의 The Science of Muddling Through(1959)와 The Policy-Making Process(1968)를 참고하기 바란다.

18 이에 대한 자세한 내용은 5장 정치시장에서 설명하고 있다.

함하여 여러 사람으로부터 합의를 이끌어내기 위한 비용으로 구성원의 수가 증가할수록 상승하는 경향이 있다. 이와 함께 개별 구성원의 의사와 무관하게 집단적인 활동에 참여하도록 강요당하는 비용으로 정치적 외부비용(external costs)이 있다. 일종의 시장실패의 원인인 외부효과에 따른 비용의 개념과 같은 맥락으로 해석할 수 있다. 예를 들어, 정부가 어떤 특정 사업을 수행하기로 결정했다면 이를 수행하기 위한 구성원들의 조세부담(비용)이 증가하여 일종의 외부비용으로 간주될 수 있다. 따라서 개인주의적 접근방법은 경제적 효율성과 동일한 개념으로 정치적 비용을 극소화하여 효율적인 공공정책을 결정하고자 하는 것으로 이해할 수 있다.

정리하면, 공공선택론 관점의 집합적 결정방법은 개인주의적 접근방법을 택한다. 공공선택론은 정부의 공익추구 혹은 호혜적 행동에 대해 회의적이기 때문에 정부의 개입/간섭에 부정적이며, 미국식 보수주의(conservative) 혹은 자유주의(libertarian) 관점에 가깝다.[19] 따라서 공공선택론의 등장은 소위 Keynesian케인지언들이 암묵적으로 인정하고 있는 정부의 계획경제와 효용 그리고 정부개입을 통해 시장실패를 효과적으로 치유할 수 있다는 논리에 동의하지 않는다.

---

19 이와 반대되는 시각이 미국의 민주당(Democrats)이나 계획주의 혹은 케인지언 경제학(Keynesian Economics) 등이다.

## 에필로그

공공선택론은 기존의 정치학과 행정학의 핵심인 정부를 중심으로 정치와 행정을 연구의 대상으로 삼고 있지만, 이를 분석하고 설명하는 데에는 기존의 접근방법과 다른 정치경제학적 방법론을 적용한다. 공공선택론을 신정치경제학(New Political Economy)의 하나로 여기는 이유가 여기에 있다. 결국 공공선택론은 한마디로 정치·행정의 경제학적 분석이라고 할 수 있다.

흔히들 갈수록 불확실성과 복잡성이 지배하는 현대 사회의 다양한 현상을 이해하기 위해서는 여러 분야의 학문들이 서로 학제 간 연구가 불가피하다고 한다. 이는 어느 한 특정 분야의 지식과 지나치게 분화된 학문 체계로는 지금 우리 사회의 번영과 생존을 보장할 수 없다는 인식에서 기인한다(이덕환, 2008). 어떤 면에서 공공선택론은 한 뿌리에서 유기적인 관계를 통해 출발하여 그동안 서로 다른 길로 분화되어 가고 있던 사회과학(특히 정치경제학)이 다시 융합된 성격의 분야라는 점에서 중요한 학문적 의의가 있다.

이러한 융합적 성격을 가진 공공선택론은 정치시장의 불안정성과 갈등, 정치인과 관료의 비리와 부정부패, 시장의 왜곡 등 그동안 기존의 이론/모형으로는 설명하기 어려웠던 정부와 관련된 다양한 현상들을 이해하는 데 매우 절실한 새로운 관점을 제공한다. 우리는 공공선택론의 렌즈를 통하여 이러한 문제의 본질을 보다 현실적이고 정확하게 볼 수 있고 그래야만 문제에 대한 올바른 진단과 처방을 할 수 있다.

## 참고문헌

강신택. (1981). 「사회과학 연구의 이론」. 박영사.

김비환. (2005). 「자유지상주의자들 자유주의자들 그리고 민주주의자들」. 성균관대학교 출판부.

김성준, 오정일. (2012). 「비용편익분석의 이해」. 경북대학교 출판부.

김윤권, 김성준. (2010). 「공공선택이론에 입각한 역대정부의 성공 및 실패사례 연구」. 한국행정연구원.

루퍼트 셸드레이크. (2016). 과학의 망상. (하창수 역). 김영사. (2012).

민경국. (1993). 「헌법경제론」. 강원대학교 출판부.

소병희. (1993). 「공공선택의 정치경제학」. 박영사.

이덕환. (2008). 「인문사회－과학기술 전문가 소통을 위한 방안 연구」. 교육과학기술부.

이종수. (2009). 「행정학 사전」. 대영문화사.

차조일, 박선웅 (2018). 『사회 · 문화』 교과서의 사회 명목론/사회 실재론 관련 논의에 대한 비판적 고찰. 교육연구 73.

최광. (2007). 「큰 시장 작은 정부를 위한 재정 정책의 과제」. 한국경제연구원.

Arrow, K. (1951, 1963). *Social Choice and Individual Values.* John Wiley & Sons, Inc.

Black, D. (1958). *The Theory of Committees and Elections.* Cambridge University Press.

Buchanan, J. (1949). The Pure Theory of Government Finance: A Suggested Approach. *Journal of Political Economy, 57.* University of Chicago Press.

______. (1968). *The Demand and Supply of Public Goods.* Rand McNally. Chapter Links.

______. (1987). Justification of the Compound Republic: The Calculus in Retrospect. *Cato Journal, 7(2).*

______. (2003). *Public Choice: The Origins and Development of a Research Program.* Center for Study of Public Choice. George Mason University.

Buchanan, J. & Brennan, G. (1980 [2000]). *The Power to Tax - Analytical Foundations of a Fiscal Constitution.* Liberty Fund.

Buchanan, J. & Tullock, G. (1962). *The Calculus of Consent.* University of Michigan Press.

Dahl, R. & Lindblom, C. (1953). Politics, Economics and Welfare: Planning and Politico－Economic Systems, Resolved into Basic Processes. Harper & Bros.

Downs, A. (1957). *An Economic Theory of Democracy.* Cambridge University Press.

Gwartney, J. & Holcombe, R. (2014). Politics as Exchange: The Classical Liberal Economics and Politics of James M. Buchanan. Constitutional Political Economy, 25.

Lindblom, C. (1959). The Muddling Through. *Public Administration Review, 19(1).*

______. (1968, 1980). *The Policy-Making Process.* Prentice－Hall.

Mueller, D. (1979). *Public Choice.* Cambridge University Press.

________. (1989). *Public Choice II.* Cambridge University Press.

Niskanen, W. (1987). *Bureaucracy.* In Charles K. Rowley(Ed.). Democracy and Public Choice. Basil Blackwell.

Olson, M. (1965, 1971). *The Logic of Collective Action.* Harvard University Press.

Ostrom, V. (1986). *The Theory of the Compound Republic.* University of Nebraska Press.

Riker, W. (1962). *The Theory of Political Coalitions.* Yale University Press.

Romer, T. & Rosenthal, H. (1979). The Elusive Median Voter. *Journal of Public Economics, 12(2).*

Rosen, H. (1992). *Public Finance.* Homewood.

Tullock, G. (1989). *The Economics of Special Privilege and Rent-seeking.* Kluwer Academic Publishers.

Wicksell, K. (1896). *Finanztheoretische Untersuchungen [Investigations into the Theory of Finance].* Gustav Fischer.

Wildavsky, A. (1964). The Politics of the Budgetary Process. Little, Brown.

CHAPTER

# 2

# 정부실패론

*“Government is not the solution to our problem.*
*Government is the problem.”*

— *Ronald Reagan*[1]

*“Nothing is easier than spending the public money.*
*It does not appear to belong to anybody.*
*The temptation is overwhelming to bestow it on somebody.”*

— *Calvin Coolidge*[2]

---

1 로널드 레이건(1911–2004). 미국 40대(1981년–1989년) 대통령으로 미국인들에게 가장 위대한 대통령으로 평가받는다. 당시 미국은 기존의 케인스 경제학으로는 설명할 수 없는 스태그플레이션(stagflation)을 겪고 있었다. 이에 대규모 감세정책을 비롯한 재정지출의 축소, 규제개혁 등을 단행하면서 정부의 시장개입을 최소화하는 ‘Reaganomics’를 추진했다.

2 캘빈 쿨리지 주니어(1872–1933). 미국의 30대 대통령으로 미국 경제성장의 성공적인 시기를 경험하였다. “The business of America is business.”라는 명언으로 자유시장의 개입을 최소화하는 작은 정부를 주창한 인물로 평가받는다.

CHAPTER 02

# 정부실패론

## 프롤로그

전통적으로 후생경제학은 소위 '시장실패'로부터 발생하는 비효율적인 자원배분의 문제를 치유하는 대안으로 정부의 역할을 강조하고, 시장에 대한 정부개입의 정당성을 인정하는 이론적 근거를 제공한다. 즉, A. Smith의 '보이지 않는 손'은 시장을 움직이는 원리가 완벽하게 작동될 때에만 가능하며 공공재, 외부효과, 불완전경쟁 시장, 비대칭 정보 등으로 인해 가격메커니즘이 제대로 작동하지 않는 경우에는 이를 치유하기 위해 정부가 적극적으로 개입해야 한다는 것이다. 행정학적인 관점에서도 어떤 특수한 상황이나 조건에서 통제(규제)되지 않은 시장에서의 경제적 교환은 형평성 차원에서뿐만 아니라 효율성의 차원에서도 문제를 발생시킨다고 우려한다.

공공선택론은 이 같은 후생경제학적 시장실패의 가능성과 문제점을 일부 인정하면서도 시장실패가 정부개입의 필요조건일 뿐 충분조건은 아니라고 지적한다. 특히 시장실패를 치유한다는 명분으로 정부가 시장에 대해 과도하게 개입할 경우, 기대하는 결과를 달성하지 못할 뿐만 아니라 오히려 사회 전체의 자원배분을 악화시킬 수 있다고 경고한다. 공공선택론자들은 이를 시장실패와 대비하여 '정부실패'라고 부른다. 특히 공공선택론은 갈수록 비대해지고 있는 정부와 정부실패의 심각성을 지적하고 그 근본적인 원인을 밝혀내 대안을 제시하고자 한다. 정부가 필요 이상으로 시장에 개입하게 되는 원인을 파악할 수 있다면 정부실패를 어느 정도 방지할 수 있는 대책을 마련할 수 있다는 것이다. 공공선택론을 '정부실패의 정치학(politics of government failure)'이라고도 부르는 이유가 여기에 있다.

2장에서는 공공선택론에서 주장하는 정부실패 이론을 시장실패 이론과 비교하여 설명하고자 한다. 일반적으로 후생경제학은 시장실패의 원인을 규명하고 이를 바탕으로 시장실패의 유형을 비교적 깔끔하게 정형화하고 있는 반면, 정부실패에 관해서는 분야나 학자마다 서로 다른 배경에서 원인을 찾는 경향이 있었다. 따라서 여기서는 분산된 정부실패의 원인과 유형을 재정리하고 체계화하는 데 초점을 맞추고 구성하였다.

# 1절 시장실패론

## 1. 시장실패의 개념

경제시스템을 평가하는 기준은 크게 사회 전체의 편익을 극대화하기 위한 효율성과 소득분배의 균등한 정도를 보는 형평성의 두 가지 측면으로 나눌 수 있다. 효율성은 비교적 객관적인 측정을 통해 평가할 수 있는 데 반해, 형평성에 대한 평가는 소득분배가 어떻게 이루어져야 더 바람직한가에 대한 주관적 가치관이 상대적으로 더 크게 작용한다. 여기서는 주관적 가치판단이 많이 개입되는 형평성의 논의를 제외하고 효율성의 측면에 초점을 맞추어 시장실패를 살펴보고자 한다.

시장실패(market failure)란 한마디로 시장경제체제에서 가격기구가 자원을 효율적으로 배분하지 못하는 것을 의미한다. 후생경제학자들은 시장실패가 발생할 경우 정부가 정책수단을 통해 치유할 수 있다고 보고 정부개입을 합리화하기 위한 규범적 근거를 제시하는 논리를 전개한다. 다만 그들은 시장실패에 대한 치유 자체가 목적이었기 때문에 정부개입 혹은 정책의 실질적인 주체, 대상, 정책과정 등의 정치/정책적인 문제들과 제도적 대안들을 분석대상에서 제외하였다는 공공선택론자들의 비판을 받는다.

시장실패의 핵심 논리는 가격이라는 신호체계(price as a signal)를 매개로 한 시장기구에 의한 자원배분의 효율성은 완전경쟁시장과 같은 이상적인 조건들이 성립되는 경우에만 달성될 수 있다는 것이다. 결국 이 조건들을 만족시키지 못할 경우 시장에서 결정되는 결과물은 진정한 사회(한계)비용과 사회(한계)편익을 제대로 반영하지 못하기 때문에 자원의 최적배분을 유도하지 못한다는 것이다(Samuelson & Nordhaus, 1989). 경제학적인 의미에서 시장실패란 한마디로 시장에서의 가격이 사회후생을 최적화하는 파레토 효율성(Pareto inefficiency)을 달성하지 못한다는 의미로 해석되며, 이를 정부개입을 통하여 치유할 수 있다는 것이다.

그렇다면 어떤 경우에 시장이 제대로 작동하지 못하는가? 여기서는 시장이 자원배분에서 효율적이지 못하게 되는 시장실패의 원인(sources)을 크게 재화와 서비스의 공공재적 특성, 외부효과의 존재, 불완전경쟁의 시장구조, 비대칭 정보로 나누어 시장실패의 유형을 분류하고자 한다(Pindyck & Rubinfeld, 1998; Stiglitz, 2000).[3]

## 2. 시장실패의 유형

### 1) 공공재

재화와 서비스를 분류하는 방법은 분류 기준에 따라 다양하지만, 일반적으로 재화와 서비스의 특성에 따라 크게 사재(private goods)와 공공재(public goods)로 나눌 수 있다.[4] 시장실패의 첫 번째 원인은 재화와 서비스

3 Stiglitz(2000)는 시장실패가 발생하는 원인을 경쟁의 실패, 공공재의 존재, 외부성의 존재, 불완전 시장의 존재, 정보의 비대칭 또는 실패, 그리고 거시경제의 왜곡, 여섯 가지로 분류하고 있다.

4 이 책에서는 특별한 경우를 제외하고는 공공재의 개념에 행정서비스(public service)를 포함한다. 재화의 분류에 대한 내용과 공공재에 대한 자세한 내용은 최정택 · 김성준(2009)을 참고하길 바란다.

의 공공재적 특성에서 발생한다.

재화와 서비스를 특성에 따라 구분하는 가장 보편적인 기준은 경합성과 배제성이다(Savas, 1994; Krahmann, 2008). 재화가 '경합적(rivalry)'이라는 것은 누군가 한 사람이 어떤 재화를 소비하면 다른 사람의 소비에 제한을 받는 속성을 의미한다. 예를 들어, 지금 당신이 커피숍에서 한 잔의 커피를 마신다면 그 커피는 다른 누구도 마실 수 없기 때문에 경합적이다. 따라서 재화나 서비스가 경합적인 경우 한 사람이 재화를 더 많이 소비하면 다른 사람들은 소비를 줄여야 한다. 한편, 재화가 '배제적(excludable)'이라는 것은 해당 재화의 소비로부터 어떤 사람을 제외(배제)시킬 수 있다는 의미로 대가를 지불하지 않으면 재화를 사용(소비)할 수 없도록 할 수 있다는 뜻이다. 예를 들어, K대학 김 교수의 수업은 원칙적으로 그 수업을 수강 신청한 학생만 들을 수 있다. 경합성과 배제성을 모두 가지고 있는 재화와 서비스를 사재(private goods)라고 한다.

사재와 달리 공공재(public goods)는 비경합적(non-rivalry)이면서 동시에 비배제적(non-excludable)인 특성을 갖는 재화와 서비스이다. 공공재는 비경합적이기 때문에 누군가 그 재화나 서비스를 사용한다고 해도 소비자의 수와 관계없이 다른 사람 역시 사용할 수 있다. 또한 비배제적이기 때문에 대가를 지불하지 않고 재화를 사용할 수 있으며, 재화와 서비스에 대한 사용이나 수혜에 있어서 예외적인 대상이 없다. 예를 들어, 지금 당신이 숨 쉬는 공기는 사용량이 거의 무제한적이며 누구나 대가를 지불하지 않고도 배제되지 않고 자유롭게 사용할 수 있다. 서울역 대기실에서 방송하는 뉴스는 내가 보는 것이 다른 사람들의 시청을 제한하지도 않고 지나가는 사람들이 보는 것을 막을 수도 없다. 우리 사회에서 공공재의 예를 찾아보면 작게는 신호등에서부터, 도로, 상하수도 시설, 크게는 국방과 치안 같은 것들이 해당한다.[5]

공공재 중에서도 완전히 비경합적이면서 비배제적인 재화를 순수공공재(pure public goods)라고 한다. 그러나 배제성과 경합성은 대부분 그들의 정도의 차이일 뿐이기 때문에 재화의 특성에 따라 정확하게(clear-cut) 분류하는 것은 현실적으로 어렵다. 또한 공공재는 시장의 조건과 기술수준에 따라 다르게 볼 수 있기 때문에 절대적인 분류가 어렵기도 하다(Rosen, 1992). 이처럼 비경합적이고 비배재적인 공공재는 극단적으로는 시장에서 아예 공급이 되지 않거나, 설령 공급이 된다 하더라도 시장의 수요에 충분하게 공급되지 못하는 경향이 있다.

한편, 재화의 특성과는 별개로 정부가 생산하고 공급하는 재화, 즉 '정부재(government goods)'를 공공재로 말하기도 한다. 이 경우 비록 재화가 경합성과 배제성의 기준에서 공공재로 분류되지 않더라도 정부가 공공성 혹은 공익을 목적으로 직간접적으로 제공하는 경우이다. 하지만 엄밀한 의미에서 정부재는 재화를 제공하는 주체에 따른 분류에 속한다. 즉, 기업 등 민간부문이 제공하는 민간재에 대응하는 개념이라고 할 수 있다.

이러한 공공재는 시장에서 효율적인 자원배분의 실패를 초래하는 원인이 된다. 공공재는 한 사람 이상으로 여럿이 공동으로(collectively) 사용하기 때문에 그에 따른 비용 역시 공동으로 부담해야 한다. 일반적으로 사재

5 한편, 케이블 TV 방송은 배제성이 있지만 경합성은 없는 비순수공공재에 속하며, 바다의 물고기는 경합성은 있으나 배제성이 없는 비순수공공재(공유재)에 해당한다.

는 재화를 소비하는 사람이 그에 대한 대가를 정확하게 가격으로 지불하면 된다. 하지만 사람들이 공동으로/집단적으로 소비하는 공공재는 누가, 얼마나 소비하는지를 정확하게 식별하기가 어렵기 때문에 이에 따라 정확한 비용을 부과하기가 어렵다. 또한 공공재는 사회적으로 포화상태가 아닌 경우 이미 주어진 상태에서 추가적인 소비에 따른 추가 비용이 거의 없다는 특성이 있다(이학용, 2007). 예를 들어, 어느 지역에 고속도로가 건설되면 특별히 혼잡(congestion)이 발생하지 않는다는 조건에서 한 대의 차가 더 진입한다고 해서 그에 대한 추가비용이 따로 발생하지는 않는다. 미시경제학적인 개념으로 한계비용(marginal cost)이 영(zero)에 가까운 셈이다.

공공재는 비경합적이고 비배제적인 재화의 특성으로 사용자들이 소비로부터 얻는 효용을 축소하려는 무임승차(free-riding) 문제를 초래한다. 이로 인해 공공재는 사회적으로 필요한 양만큼 공급되지 못하는 경향이 있다. 또한 공공재를 소비하는 구성원들이 각자 비용을 얼마나 부담해야 하는가에 대한 비용부담의 측정이 어렵기 때문에 민간부문에 의해 공급되기 어렵다. 따라서 생산과 공급의 방식에는 다소 차이가 있지만 공공재는 통상 정부가 제공하고 생산량과 가격을 결정한다.

공공재 외에도 정부가 정책적으로 주목하고 있는 '가치재'를 간단히 소개한다. 가치재(merit goods)란 일상생활에 반드시 있어야 할 필수품은 아니지만 시민들에게 일정 수준 공급되는 게 바람직하다(이롭다)고 판단되는 재화와 서비스를 말한다(Musgrave, 1987). 정부는 이런 재화는 경제활동에 있어 긍정적인 외부성이 있다고 판단하여 생산과 소비를 촉진하기 위하여 정부지출을 한다. 가치재는 정부가 지불능력(ability to pay)과 상관없이 모든 구성원이 마땅히 누릴 권리가 있다고 판단하는 재화이지만 개인들이 자발적으로 바람직한 수준까지 소비하지 않는 경향이 있다. 이에 정부는 가치재가 과소소비된다고 판단하여 정부보조금 등을 통해 거의 무상으로 제공한다. 어린이나 노약자를 위한 영양정책, 국민보건정책 등 시민들의 삶의 질과 직접적으로 연관이 있는 것들과 무상교육 등 기초적인 생활에 필수적이라고 생각되는 것이 일종의 가치재에 해당한다.

오늘날 정부가 적극적으로 제공/보조하고 있는 '문화' 관련 재화와 서비스들도 여기에 속한다. 각종 전시회, 음악회, 문화행사 등(상당액의 비용이 소요될 경우)이 일정 수준의 정부 보조금을 통해 시민들에게 제공되는 이유가 여기에 있다. 반대로 가치재와 상반되는 개념의 재화를 비가치재(demerit goods)라고 한다. 비가치재의 대표적인 사례가 정부가 소위 '죄악세(sin tax)'를 부과하는 경우이다. 예를 들어, 담배, 술, 도박과 같이 어떤 사회에서 부정적으로 인식되고 있다면 정부는 소비를 억제하기 위한 정책의 일환으로 담배세나 주세와 같이 조세를 부과하고 있다.[6]

### 2) 외부효과

당신이 사는 근처에 꽃집이 있어 사시사철 꽃향기를 즐기고 있지만 당신은 꽃집 주인에게 당신의 즐거움(효용)에 대한 어떤 대가도 지불하지 않고 있다. 이와는 반대 경우로 당신이 다니는 학교 근처에는 페인트 공장이 있어 늘 공장에서 나오는 화학성 냄새로 인해 불쾌함을 느끼고 때로는 두

---

6 한국의 경우 과거 오랫동안 정부(담배인삼공사)에서 담배를 독점적으로 생산·공급하여 국민들에게 판매하고, 지금도 경마, 카지노 등에 정부가 직간접적으로 관련되어 있다는 사실은 다소 이율배반적인 일이다.

통을 겪지만 해당 공장은 당신에게 그 어떤 보상도 하지 않는다.

개인이나 기업 등 경제주체가 생산이나 소비 활동 및 거래에 영향을 미치면서도 이에 대한 적절한 보상이나 대가가 이루어지지 않은 경우를 외부효과(외부성, externality)라고 한다. 그들의 행위가 수요·공급의 가격의 결정과정을 통하지 않고 다른 경제주체에 영향을 미치는 것이다. 여기서 '외부'라고 표현한 것은 시장기구에 의해 내부화(internalize)되지 못한 채 밖에서 영향을 미친다는 의미이다. 즉, 가격기구 외부에서 직간접적으로 타인의 경제활동에 영향을 미치지만 그에 대한 어떤 대가나 보상과도 연관되지 않은 경우이다. 이렇듯 외부효과의 존재는 가격기구를 통해 반영되지 않기 때문에 비가격효과(non-price effect) 혹은 파급효과(spillover effect)라고도 한다. 결론적으로 외부효과가 발생할 경우 사회적 편익과 비용이 시장에 적절하게 반영되지 못하기 때문에 가격기구에만 의존할 경우 자원은 효율적으로 배분되지 못한다.

외부효과는 일반적으로 그 내용에 따라 외부경제와 외부불경제로 나눈다. 외부경제(external economy)란 한 경제주체의 행위가 의도하지 않게 다른 이들의 소비나 생산 등의 경제활동에 유리한 영향을 미치는 경우로 긍정적인 외부효과이고, 반대로 외부불경제/외부비경제(external dis-economy)란 다른 경제주체에게 불리하게 손실을 입혀 부정적인 영향을 미치는 외부효과이다.

간단한 사례를 통해 외부효과를 소비와 생산 측면으로 나누어 살펴보자. 소비 측면에서 한 소비자의 소비활동이 다른 사람의 선택 방법이나 범위에 영향을 미치는 경우이다. 대표적인 사례가 바로 흡연행위이다. 제한된 장소에서(공공장소) 누군가의 흡연은 흡연을 하지 않는 다른 사람들의 효용을 감소시키는 외부불경제를 초래한다. 때문에 간접흡연(secondhand smoke)의 폐해는 정부가 보건정책의 일환으로 흡연을 규제하는 근거가 된다. 이와는 반대로 긍정적인 외부효과의 경우를 살펴보자. 2019년 코로나바이러스감염증(COVID-19)이 발생하여 팬데믹(pandemic, 세계적 대유행)으로 전 세계를 휩쓸었다. 원론적으로는 개인 스스로 생활 속에서 마스크를 착용하는 등의 예방수칙을 지켜야 한다. 그러나 이러한 예방조치는 자신의 건강을 넘어 다른 사람에게도 좋은 영향을 미치고, 나아가 사회 전체의 바이러스 전파를 막을 수 있기 때문에 긍정적인 외부경제를 발생시킨다. 이런 이유로 정부는 무료 또는 저렴한 비용으로 국민들이 예방접종을 할 수 있도록 하는 것이다. 한편, 한 국가에서 개별 구성원의 교육수준이 높아지면 자신의 생산성은 물론 시민의식을 향상시킬 뿐만 아니라 국가 전체의 품격을 높일 수 있는 외부경제를 발생시킨다. 이것이 바로 정부가 '공교육'이라는 이름으로 시민들의 교육에 힘을 쏟는 이유이다.

이제 생산 측면에서 외부효과를 살펴보자. 생산 측면에서 외부불경제는 어떤 생산자의 생산 활동이 다른 경제주체에 부정적인 외부효과를 주는 경우이다. 대표적인 예로 세탁소와 이웃하는 공단의 굴뚝에서 내뿜는 매연을 들 수 있다. 공장에서 발생하는 매연 등의 물질은 가까운 세탁소에 외부불경제를 초래하여 사회적 비용이 개인적 비용보다 큰 결과를 가져온다. 반면, 생산의 외부경제에 해당하는 고전적인 예는 과일나무를 재배하는 과수원 주인의 활동이 이웃하는 양봉업자의 꿀 생산의 증가를 가져오는 것이다. 이 경우 외부효과로 인하여 사회적 편익이 개인적 편익보다 크게 된다.

종종 과수원 주인이 양봉업을 함께 하는 것은 일종의 생산의 외부경제를 시장기구로 내부화하여 효율적인 자원배분을 달성하고자 하는 노력의 결과라고 볼 수 있다. 한편, 외부효과가 발생되는 경로를 기준으로 외부효과가 일방적으로 발생되는 경우를 '일방적(unilateral) 외부효과'라 하고, 외부효과가 양측에서 주고받는 관계를 '쌍방적(bilateral) 외부효과'라 한다(Endres, 2011).

전통적으로 외부효과의 존재는 시장실패의 대표적인 사례로 간주되어 정부개입의 중요한 근거가 되어 왔다. 정부는 외부경제를 발생시키는 경제주체에 대해서는 이에 합당한 보상(compensation)을 해주고, 반대로 외부불경제를 초래하는 당사자에게는 징벌(punishment)이라는 당근과 채찍의 정책수단을 사용하여 시장에서 자원배분의 왜곡을 막고자 했다. 예를 들어, 외부경제가 존재하는 경우, 정부는 사회 전체적인 관점에서 복지(social welfare, 사회적 편익)를 증진시키는 효과를 주기 때문에 생산자에게 이에 대한 보상으로 조세 감면 등의 세금 혜택을 주거나 보조금(subsidy)을 지급하는 정책을 활용한다. 반면, 외부불경제로 사회적 비용을 초래하는 경우에는 이에 대한 대가로 추가적인 조세를 부과한다거나 폐기물부담금 제도 등을 통하여 일종의 페널티를 부과할 수 있다. 또한 정부는 명령지시적 규제수단을 통해 외부불경제를 일으키는 기업의 생산량 자체를 통제할 수 있다. 페인트 공장은 불가피하게 지역의 환경을 오염시키고 주민들의 건강에 좋지 않은 영향을 줄 수 있기 때문에 정부는 사회적 비용과 개인적 비용의 차이만큼 조세를 부과하거나[7] 생산량을 일정량으로 제한하는 쿼터

7 경제학에서는 이를 '피구세(Pigouvian tax)'라 한다. 이에 대한 자세한 내용은 Rosen(2000) 등

제(quota system)를 도입할 수 있다.

그런데 이러한 당근과 채찍을 사용하고자 하는 정부개입에는 현실적인 어려움이 있다. 우선, 외부경제와 외부불경제에 대한 정확한 정보를 얻기가 쉽지 않다.[8] 보조금 등을 통해 보상을 하거나 피구세와 같은 조세를 부과하기 위해서는 외부효과의 크기, 가치, 생산기술 등에 대한 정확한 정보가 필요하지만 현실적으로 이를 측정하고 평가하기는 매우 어렵다. 나아가 설령 이들에 대한 정확한 정보가 있다 하더라도 보상해야 할 비용이 클 경우에 적어도 단기적으로 정부 재원을 마련하기가 쉽지 않고, 또한 조세를 크게 부과하거나 규제를 강화할 경우에는 자칫 기업 활동을 제약하여 경제성장을 저해할 가능성이 있다.

이러한 정부의 직접적인 개입에 대한 대안으로 제시된 것이 R. Coase 로널드 코즈가 제시한 '코즈의 정리Coase Theorem'이다. 그는 외부효과가 발생하는 이유를 '재산권(소유권)'의 부재에서 찾고, 재산권에 대한 명확한 설정을 하나의 해결책으로 제시하고 있다(Coase, 1960). 코즈 정리는 당사자들 간에 재산권이 명확하게 설정되어 있고 가격기구가 거래비용 없이 작동한다면, 법적구조와 관계없이 생산 가치를 극대화하는 방향으로 자원배분이 이루어진다는 정리이다. 즉, 자원 배분의 과정에서 경제 주체들이 어떤 비용도 없이 서로 협상할 수 있다면(협상의 거래비용이 0), 시장에서 그들 스스로 외부효과로 인해 초래되는 비효율성을 해결하고 자원을 효율적으로 배분할 수 있다는 것이다. 이 때 거래비용(transaction cost)이란 어떤 재화나

---

재정학이나 공공경제학 교과서를 참고하기 바란다.

8 이에 대한 내용은 정부실패(2절)에서 정보의 문제를 논의할 때 다시 설명된다.

서비스를 거래하는 데 소요되는 비용으로, 경제주체가 시장에 참여하기 위해 필요한 비용으로 이해할 수 있다. 거래비용에는 특정 가치의 가격뿐만 아니라 거래를 위해 필요한 정보수집 및 탐색, 협상, 감시, 계약의 집행 및 준수에 필요한 비용 등 거래와 관련된 전체적인 비용을 모두 포함한다. 이를 재산권적 관점에서 해석하면 완전한 재산권과 원활한 정보 교류, 그리고 이를 받쳐주는 제도적인 시스템으로 코스의 정리는 특히 정부규제를 경제적 분석으로 이해하기 위한 초석을 마련한 것으로 평가받는다.

그는 농부와 목장주의 예를 통해 다음과 같이 설명하고 있다. 서로 이웃하고 있는 농장과 목장이 있다고 하자. 목장의 소들은 때때로 농장에 침입하여 농작물을 해침으로써 농장에는 외부불경제를 초래하고, 목장주에게는 외부경제를 발생시킨다. 이 경우 농부에게는 농작물에 대한 소유권이 있고, 목장주는 소에 대한 소유권을 갖기 때문에 서로 협상을 통해 외부효과를 내부화할 수 있다. 예를 들어, 농장과 목장 사이에 울타리를 설치해 소들이 넘어오는 문제를 해결하면 되는데, 이 경우 울타리 설치에 드는 비용을 누가 부담하느냐는 문제가 남는다. 농작물의 피해액이 울타리 설치비용보다 적으면 공동부담으로 타협을 하든지 아니면 목장을 이전하도록 농부가 목장주를 설득할 것이다. 반면, 이전비용이 울타리 설치비용보다 적으면 농부는 기꺼이 이전비용을 부담하려는 제의를 할 것이다.

물론 Coase가 주장한 재산권에 대한 설정이 모든 경우 쉽게 이루어지지는 않는다. 외부효과가 사재의 경우나 개인 수준에서 발생하는 경우에는 비교적 재산권 설정도 용이하고 문제를 해결하기가 쉽다. 반면, 공공재와 같이 집단 수준에서 외부효과가 발생하는 경우에는 재산권 설정도 협상 등을 통한 문제 해결도 모두 쉽지 않다. 우리가 숨 쉬는 공기나 마시는 물을 오염시키는 주체는 다수이며, 이들이 초래하는 외부불경제의 정도는 개인마다 다르다. 게다가 공공재는 재산권을 설정하기가 매우 어려울 뿐만 아니라 관련된 사람들이 많을수록 무임승차의 문제가 심각하게 발생하는 문제가 있다. 이에 Coase는 개인적 수준의 외부효과는 당사자 간의 협상비용(거래비용)이 거의 없고, 협상으로 인한 소득재분배가 외부효과에 대한 개인의 한계효용에 영향을 주지 않는다면, 외부효과에 대한 소유권이 누구에게 있든 관계없이 당사자 간의 자발적 타협에 의한 자원배분은 동일하며 동시에 효율적이라고 제시한다.

코즈의 정리는 이렇듯 현실적으로 적용하기 어려운 제약조건을 갖고 있어 일반적인 상황에 적용하기에 쉽지 않다. 다만, Coase가 우리에게 전달하는 핵심 메시지는 외부효과가 존재한다고 해서 반드시 정부가 직접 개입해서 해결하려 들지 말라는 것이다. 정부는 외부효과를 해결하기 위해 우선 법적, 제도적 장치를 마련하고 가급적 당사자 간의 자발적 협상을 통해 해결하도록(내부화) 유도해야 한다. 그리고 이러한 협상을 통한 해결이 어려울 때 정부가 중재자로서의 역할을 하는 것이 바람직하다는 것을 지적하고 있다.

마지막으로 외부효과 역시 긍정적, 혹은 부정적 외부효과를 분명하게 구분 짓기 어렵다는 점을 언급하고자 한다. 출근길 Starbucks에서 나는 산뜻한 커피 향은 정말 긍정적인 외부효과일까? 우리 동네에 새로 입점한 Gontran Cherrier의 크루아상과 바게트 냄새는 나에게 긍정적인 외부효과일까, 아니면 오히려 부정적인 외부효과일까? 옆집에 사는 조성진의 피아

노 연주는 나에게 항상 긍정적인 외부효과일까?

### 3) 불완전경쟁시장

불완전경쟁시장(imperfectly competitive market)이란 완전경쟁의 상태가 아닌 시장구조를 의미한다. 이는 시장이 효율적으로 작동하려면 시장에 충분히 많은 공급자/생산자가 존재해야 하며, 이들은 경쟁시장에서 결정된 '시장가격'을 수용한다는 이론적 의미가 담겨져 있다. 신고전파 주류경제학은 기본적으로 완전경쟁시장이라는 가정을 통해 시장의 효율성을 분석한다. 이론적으로 완전경쟁시장(perfect competition market)에서는 해당 시장 내 모든 기업들이 시장가격에 영향을 주지 못한다. 즉, 어떤 기업이 얼마나 생산하든 주어진 시장가격(market price)에서 생산물을 판매할 수 있다. 따라서 기업은 자신의 상품가격을 시장가격보다 낮출 이유가 전혀 없으며, 반대로 시장가격 이상으로 책정할 경우 완전경쟁 상태에서는 생산물을 판매할 수 없다. 그러나 우리가 살고 있는 현실 경제에서 완전경쟁은 매우 이상적인 시장구조로 몇몇 농산물과 같은 일부 품목을 제외하고는 해당하는 시장을 찾기 힘들다. 대부분의 시장들은 완전경쟁과 같은 이상적 시장구조라기보다 불완전경쟁시장에 가깝다.[9]

일반적으로 불완전경쟁시장은 크게 독점, 과점, 그리고 독점적 경쟁시장으로 나눌 수 있다. 시장이 불완전경쟁 상태에 있으면 주어진 기술조건에서 완전경쟁시장에 비해 상품의 가격은 높고 생산량은 적기 때문에 소비자와 사회 전체의 후생적 관점에서 바람직하지 않다.

---

9 여기서 불완전경쟁 시장은 생산물 시장의 공급자 중심으로 논의한다. 노동시장 등의 요소시장이나 수요자 독점에 대한 자세한 논의는 시중의 미시경제학 교과서를 참고하기 바란다.

불완전경쟁시장의 대표적인 독점(monopoly)이란 문자 그대로 시장에 하나의 기업만이 존재하는 경우이다. 독점기업은 시장에서 경쟁자가 없기 때문에 해당 재화나 서비스를 대체할 수 있는 상품(대체재, substitutes)이 없다. 완전경쟁시장의 기업과 달리 독점기업은 주어진 시장가격을 수용하는 것이 아니라 시장가격의 결정자(price-setter)로서 자신의 이윤극대화를 실현하기 위한 가격을 책정할 수 있다. 둘째, 과점(oligopoly)은 소수 몇 개의 생산자들이 재화와 서비스의 생산을 결정하는 시장이다. 여기서 '몇 개(a few)'라는 개념이 다소 주관적이지만 일반적으로는 생산자 수가 2개에서 많아야 10~15개 정도인 경우를 가리킨다(Samuelson & Nordhaus, 1989). 과점시장에서는 해당 개별 기업이 시장가격에 어느 정도 영향을 줄 수 있다. 대표적인 과점시장인 한국의 자동차 시장을 예를 들면, 현대-기아 자동차의 경우 국내 자동차 시장의 가격에 어느 정도 영향을 미칠 수 있다. 자동차 시장 외에도 TV를 비롯한 가전제품, 통신, 컴퓨터 등 소비자 생활과 밀접히 관련된 제품들의 시장에서 과점시장을 흔히 볼 수 있다. 특히 과점시장의 기업들은 서로 경쟁을 펼칠 뿐만 아니라 때로는 상호의존적 전략을 통해 카르텔(cartel)을 형성하여 독점기업과 같은 시장지배력을 가지고 시장의 가격과 생산량을 통제하기도 한다.

셋째, 독점적 경쟁시장(monopolistic competition)이란 독점과 경쟁의 중간적 형태로 시장에 다수의 기업들이 있지만 이들이 서로 차별화된 제품을 생산하여 독점과 같이 어느 정도 가격설정을 할 수 있는 시장이다. 이 경우 단기적으로는 기업들이 독점과 같이 행동할 수 있지만 장기적으로는 새로운 기업들이 시장에 진입하기 때문에 점차 완전경쟁시장의 형태에 가까워

져 독점적 지위를 누릴 수 없게 된다.

여기서 '차별화된 제품'이란 재화나 서비스의 기본적인 속성 또는 기능은 유사하지만 핵심적인 특성이 다른 제품을 말한다. 우리 주변에서 가장 흔하게 볼 수 있는 의류, 신발 등 많은 생활용품이 여기에 해당한다. 독점적 경쟁시장 기업들은 다른 기업들에 비해 소비자에게 더 높은 가치를 창출하고 경쟁우위를 획득하기 위해 제품차별화(product differentiation) 전략을 통해 제품을 판매하기 때문에 어느 정도 시장가격과 다른 가격을 책정할 수 있다. 예를 들어, 치약시장에서 Rembrandt렘브란트 치약은 치아 미백을 위한 독특한 성분을 개발하여 소비자로 하여금 다른 제품에 비해 차별화에 성공한다. 결국 렘브란트는 미백 치약의 최강자로 시장에서 포지셔닝(positioning)을 하는 데 성공하고 일반 치약의 평균가격보다 높은 가격을 설정할 수 있는 독점력을 가질 수 있는 것이다.

그렇다면 불완전 경쟁시장이 발생하는 원인은 무엇인가? 경제학에서는 시장이 불완전하게 되는 원인을 크게 두 가지로 보고 있다. 하나는 기술수준 및 비용조건과 관련되고 다른 하나는 진입장벽과 관련된다(Mansfield, 1991).

우선 한 산업의 기술수준과 비용구조는 그 산업/시장이 필요로 하는 기업의 수와 크기를 결정짓는 중요한 변수이다. 기업의 비용은 생산량을 증가시킴에 따라 평균비용이 감소하는 규모의 경제(economies of scale)와 관련된다. 이는 투입되는 규모가 커질수록 장기적인 평균비용이 감소하는 현상으로, 예컨대 대규모 생산 설비를 갖추기 위하여 초기에 많은 고정비용이 필요하지만 제품의 생산이 시작되면 평균비용(총비용/생산량)이 감소하는 경우이다. 규모의 경제가 발생하면 하나(독점) 혹은 몇 개(과점) 기업의 생산량이 시장 전체의 생산량을 충족시키기 때문에 결과적으로 시장은 자연스럽게 불완전경쟁 구조가 된다. 특히 규모의 경제로 인해 하나의 기업이 시장 전체의 생산량을 충족하는 경우를 자연독점(natural monopoly)이라고 한다.

불완전 경쟁시장의 구조를 결정하는 두 번째 요인으로 진입장벽이 있다. 진입장벽(barriers to entry)이란 특정 산업에 새로운 기업의 진입을 어렵게 하는 요인들이다. 즉, 어떤 기업이 특정 산업 혹은 시장에 진입하고자 하거나 새로운 상품을 판매하고자 할 때 가로막는 장애물을 의미한다. 제품에 대한 기술수준의 차이가 크거나 독창적인 특성을 가진 재화나 서비스는 단기간에 이를 모방하는 기업이 진출하여 경쟁하기 어렵다. 이렇게 시장의 진입장벽이 높으면 그만큼 기업들이 새로운 상품을 출시하기 힘들어진다. 일반적으로 진입장벽은 고정비용 등으로 규모의 경제가 존재하는 경우, 정부의 인허가를 비롯한 규제와 법적 제약이 큰 경우, 잠재 기업에게 신사업을 추진하기 위해 들어가는 진입비용이 높은 경우, 그리고 기존 기업이 광고나 가격 혹은 제품차별화의 전략을 사용하는 경우 등으로 발생한다. 전기 자동차 시장이나 뉴욕 브로드웨이 뮤지컬 등이 여기에 해당한다.

이와는 조금 다른 관점에서 재화나 서비스를 공급하는 비용이 수요자들이 기꺼이 지불하고자 하는 가격보다 낮음에도 불구하고 일반시장에서 공급하지 못하는 경우를 '불완전 시장(incomplete market)'이라고 한다(Stiglitz, 2000). 완전한 시장에서는 소비자 자신이 무엇을 언제 원하고 어디서 그것을 얻을 수 있는지 정확하게 알 수 있지만 불완전 시장에서는 그렇지 못하다. 이러한 불완전 시장의 대표적인 사례가 바로 보험시장이다.[10]

불완전 경쟁시장에서 독과점은 결국 시장이 하나 또는 소수의 기업에 의해 지배되어 전체적인 경제에 비효율(deadweight loss, 사중손실)을 초래하고, 소비자 잉여(consumer surplus)의 일부가 생산자에게로 이전되는 결과를 가져온다. 이에 대한 후생경제학적 처방은 독점적 상황이 발생할 경우 정부가 시장에 개입하여 반독점(antitrust) 규제를 하거나 해당 재화나 서비스를 직접 생산 혹은 공급해야 한다는 것이다. 다만, 사회적 비효율을 초래하기 때문에 독과점 시장이 모두 해롭다고 보기는 어렵다. 불완전 경쟁이라는 시장구조는 기업으로 하여금 규모의 경제를 도모하거나 혁신을 위한 노력을 하도록 하는 등 긍정적인 유인(incentives)으로 작용하여 궁극적으로 경제성장과 국가번영에 기여할 수 있기 때문이다.

### 4) 비대칭 정보

수요자든 생산자든 대부분의 경제주체들이 거래 당사자와 시장에서 거래되는 재화나 서비스에 대해 합리적인 선택을 위한 완전한 정보를 얻기란 현실적으로 쉽지 않다. 불완전한 정보는 불확실성의 세계에 사는 모든 사람들에게 피하기 힘든 제약조건이자 한계라고 할 수 있다. 경제학은 경제활동에 필요한 정보를 완전히 보유하지 못하는 경우, 특히 거래의 한쪽 당사자가 다른 당사자에 비해 더 많은(더 좋은) 정보를 보유하는 경우를 정보의 비대칭성(information asymmetry)이라 하고, 이를 해결할 수 있는 방안

---

10 불완전 시장은 불완전 정보와 밀접하게 관련된다. 보험시장이 불완전한 이유에 대해서는 혁신의 장애, 거래비용, 정보의 비대칭성, 강제비용(enforcement cost) 등으로 접근할 수 있다.

을 다양하게 제시하고 있다.[11]

비대칭 정보는 결국 거래당사자들이 보유한 정보의 양과 질이 서로 다른 경우로 경제주체의 합리적인 의사결정을 방해하고 궁극적으로 시장에 부정적인 영향을 미친다. 여기서는 비대칭 정보를 야기하는 원인을 숨겨진(감추어진) 특성과 숨겨진 행동의 두 가지 측면에서 살펴보고자 한다(Akerlof, 1970). 예를 들어, 전자는 중고차 시장에서 거래되는 자동차의 품질의 정보에 대해 판매자는 알고 구매자는 잘 모르는 상황이고, 후자는 보험시장에서 보험에 가입한 사람의 행동과 같이 거래자의 한쪽의 행동을 다른 쪽에서 알 수 없을 때 나타난다.

비대칭 정보가 발생하는 첫 번째 원인은 숨겨진 특성(hidden characteristics)에서 기인한다. 시장에 정보가 충분하고 거래당사자들에게 잘 알려져 있다면 서로에게 상호이익을 가져다 줄 것이다. 반대로 정보가 불완전하고 비대칭적이면 거래의 가능성 자체가 감소하고 자칫 어느 한 편이 더 유리하게 된다(강태진 외, 2005). 일반적으로 감추어진 속성은 이로 인해 정보가 부족한 쪽에 불리하게 작용하며, 그들에게 불리한 선택(adverse selection)이 발생하게 된다.[12]

예를 들어, 소득수준의 향상과 건강에 대한 사람들의 관심이 커지면서

---

11 정보의 불완전성 혹은 정보의 비대칭성에 대한 연구는 경제학을 비롯한 사회과학에서 크게 주목받고 있으며, 이로부터 발생하는 문제를 탐구하는 경제학의 한 분야가 바로 정보경제학(Information Economics)이다. 이에 대한 자세한 내용은 '*The Economics of Imperfect Information*(Philps, L., 1988)'과 '정보경제학(이영환, 1999)'을 참고할 수 있다.

12 국내에서는 adverse selection을 흔히 '역선택'이라고 번역하고 있으나, 이영환(2006)이 지적한 것과 같이 필자도 '불리한 선택'으로 번역하는 것이 의미상으로도 보다 정확하다고 생각한다.

국내에서도 건강기능식품 시장이 폭발적으로 성장하고 있다. 하지만 대부분의 소비자들은 이들에 대한 효능, 안전성 등에 대한 정확한 정보와 지식이 부족한 것이 현실이다. 이로 인해 소비자는 제품의 구매에 있어서 판매자의 판촉과 광고에 크게 의존하게 되어, 판매자와 소비자 간의 정보의 비대칭성 문제가 갈수록 심각해지고 있다. 이를 해결하기 위해 정부는 건강기능식품에 대한 안전성 관련 인증을 강화하고, 생산자나 판매자가 식품의 재료와 성분 및 부작용 등의 정보를 소비자에게 의무적으로 알리도록 강제하는 '표시규제(labeling regulations)'를 시행하고 있다. 나아가 이들에 대한 정보를 알기 쉽고 효과적으로 제공하기 위해 소비자를 중심으로 다양한 프로그램을 도입하고 있다.

두 번째는 숨겨진 행동(hidden action)으로 인하여 비대칭 정보의 문제가 발생하는 것이다. 일반적으로 한 사람의 행동에 대해 당사자가 아닌 제 3자가 완벽하게 관찰하고 판단한다는 것은 불가능하다. 그 결과 다른 특별한 유인이 없는 한 누구나 최선의 노력을 하지 않기 쉬운데, 이러한 현상을 도덕적 해이(moral hazard)라고 한다. 도덕적 해이는 대리인문제(agency problem)와 관련되는 것으로 정보의 비대칭성으로 인해 주인이 대리인의 행동을 완전하게 감시 · 감독할 수 없기 때문에 대리인이 자신의 효용을 극대화하려는 현상을 의미한다. 이 경우 대리인은 자신의 이익을 위해 주인을 잘못된 방향으로 이끌 수 있다. 예를 들어, 어떤 금융 브로커와 상대적으로 이에 대한 정보가 없는 투자자를 생각해 보자. 실제로 투자자에게는 높은 위험의 투자가 적당하지 않음에도 불구하고 브로커는 자신의 이익을 위해 높은 위험의 부담을 안아야 하는 방향으로 투자자를 이끌 수 있다. 따라서 이러한 도덕적 해이의 문제는 '도덕적으로(morally)' 접근해서는 안 된다. 오히려 도덕적 해이를 합리적이고 효과적으로 해결할 수 있는 방법은 적절한 유인제도를 만드는 것이 타당하다.

정보의 비대칭 문제를 해결하기 위한 방안들을 살펴 보자(이영환, 2006). 앞서 설명한 것과 같이 시장에서 거래되는 상품에 대해 거래 한 쪽에서 이를 감추게 되면 상대적으로 좋은 상품은 시장에서 퇴출되고 질 나쁜 상품이 거래되는 불리한 선택이 발생하여 궁극적으로 비효율적 자원배분을 야기한다.[13] 이렇듯 숨겨진 속성으로 인한 불리한 선택이 발생하지 않도록 하는 방안은 우선, 상품의 품질을 보장하는 장치를 마련하는 방안을 들 수 있다. 개별 기업의 수준에서 다른 제품과 비교하여 품질에 대한 보증(warranty)을 강화할 수도 있고, 국가가 개입하여 품질인증제도(quality certification system)를 운영할 수 있다. 또, 기업이 제품의 A/S제도를 운영하거나 자사제품의 광고를 통해 브랜드 파워를 키우는 노력도 이러한 노력의 일환으로 볼 수 있다.

이에 관한 보다 구체적인 장치로는 자기선택장치, 신호발송, 효율임금 등이 있다. 우선, 자기선택장치(self-selection mechanism)란 정보가 부족한 쪽에서 불리한 선택을 피하기 위해 고안한 장치로, 숨겨진 특성을 가진 사람이 그 특성에 따라 선택하는 것이 유리하게 스스로 특성을 드러내도록 유도하는 장치이다. 예를 들어, 보험가입자가 상품을 선택하는 과정에서 자신의 유형을 드러내도록 유도하여 보험회사가 가입자의 유형을 파악할

---

13 이는 일종의 악화가 양화를 구축하는(Bad money drives out good) '그레샴의 법칙'(Gresham's law)이라고 할 수 있다.

수 있도록 하는 것이다.

둘째, 신호발송(signaling)은 자기선택장치와는 반대로 정보를 가지고 있는 보유자의 입장에서 정보의 비대칭으로 오히려 손해를 보게 될 경우 정보가 부족한 상대방에게 자신의 숨겨진 특성을 알리는 것이다. 예를 들어, 상품시장에서 기업은 자사제품의 우수성을 알리고자 소비자에게 다양한 수단을 이용하여 신호발송을 할 것이며, 노동시장에서 근로자는 자신의 역량을 알리고자 다양한 스펙을 통해 시장에 호소하는(신호를 발송하는) 노력이 여기에 해당한다.

셋째, 효율임금(efficiency wage)은 기업의 실질임금이 근로자의 노동생산성과 근로의욕을 결정하며 실질임금이 높을수록 근로자의 생산성은 높아진다는 이론에 근거한다.[14] 전통적으로 노동에 대한 대가인 임금은 그의 생산성에 따라 결정된다고 하는 주장과는 반대로 효율임금은 근로자의 임금이 높으면 생산성이 올라간다고 설명하고 있다. 즉, 오히려 임금이 생산성을 결정하기 때문에 기업은 근로자에게 시장의 임금수준보다 높은 임금을 지불하게 되는 동기가 작용하여 노동시장의 비대칭 정보의 문제에 대처한다는 것이다.

다음으로 숨겨진 행동에 대한 해결방안들을 살펴보자. 숨겨진 행동은 기본적으로 대리인문제로 볼 수 있으며, 이를 해결하기 위한 방안은 어떻게 대리인(agent)이 자신의 주인(principal)을 위해 최선을 다하도록 유인책을 마련하느냐에 달려 있다. 이에 대한 논의를 위해 우선 불확실한 상태가 비교적 단순하고, 대리인이 취할 수 있는 행동이 제한적이며, 주인은 위험

14 효율(성)임금가설(efficiency wage hypothesis)이라고 한다.

에 대해 중립적인 반면 대리인은 위험기피 성향이 있다고 가정하자. 보험계약의 당사자들을 비롯하여 주주와 경영인, 가게주인과 종업원, 주택 소유주와 세입자 등 많은 계약은 위험분담(risk-sharing)계약의 성격을 갖는다. 주인은 참여제약과 유인 성립 제약을 모두 만족시키는 보상계획을 제시하고자 한다. 즉, 최적의 보상계획을 선택하여 대리인의 도덕적 해이를 방지하고 동시에 자신의 이익을 극대화하고자 한다. 적절한 보상계획이 되기 위해서는 반드시 대리인에게 성과에 따른 보상을 달리하여 일정한 위험을 감수하도록 해야 한다. 일반적으로 유인을 제공하는 보상계획은 주인과 대리인 모두에게 최선이 아닌 차선의 해결책이 될 수 있는 보상계획을 수립한다. 이는 유인을 제공하는 데 소요되는 비용(위험기피적인 대리인으로 인해 주인이 감수해야 하는 비용)을 최소화하는 보상계획을 의미한다.

## 2절 정부실패론

### 1. 정부실패의 개념

C. Wolf찰스 울프는 정부실패를 유형별로 분류하고 '비시장 실패(nonmarket failure)'라는 개념을 소개하면서 정부실패의 중요성을 강조한다(Wolf, 1988). 학자들 중에는 공공선택론을 정부실패론(theory of government failure)이라고 부를 만큼 정부실패라는 주제는 공공선택론에서 매우 중요

한 위치를 차지한다(Tullock et. al, 2002).

정부실패에 대한 논의는 무엇보다도 시장실패를 치유하기 위한 정부의 개입에 문제가 없는가라는 근본적인 질문(inquiry)으로부터 출발한다. 이 질문의 바탕에는 정부활동과 정책의 본연적 속성이 정치적 과정이며 참여자들의 이해관계가 반영된 의사결정이라는 이론적 논리가 깔려 있다. 그럼에도 불구하고 후생경제학의 관점에서 시장실패의 교정과 치유를 목적으로 하는 정부개입은 정책과정에서 나타나는 정책의 주체, 대상, 수단, 과정, 내용 등을 간과한다. 그리고 오직 경제적 효율성을 달성하기 위한 최적화의 모색 과정에 집중함으로써 결국 정부실패를 간과한다는 것이다.[15]

따라서 시장실패를 효과적으로 치유하기 위해서는 현실적인 정치적 측면과의 상호작용을 고려하는 고전적 의미의 정치경제학(political economy) 혹은 공공선택론의 관점에서 관찰해야 할 필요가 있다. 정부실패의 의미는 정치경제학적 고려와 접근이 부족할 때 시장실패를 치유하려는 정부개입의 결과가 오히려 시장실패의 문제를 악화시키고 부정적인 결과를 낳을 수 있다는 점을 보여준다. 이러한 관점에서 우리는 정부실패를 '불합리한 정부개입이 자원배분의 왜곡을 심화시키고 시장/경제 전반의 비효율을 초래하는 것'으로 정의할 수 있다. 한마디로 시장실패를 치유하려는 정부의 개입이 치유(remedy)는 차지하고 오히려 문제들을 악화시킨다는 것이다.

그런데 정부실패의 핵심 또한 책에서 일관성 있게 강조하듯이 정치인

15 필자는 전통적인 후생경제학이 간과한 이러한 측면을 바라보는 것이 현대 정책학의 중요한 학문적 기여라고 생각한다.

이나 관료, 정책결정자가 무지하기 때문도 아니고 그들의 의도가 불순하기 때문도 아니라는 점이다. 문제의 본질은 설령 그들이 좋은 의도를 갖고 최선을 다해 업무에 임한다 할지라도 정부기구에 의한 정책과정의 속성에서 정부실패가 자연스럽게 발생한다는 데 있다. 따라서 정부실패는 정부가 개입하여 시장실패를 효과적으로 치유하지 못함으로써 야기되는 것으로 이해해야 하며, 정부의 시장개입 자체를 부정하는 것이 아님을 기억해야 한다. 정부실패의 메시지를 비용편익분석의 관점에서 기술적으로 해석하면 정부개입으로 인한 사회적 편익이 사회적 비용보다 커야 한다는 것을 강조한 것이다.

## 2. 정부실패의 유형

현실 경제에서 시장실패는 각 요인들이 개별적으로 나타나는 현상이 아니라 몇 가지 요인들이 동시에 발생하는 경향이 있다. 따라서 파편적이고 '땜빵식'의 잘못된 정부개입이 오히려 사회 전체의 효율적인 자원배분을 저해할 수 있다. 특히 정부와 공공부문은 본질적으로 동기부여와 유인제도가 충분하지 못하기 때문에 자칫 불필요한 관료의 개입이 각종 옳지 못한 결과를 초래하여 문제를 악화시킬 수 있는 것이 사실이다.

그렇다면 정부실패가 발생하는 원인은 무엇인가? 앞서 논의한 시장실패의 개념은 그동안 합리적인 논리와 근거를 바탕으로 비교적 명확하게 유형화 되어 있다. 일반적으로 시장실패의 원인과 유형이 공공재, 외부효과,

불완전 시장, 정보의 비대칭성으로 분류되어 있는 반면, 정부실패의 원인과 유형에 대해서는 학자마다 서로 다른 관점에서 보고 있다. 여기서는 시장실패와 비시장실패(정부실패)를 비교한 Wolf(1990)의 유형을 기초로 기존 문헌들의 주장을 재분류하여 정부실패의 원인을 보다 일관성 있게 유형화하고자 한다. <표 2-1>은 Wolf가 시장실패와 비시장실패의 유형을 분류한 것(typology)을 정부실패의 관점에서 다소 수정한 것이다.

<표 2-1> Wolf의 분류 유형

| 시장실패 | 비시장실패(정부실패) |
|---|---|
| 외부효과 및 공공재 | 비용과 수익의 불일치<br>(가외성 및 비용상승) |
| 수확체증(독점) | 내부효과 및 조직의 목표 |
| 불완전 시장 | 파생된 외부효과 |
| 소득과 부의 불공평한 분배 | 권력과 특권의 불공평한 분배 |

출처: Wolf(1990: 85).

Wolf가 제시한 시장실패와 정부실패 유형의 특징은 시장실패가 주로 효율성의 측면에서 논의한 것에 비해 형평성 차원에서 소득과 부의 불공평한 분배를 포함시켰다는 것이다. 같은 맥락에서 정부실패의 유형에서도 권력과 특권의 불공평한 분배를 지적하고 있다. 하지만 앞서 시장실패의 논의에서와 같이 여기서도 형평성 차원의 논의는 제외하고 효율성의 차원에서 정부실패의 원인들을 탐구하고 유형화하고자 한다.

### 1) 정보의 문제

정보의 문제는 시장실패뿐만 아니라 정부실패의 중요한 원인이 된다. 일반적으로 시장에서는 수요자와 공급자 모두 의사결정에 필요한 정보를 가격을 통해 획득한다. 시장경제에서 가격신호(price signal)는 일종의 경제적 정보로서 작동하여 재화나 서비스의 가격이 변동되었을 때 소비자와 생산자의 수요와 공급을 증가시키거나 하락시키도록 하게 만든다. 이러한 메커니즘을 통해 가격은 신호로서 경제주체와 희소한 자원을 연결시키는 중요한 역할을 한다.

예를 들어, 수요와 이윤이 증가하고 가격이 상승하고 있는 경제부문은 노동과 자본에 더 많은 가격을 지불하여 그와 반대로 이들이 감소하는 부문으로부터 자원을 조정하는 역할을 한다. 그런데 정보는 현실적으로 어느 정도 불충분(insufficient)하거나 불완전(imperfect)하고 혹은 비대칭적인(asymmetric) 문제로 시장이 정보전달 기구를 충분히 이용할 수 없어 자원을 효율적으로 배분하지 못하기 때문에 시장실패가 초래된다.

하지만 이러한 정보의 문제는 정부가 개입하는 경우에도 크게 달라지지 않는다. 예를 들어, 정보의 불충분성 문제를 생각해 보자. 한 국가나 지역에서 필요한 공공재와 행정서비스의 최적 규모가 어느 정도인지 정부가 정확하게 알 수 있을까? 한 사회가 허용할 수 있는 환경오염의 수준은 정확하게 어느 수준인가? 만약에 누군가 부정적인 외부효과를 초래한다면 그 크기를 어떻게 측정해서 어느 정도의 세금(예컨대, 피구세)을 부과하는 것이 적정한가? 대전광역시가 필요로 하는 적정 공무원의 수는 정확하게 몇 명인가? 정부와 공공부문에서도 이 같은 정보가 요구되는 질문들은 차고 넘치며, 이를 결정하기 위해 요구되는 정확한 자료와 정보를 수집하고 적용한다는 것은 불가능에 가깝다. 한마디로 정보의 문제에서 정부 역시 자유롭지 못하며 최적의 의사결정을 위해 검토해야 할 정보들은 너무 다양하고 많다.

나아가 정보의 사적인 특성으로 정책결정자들의 정보 획득에 대한 유인이 민간부문에 비해 약하기 때문에 정보에 대한 수집 자체가 제한적인 것이 일반적이다. 따라서 정부 정책에 필요한 모든 정보를 얻는다는 것은 현실적으로 불가능하기 때문에 정부가 의도했던 정책목표를 달성하기가 그만큼 어렵게 된다. 특히 새로운 기술이 빠르게 출현하고 불확실성과 복잡성이 갈수록 심화되는 4차 산업혁명의 시대에 이런 현상은 보편적으로 발생한다.

시장실패의 중요한 원인인 비대칭 정보의 문제 역시 공공부문에도 피해갈 수 없다. 이 문제는 정부(정치시장)에서 크게 관료와 정치인 간의 문제, 정치인과 유권자 간의 문제, 그리고 관료와 유권자 간의 문제로 나누어 볼 수 있다. 정치시장에서 선출된 정치인은 자기 지역의 유권자가 요구하는 공공재나 행정서비스의 내용에 대한 정보에 있어 지역의 전문 관료에 비해 상대적으로 불리한 입장에 있다. 특히 공공재와 서비스를 공급하기 위해 소요되는 비용 등에 관한 정보는 해당 지역과 부처의 관료들에 의해 독점되어 있는 것이 일반적이다. 이 같은 정보의 독점은 정보의 비대칭성 문제를 심화시키고 관료조직(행정부)에 대한 정치인(의회)의 불완전 통제로 이어진다.

예를 들어, 관료와 공공부문의 종사자들에게 가장 취약한 것 가운데 하나는 주인인 납세자나 시민들의 요구나 선호에 대한 파악이 제대로 이루어지지 않는다는 것이다. 결국 정부 관료와 공공부문 종사자에게는 주인인 납세자의 욕구/수요를 만족시키려는 유인이 충분하지 않고, 자신들의 행동에 대한 실질적인 감시와 모니터링이 어렵기 때문에 대리인 문제는 더욱 심해진다(소병희, 2004). 이렇게 대리인 문제가 심각해질수록 조직의 성과 향상을 위한 혁신에 대한 노력이나 공공재와 행정서비스의 제공에 소요되는 비용을 절감하고 품질을 향상시키려는 유인이 감소하게 된다. 이는 결국 정부와 공공부문의 비효율성을 악화시키는 이유 중 하나이다.[16]

### 2) 공공재와 행정서비스의 독점적 특성

공공선택론의 관점에서 정부는 단일의 유기체로서 독립적인 의사결정자가 아니라 정치인, 관료, 이익집단 등 다양한 이해관계자들로 구성된 집단/집합체이고 이들은 각자 자신의 이해관계를 중심으로 행동한다. 따라서 정부가 제공하는 공공재와 행정서비스는 다양한 이해관계자들이 참여하는 정치시장에서 정치적 과정을 통한 역학관계의 결과물인 것이다.

일반적으로 민간부문이 제공하는 재화나 서비스에 비해 정부와 공공부문에서 제공되는 공공재와 행정서비스의 성과는 상대적으로 객관적인 평가 기준을 선정하는 것이 쉽지 않고 측정이 어렵기 때문에 시장에서의 성과를 평가하는 지표나 기준을 적용하기 어렵다. 이러한 특성은 '내부효과(internality)'와도 관련이 있는데, 성과에 대한 객관적인 평가가 어려울 경

16 미시적인 측면에서 이 문제는 부처의 예산극대화 등의 행태와도 연관된다.

우 사회적 이익 혹은 공익이라는 목적보다는 내부적인 평가(상벌)가 관료와 종사자들의 행태를 지배하게 된다(Wolf, 1988: 66).

공공재와 행정서비스의 특성 가운데 중요한 또 하나는 정부가 독점적으로 공급한다는 사실이다. 시장에서 독점적으로 제공되기 때문에 경쟁으로부터 자유롭게 되어 품질을 보장하기 어렵게 된다.

일반적으로 시장에서 독점이 발생하는 경우는 세 가지 정도로 볼 수 있다. 첫째, 시장에 하나의 기업으로 충분한 경우이다. 시장의 규모 자체가 작거나 고정비용이 크고 규모의 경제가 발생하는 등으로 '자연독점(natural monopoly)'이 발생하는 경우이다. 둘째, 시장에서 자유로운 경쟁을 통해 하나의 기업이 최종적으로 승리한 경우로 이 같은 시장에서의 독점은 결국 수요자 선택의 결과라고 할 수 있다. 마지막으로 정부가 인허가, 특허 등을 통해 특정 개인이나 기업에게 인위적으로 독점적 지위(독점권)를 보장하는 경우이다.

앞의 두 독점 유형들은 일반적으로 시간이 지남에 따라 시장의 규모가 커지기도 하고 독점 이윤을 얻고자 경쟁자들이 진입하여 독점은 장기적으로  사라지는 경향이 있다. 반면, 세 번째 독점 유형은 정부가 시장에서 일종의 법적인 진입장벽을 만들어 특정 경제주체에게만 사업 활동을 할 수 있는 권한을 주기 때문에 다른 기업으로부터의 경쟁을 원천적으로 차단하는 결과를 낳는다. 경쟁을 통해 독점이 되는 경우와는 달리, 인위적으로 경쟁을 막아 독점이 되는 경우에는 이후 개인과 조직의 역량을 제고하고 기술 개발, 혁신의 노력들에 대한 유인이 약화되는 등의 바람직하지 않은 결과를 야기하기 쉽다. 여기에 공공재를 생산하고 공급하는 데 요구되는 기술적 가능성을 무시하고 불필요한 비용을 지불하는 관료들의 경향은 문제를 더욱 심각하게 만든다.

공공재와 행정서비스에 대한 정부의 독점은 몇 가지 문제를 초래한다. 우선, 시장에서 기업의 독점과 달리 정부 독점은 가격 인상과 생산량 제한을 인위적으로 통제할 수는 있으나, 결국 이로 인해 사회적 순손실인 사중손실을 발생시키고 비효율을 초래한다.[17] 뿐만 아니라 공공재가 정치적 과정을 통해 결정된다는 점에서 시장의 장기적인 관점을 지향하기보다는 단기적이고 가시적인 재화를 산출하고 공급하는 데 함몰되어 비효율성을 더욱 악화시키게 된다.

다음으로 정부의 독점적 지위는 비용과 수입 간의 직접적인 연계성이 희박하다는 정부운영의 독특한 특성(그 결과 운용에 소요되는 비용은 지속적으로 증가하는 경향이 있다)과 함께 'X-효율성'을 추구하고자 하는 유인을 감소시킨다. 여기서 X-효율성(X-efficiency)이란 일종의 관리적 효율성으로 배분적 효율성(allocative efficiency)에 대응되는 개념으로 심리적인 요인과 같이 눈에 보이지 않는 부분이 조직의 효율성에 영향을 미친다는 점을 강조하는 개념이다(Leibenstein, 1966; Stigler, 1976).

배분적 비효율성은 단지 한계효과(marginal effect)만을 포함하기 때문에 재배분의 효과는 비교적 작다. Leibenstein은 배분적 효율성의 향상으로 얻을 수 있는 것보다 X-효율성을 향상시켜 얻는 것이 크기 때문에 사회적 후생의 크기는 Harberger하버거의 후생손실에 X-비효율로 발생하는

---

17 경제학적으로 설명하면 정부 독점으로 인한 가격과 생산량은 한계수익과 한계비용이 같을 때(MR=MC) 결정되지 않는다는 뜻이다.

손실이 추가되어야 한다고 주장한다. 그는 주류경제학이 현실적으로 더 중요한 비효율적 요인들을 외면하고 배분적 효율성에만 초점을 두었다고 비판한다. 이는 전통적으로 기업이 모든 투입물을 효율적으로 구입하고 활용하기 때문에 배분적 비효율의 원인으로 남는 것은 단지 가격과 수량 왜곡 때문이라고 생각했기 때문이다. 그러나 기업이 관리적인(manegerial) 어려움을 비롯한 다양한 이유로 투입물 혹은 생산요소를 효율적으로 구입하고 활용하지 못한다면 잠재적인 후생손실은 상대적으로 커진다.

일반적으로 시장이 경쟁적인 환경에서 기업은 다른 경쟁사보다 비용절감을 위한 노력을 아끼지 않고, 경쟁에서 승리할 수 있는 새로운 정보 획득을 통해 투입된 자원에 비해 더 많은 생산을 하고자 노력한다. 반면 독점적 지위를 확보하고 있는 기업 혹은 정부기관의 경우에는 경쟁자로 인한 특별한 압력이 없기 때문에 경쟁 환경에 있는 기업들이 보여주는 노력에 대한 유인이 상대적으로 적게 마련이다. 더욱이 정부는 어떤 정책/사업을 성공적으로 추진하거나 혹은 실패를 하는 경우에도 이에 대한 직접적인 평가에 대한 기대나 불안이 크지 않기 때문에 유인은 더욱 약할 수밖에 없다.

그 결과 투입된 자원이 기대할 수 있는 최적의 생산량에 미치지 못하는 X-비효율성(X-inefficiency)이 발생한다. 이렇듯 X-효율성은 기업이 이윤 극대화와 같은 목적을 추구하면서 단순히 비용최소화에만 치중하지 않는다는 점을 강조한다. 나아가 경쟁과 같은 압력의 상황에서 생존을 위한 노력, 정보탐색 및 새로운 정보의 조직화 등이 기업 성장에 중요한 요소라는 것을 보여준다.

### 3) 정치시장의 특성

여기서는 정부실패의 원인이 되는 정치시장의 특성을 ① 정치인의 행태적 특성과 ② 정치시장이 갖는 고유의 특성으로 나누어 살펴본다.

우선 정치인의 행태적 특성으로 인한 정부실패를 살펴보자. 공공선택론은 정치인 역시 자기애를 갖는 합리적인 효용극대자로 간주한다. 효용극대자로서 정치인의 목표는 선거에서 승리하여 당선(혹은 재선)되는 것이다. 이러한 행태를 냉정하게 바라보면 정치인은 자신의 사사로운 이익과 국가 전체의 공익이 부딪칠 때 결국 국가의 장기적인 발전과 성과를 목표로 결정을 내리고 행동하기 어렵다는 의미로 해석할 수 있다. 정치인은 결국 선거에서 승리하기 위해서(office seeker) 단기적으로 가시적인 성과를 낼 수 있는 정책과 사업에 집중할 것이다. 심지어 정치인은 오직 자신의 이익을 추구하고 선거에서 당선되기 위해 유권자들을 현혹하고 현실을 호도하려는 유혹에 빠지게 된다. 그 결과 정책의 목적을 실현할 수 있는 구체적인 방법론도 제시하지 못한 채 실현가능성이 낮은 급조된 '구호성 공약'을 내걸게 된다.

이러한 정치인의 행태가 공공부문의 비효율과 정부실패에 미치는 영향은 적어도 세 가지가 있다. 첫째, 중위투표자의 정리(Median Voter Theorem)에 따르면, 민주주의를 채택하고 있는 국가에서 다수결 제도를 통한 의사결정과정에서는 정치적 선호가 중간에 위치한 유권자(중위투표자)의 선호가 투표결과에 결정적인 영향을 미친다.[18] 즉, 중위투표자의 선호

18 중위투표자 원리에 대해서는 5장 정치시장에서 자세히 다룬다.

가 반영된 의제가 정부 정책으로 채택되고, 정치인이 내놓는 정책은 절대다수의 유권자가 아니라 중위투표자의 니즈와 선호를 반영하는 결과로 나타난다. 따라서 공공재와 행정서비스를 공급하는 데 비효율적인 자원 배분을 초래하게 된다.

둘째, 정치인의 근시안적인 행태로 인해 시장에 대한 정부개입이 불필요한 부문에 초과수요를 발생시키는 원인이 되기도 한다(백승기, 2005). 정치인은 자신의 개인적, 정치적 이해관계 때문에 정부의 다양한 사업에 대한 경제적 타당성을 쉽게 무시한다. 결국 특정 사업에 소요되는 비용과 장기적인 효과를 고려하지 않고 눈앞의 이익을 추구하여 불필요한 수요를 창출하고 공공부문에서의 비효율을 양산한다. 한편 공급측면에서는 정부의 산출물에 대한 품질 측정에 어려움이 있고 공공재의 독점성에서 오는 품질의 저하를 지적할 수 있다.

셋째, 이익집단의 지대추구가 정치인과 관료의 사익추구와 맞물려 정책과정에 영향을 미치는 경우이다. 이는 정책결정 과정에서 나타나는 일종의 '철의 삼각'으로 이해할 수 있다. 철의 삼각(iron triangle)은 정책/사업 영역별로 이해관계를 갖는 이익집단이 소관 관료조직과 의회의 관련 위원회와 서로 밀접한 독자적인 협력 체제 혹은 네트워크를 형성하여 특정 분야에 대한 정부 결정과 집행에 영향을 주는 상태를 말한다(김성준, 2018).

정치인들은 로비를 통해 공동의 이익을 실현하기 위해 강력하게 조직된 이익집단과 쉽게 결탁하여 정치체제의 독과점 현상을 가져온다. 이러한 이익집단의 정치적 로비활동은 결국 정치시장에서의 지대추구 행위를 통해 시장실패를 치유하기 위한 정부의 정상적인 개입을 왜곡시킨다. 여기에 조직화되지 못한 시민과 사회구성원들로부터 정치인 자신들만의 이익을 취하고자 한다. 그 결과, 정부의 정책/사업이 대다수의 비용으로 소수의 특수 집단의 편익을 발생시키는 원인이 된다. 흩어진 납세자의 비용이 일부 집단의 이익으로 집중시키는 결과를 가져오는 셈이다. 예를 들어, 농업부문에서 특정작물의 가격보조금이나 수입량 할당 정책과 각종 지원정책 등 정부의 시장개입이 시장을 왜곡시키는 대가를 치르면서까지 특정 집단의 이익에 집중되는 현상을 우리는 쉽게 목격할 수 있다.

이제 정치시장 고유의 특성에서 기인하는 정부실패에 대해 탐구해보자. 정책결정과정(policy making process)은 기본적으로 정치인, 관료, 이익집단을 비롯한 이해관계자들을 통한 정치적 과정이다. 때문에 이 과정에서 경제적 효율성이 희생되는 경우가 적지 않다. 공공선택론은 정치를 다양한 이해관계를 가진 참여자가 자신의 효용을 증대시키기 위해 공공재와 행정서비스에 대한 정치적 거래(exchange)를 통해 합의에 도달하는 일종의 시장(political market)으로 간주한다.

정치시장에서는 흔히 입법가로서 정치인들이 전략적으로 서로 '표'를 거래하는데 이 과정을 투표거래 혹은 로그롤링(logrolling)이라고 한다. 이는 입법과정에서 이권이 결부된 특정 법안을 통과시키기 위해 의원들이 서로 협력하는 행위를 말한다. 즉, 해당 정치인이 다른 정치인들이 원하는 법안에 투표를 해 주는 조건으로 후자가 전자가 원하는 법안에 찬성투표를 해주기로 담합하여 표를 거래하는 것이다. 투료거래는 유권자의 수가 많고 대안이 다양한 경우에 사용되는 전략적 행동이다. 그러나 투표거래와 투표거래를 통해 채택된 법안의 집행과정에는 적지 않은 비용이 소요되며, 정부 사업과 공공재가 비효율적으로 과다 공급되기 쉽다.

또 하나의 경우가 '포크배럴정치'라는 것이다. 포크배럴정치(pork barrel politics)란 보조금을 비롯한 정부의 예산 혹은 법안 등이 특정 집단, 특정 선거구와 지역만을 위해 유리하게 배분되고 남용되는 현상을 말한다. 이 용어는 정부의 예산과 각종 이권을 얻기 위한 정치인들의 모습이 마치 농장주가 돼지고기 통(pork barrel)에 고기를 줄 때 모여드는 모습과 같다는 뜻에서 유래되었다. 유권자들의 인기를 먹고사는 정치인들이 지역구민에 대한 선심성 사업을 얻기 위해 정부예산을 최대한 확보하려는 행태로, 분배정책을 위해 정부예산으로 사업을 집행하는 경우에 흔히 발생한다.

다만, 로그롤링은 담합을 토대로 이루어지는 반면, 포크배럴정치는 개별적, 독립적으로 이루어지는 경향이 있다. 가장 심각한 문제는 이들이 일어나는 과정에서 효율성은 물론 유용성(usefulness)까지 무시되는 경우가 적지 않다는 점이다. 로그롤링과 포크배럴정치 모두 정부예산의 남용과 오용을 초래하고 결국 사회적 낭비를 가져오는 현대 정치의 병리적 현상이 되고 있다.

정치시장에서 볼 수 있는 또 하나의 정부실패의 원인은 유권자의 행태로서 그들의 의도적인 무지에서 발생한다. 자유민주주의 국가의 많은 유권자들은 개별 정당의 구체적인 정책이나 정치 후보자에 관한 정보에 취약하며, 진행 중인 사회적 이슈에 대해 무관심하기까지 하다. 합리적 무지(rational ignorance)란 유권자의 입장에서 정치시장에 대한(예를 들어, 후보자, 정당 등) 정보를 습득하는 비용이 그로부터 얻는 편익보다 큰 경우 차라리 무지한 것이 합리적이라는 것이다(Downs, 1957; Congleton, 2001). 이는 정보의 문제로 의도적인 정보의 차단이라고 볼 수 있으며, 이로 인해 정치시장이 제공하는 공공재와 행정서비스는 비효율적인 결과를 낳는다.

끝으로, 정치시장의 특성으로 발생하는 구축효과 등 시장왜곡을 생각할 수 있다. 구축효과(crowding out effect)는 정부가 정치적 결정을 통해 늘어난 지출로 인한 재정적자를 충당하기 위해 차입(대출)을 지나치게 늘리는 경우나 조세수입에 비해 지나친 조세삭감으로 발생한 재정적자를 보상하고자 높은 금리를 유지함으로써 민간부문의 투자를 위축시키는 현상을 말한다. 이와 비슷하게, 세제구조를 독특한 방식으로 구성하여 투자자가 조세회피를 목적으로 비정상적인 투자를 하도록 유인하고 시장을 왜곡시킬 수도 있다. 특정 제품에 대한 정부의 보조금 역시 보조를 받지 못한 경쟁 상품보다 시장에서 유리한 위치를 점유하게 하여 시장 왜곡을 가져온다.

#### 4) 행정적 특성

정부실패가 발생하는 원인 중 하나는 행정적인 특성에서 기인한다. 행정적인 문제는 크게 관료(관료제)의 문제와 행정 고유의 특성, 그리고 정책의 본질적 문제에서 초래되는 것으로 나누어 볼 수 있다.

첫째, 관료의 행태와 관료제의 특성으로부터 정부실패가 발생한다. 공공선택론의 기본적인 전제는 모든 사람들이 자신의 이익을 최우선시한다는 것이다. 물론 관료도 여기서 예외가 아니다. 따라서 관료 역시 사회 전체의 이익(공익)보다 자신의 이익(사익)을 우선적으로 고려하며, 관료가 자신의 이익을 희생시키면서까지 공익을 추구할 것이라는 기대는 오히려 순진하다고 비판한다. 관료가 사익추구에 무게를 둘 경우 자신의 수입을 극대화하거나 주어진 수입에서는 업무량을 줄이고자 할 것이다. 둘째, 관료제의 파편화된 특성(fragmented bureaucracy, 파편화된 관료제)에 기인하는 경우이다. 현실적으로 여러 정책과 사업의 목적이 서로 상충하는 경우(cross purposes)를 보기는 어렵지 않다. 예를 들어, 흡연문제에 대한 우리 정부기관의 대응을 보면 쉽게 알 수 있다(김성준, 2002). 담배와 흡연과 관련해 기획재정부와 지방자치단체는 조세수입과 연관이 있고 농림수산식품부는 농가의 수익을 고려해야 한다. 반대로 보건복지부는 흡연으로 인한 질병과 국민보건 전반에 미치는 사회적 비용을 고려하여 금연정책을 시행하고 있다. 결국, 정부 각 부처는 사회 전체적인 정책적 관점으로 흡연문제를 보지 못하고 각자의 정책목표에 따라 이해관계를 극대화하려 한다는 것이다. 이러한 정부 부처 간의 상충되는 목표와 이해관계는 정책의 일관성 있는 대응을 어렵게 만든다.

두 번째 정부실패의 원인을 행정 고유의 특성으로부터 찾을 수 있다. 민간부문과 마찬가지로 공공재와 행정서비스를 생산, 공급, 제공하고 운영하기 위해서는 비용이 소요된다. 그러나 공공부문은 기본적으로 이윤에 대한 유인이 없다. 정부부문이 기본적으로 비영리적(non-profit)이라는 사실은 경제성(혹은 능률성)의 관점에서는 본질적인 약점을 갖는다. 이윤(profit)이란 한마디로 수익대비 비용이다. 기업은 이윤을 극대화하기 위해 수익측면에서의 극대화 그리고 비용 측면에서의 극소화를 위해 기업의 모든 역량을 쏟는다. 그러나 정부부문과 같이 비영리기관의 경우에는 기업처럼 수익과 비용을 위한 최선의 노력을 기대하기가 어렵다. 수익을 극대화하고 비용을 최소화하기 위한 효율적인 운영 측면에서의 유인은 상대적으로 부족할 수밖에 없다. 그리고 보건 등의 분야는 원천적으로 이윤을 고려하기란 쉽지 않다. 이윤에 대한 유인 부족은 결국 관료들이 직원 수를 늘리는 등 조직을 비효율적으로 확대하는 경향에서도 볼 수 있다.

여기에 관리적 측면에서 정부가 민간부문과 결정적으로 다른 점은 얻어 들이는 수입과 소요되는 비용 간의 연계가 부족해서 발생하는 '비용과 수입의 불일치'의 문제를 고려해야 한다. 비용과 수입의 불일치는 정부수입이 생산의 비용과 관계없이 조세수입으로 이루어지는 사실에서 발생한다. 정부가 제공하는 공공재와 행정서비스는 비용을 부담하는 대상과 수입을 얻게 되는 대상이 일치하지 않는 경우가 보통이기 때문에 무임승차를 유발하여 비효율을 불러온다.

시장실패의 원인 중에 하나가 외부효과라면 시장실패를 치유하기 위한 정부의 활동과 정책적 개입은 '파생적 외부효과(derived externality)'를 발생시킨다. 정부활동과 정책은 본질적으로 시공간적으로 불특정 다수에 포괄적으로 영향을 미치기 때문에 사전에 완벽하게 예측하기 어렵고 예상 밖의 결과를 가져오기 마련이다. 파생적 외부효과는 일종의 예상치 못한 부작용(파급효과)으로 정책결정자의 근시안적이고 비합리적 판단이 상명하복의 위계질서가 강한 관료제 특성과 맞물려 더욱 심각하게 된다. 결국 시장에서 어떤 사람이 다른 사람의 경제활동에 영향을 미치면서도 적절한 보상이나 대가가 이루어지지 않은 외부효과와 마찬가지로 정부 역시 예상치 못한 파급효과를 발생시킨다는 것이다.

외부효과와 대응되는 정부실패의 원인 중 하나로 '내부효과'가 있다(Wolf, 1990). 내부효과(내부성, internality)란 정부나 공공기관이 조직의 방향성을 유도하는 방법으로 공적인 목표와 관련된 객관적인 기준이나 지침 없이 관료의 사적인 이익을 충족하기 위한 기관 내부기준에 의해 운영됨으로써 발생한다. 관료는 공적인 목표에 자신의 사적인 목표를 개입시키고, 이것이 조직의 실질적인 의제를 제시하고 영향을 미치게 된다. 이 경우 사회적 효용이 아니라 관료의 사적인 효용을 극대화시키려 하는 현상이 나타난다. 즉, 시장에서는 사적(private) 비용편익과 사회적(social) 비용편익의 차이로 인한 외부효과가 발생하지만, 정부에서는 공적 결정자로서의 개인/조직의 비용과 손실이 제외됨으로써 일종의 내부효과가 발생한다는 것이다. 결국, 내부효과로 인해 관료(공공재 공급자)는 정부 산출물을 자신의 이익으로 인식되게 한다. 왜냐하면 관료는 시민들이 비용을 부담할 것으로 믿고 비용과 공급 기능을 확대하기 때문이다.

이는 기본적으로 독점적 위치에 있는 정부와 공공기관은 산출물의 측정과 평가가 어렵기 때문에 비용측면에서 자체적으로 객관적인 기준을 제시할 유인이 약하다는 점과 관련된다. 이 경우 정부는 조직/기관이 존재하는 공적인 임무나 목표와 동떨어진 내부의 목표를 설정하게 된다. 이러한 사적인 내부의 목표들로는 과다한 예산 확보와 최신기술과 정보에 대한 지나친 몰입 등이 해당한다. 결국 외부효과가 시장실패를 유발하는 것과 마찬가지로 효용극대화를 추구하는 관료와 공공기관 구성원들의 행동동기로 작용하여 그들의 업무에 영향을 미치는 내부효과는 정부활동의 비효율을 초래하여 정부실패의 원인이 된다.

셋째, 정책의 본질적 문제로부터 정부실패가 발생한다는 점을 지적할 수 있다. 정부의 정책과정은 본질적으로 경제적 원리가 아닌 이해관계자들

간의 정치적 과정으로 이루어진다. 특히 이해관계자들이 자신의 이익을 위해 정책을 부당하게 활용할 수 있는 기회주의적 행동을 할 때 상황은 심각해진다. 문제는 이 과정에서 경제적 효율성이 희생되는 경우가 매우 흔하다는 데 있다. 정치적 외부성은 불확실성의 문제를 악화시키며 결국 사전에 예상하기 어려운 부수적 효과를 야기한다.

정부정책의 본질적인 문제 가운데 또 하나는 정부가 처음 의도했던 것과 다르게 결과가 나타나는 경우(unintended consequences, 의도하지 않은 결과)가 빈번하다는 것이다. 예를 들어, 각종 규제정책은 정부가 처음 의도했던 것과 다른 결과가 나타나는 대표적인 경우이다. 이런 문제를 발생시키는 원인은 몇 가지가 있는데 그 가운데 가장 주목해야 할 것이 '규제포획(regulatory capture)'의 문제이다. 규제가 특수한 이익관계를 갖는 규제대상에게 포획되어 본래의 정책목표를 달성하지 못하고 오히려 시장을 왜곡시키는 경우이다. 지대추구와 합리적 무지는 규제포획이 일어나게 하는 대표적인 두 개의 작동원리라고 할 수 있다. 또한 정부는 전통적인 규제방식을 통해 일정한 해결방법을 의무화하여 자칫 다른 모든 해결방안을 원천적으로 막는 문제를 초래한다. 예를 들어, 환경보호를 목적으로 오염물질을 관리하기 위해 정부가 명령지시적 규제를 사용할 경우 오히려 기업의 자율적 기술개발을 위한 혁신의 노력을 방해할 수 있다.

또 다른 정책적 관점에서 보면 시장실패는 가격메커니즘의 작동 결과(performance)가 적정수준의 효율성 기준에서 상당 수준 벗어날 경우 문제시 된다. 반면 정부실패는 정부의 개입으로 경제수준이 실질적으로 감소하거나 적절한 수준 이상으로 자원이 비효율적으로 배분될 때 문제시 된다

(Winston, 2006). 불공평한 분배를 시정하고 분배적 정의(distributive justice)를 실현하려는 정부의 개입은 또 다른 분배적 불공평을 낳기 쉽다.[19] 예를 들어, 분배의 불공평을 개선하기 위한 정부의 노력은 그에 상응하는 예산과 인력을 필요로 하게 되고 결국 사회복지를 담당하는 관료조직의 비대화를 가져온다. 나아가 복지사업의 수혜자를 선정하는 관료의 권력이 증대되면 소득 재분배의 잘못뿐 아니라 '권력' 분배에서 불평등 문제를 야기할 수 있다. 나아가 Tullock은 정부개입에 의한 소득재분배는 부유한 이들로부터 가난한 이들로의 소득이전이 아니라, 정치적으로 힘없는 집단으로부터 힘있는 집단으로 소득이 이전되는 것이라고 꼬집는다. 그는 정부가 우리의 기대보다 소득분배의 불평등을 시정하기 어렵다고 보았다(Tullock, 2008).

이 밖에도 제도적 결함으로 정부실패가 발생할 수 있다. 제도의 미비로 인해 관료의 재량권이 과다하게 허용되고 이로 인해 불필요한 권한 남용이 발생하는 경우 이를 제약할 수 있는 방안을 마련해야 한다. 이 경우 작게는 공무원법 등의 규정을 개편하고 크게는 헌법적 수준에서 총체적인 수정을 요구하기도 한다. 여기서 우리는 문제발생이 주어진 제도 안에서 해결할 수 있는 것인지 제도 자체를 개혁해야 하는 것인지 판단해야 한다.[20]

---

19 이것이 시장의 윤리적 결함을 시정하려는 정부개입에 대한 윤리적 비판이다.

20 이는 헌법경제학의 주제로서 7장에서 헌법적인 제약을 통해 제도의 효율성을 제고시키는 문제를 다룬다.

## 에필로그

시간이 지날수록 정부실패는 시장실패보다 더 보편적인 현상이 되고 그만큼 정부실패에 대한 이해와 처방에 대한 중요성이 커지고 있다. 정부실패론의 메시지를 요약하면, 시장실패의 상황에서 비록 정부개입이 일정 부분 요구된다 할지라도 행정기관과 정책 자체의 결함, 미흡한 집행과 추진 과정 그리고 정책결정자가 공익의 희생을 대가로 특정 이익집단의 편익을 위해 정치적인 힘에 종속/타협되기 쉽기 때문에 결과적으로 기대하는 효과는 작고 심지어 역효과가 발생한다는 것이다.

우리는 2장에서 정부실패의 여러 가지 원인들을 살펴봤지만 정부실패가 발생하는 가장 근본적인 이유는 정부(그리고 일부 시민)의 지나친 '조급증'이 아닐까 하는 생각이다. 시장실패의 상당 부분은 '시간'이 가장 효과적인 치료제가 될 수 있기 때문이다. 예를 들어, 현실적으로 자연독점이 발생하는 경우는 매우 드물고, 이조차 장기적으로는 경쟁을 통해 시장 스스로 해소되기 쉽다. 이는 마치 환자가 감기몸살로 병원을 찾았을 때 현명한 의사는 즉각적인 약물치료 대신 휴식(즉, 시간)을 권장하는 것과 같은 것이다. 일시적으로 시장실패가 어느 정도 존재하는 상황일지라도 결국은 시장의 자율조절기능을 통해 시장 스스로 해결되는 경우가 많다. 그런데 정부가 조급증으로 무리하게 개입하여 강제로 시장 메커니즘을 통제하려고 하면 시장의 자율조절기능을 멈추게 되어 정부가 개입하여 오히려 악화시키는 결과를 낳게 된다. 가벼운 감기로 인한 기침 증상에 임상시험이 채 끝나지도 않은 코로나-19 치료 약물을 투입하는 꼴인 셈이다.

중앙/지방정부에 관계없이 시장실패를 치유하기 위한 정부의 정책적 개입에 대한 효과성을 검토한 그동안의 실증적 연구들에 따르면 정부실패의 사회적 비용(welfare cost)이 시장실패로 인한 비용보다 월등히 높은 것으로 나타난다. 물론 정부실패에 대한 이론적, 실증적 논거들이 곧바로 정부의 시장개입에 대한 무용론 내지는 시장의 완전성을 주장하는 것은 아니다. 우리가 정부실패를 고민해야 하는 궁극적인 목적은 바로 정부의 정책을 제고하기 위한 것이다. 이러한 흐름에서 현대 정책학이 강조하고 있는 것이 바로 '시장친화적 정책(market-friendly policies)'이다.

일찍이 Smith 또한 시장과 정부에 관해 서로의 필요성에 대해 강조한 바 있으며, Wolf가 주장하듯이 결국 시장과 정부는 모두 서로 불완전한 '대안적' 관계이지, 어느 한편이 완전한 해결책이 될 수 없다. 나아가 시장실패와 정부실패를 완화시킬 수 있는 방법은 경영윤리(business ethics)라든지 사회적인 도덕률(moral codes) 등을 통해 기업 간 혹은 정부 간에 다른 집단에 대한 최소한의 관심을 갖도록 해야 한다. 따라서 핵심은 인간이 사익을 추구하는 존재일 뿐 아니라 심지어 지대추구자라는 것을 기본적으로 전제하고 사회적으로 바람직한 목표(결과)를 달성하기 위한 인센티브제도(positive or negative)를 개발하는 것이라고 공공선택론은 강조한다. 정부실패 또한 정책결정자에게 정부개입의 비용과 편익이 사회적 비용과 편익을 조화시킬 수 있는 인센티브의 부재로부터 발생한다고 지적한다. 오히려 어떤 경우에는 정부보다 오히려 시장에 참여하는 자신들이 시장실패를 교정하는 데 더 큰 인센티브를 가지고 있다는 점을 기억해야 한다.

## 참고문헌

강태진 외. (2005).「미시적 경제분석」. 박영사.

고든 털럭. (2005). 공공재, 재분배 그리고 지대추구. (황수연 옮김). 경성대학교 출판부. (2008).

김성준. (2002). "규제연구의 정치 경제학적 접근 방법: 흡연에 대한 규제정책 사례를 중심으로".「규제연구」. 11(2).

______. (2018). 정책학: 공공정책의 이해를 위한 입문. 박영사.

백승기. (2005).「정책학원론」. 대영문화사.

이만우, 전병헌. (2000).「미시경제학」. 율곡출판사.

이영환. (1999).「정보경제학」. 율곡출판사.

______. (2006).「미시경제학」. 율곡출판사.

이학용. (2007).「이해하기 쉬운 정치경제」. 율곡출판사.

최광. (2006).「공공선택의 이론과 응용」. 봉명.

최정택, 김성준. (2009). "치안서비스는 순수공공재인가?"「치안행정논집」. 5(2).

Akerlof, G. (1970). The Market for "Lemons": Quality Uncertainty and the Market Mechanism. The Quarterly Journal of Economics, 84(3).

Coase, R. (1960). The Problem of Social Cost. *Journal of Law and Economics*, 3(1).

Congleton, R. (2001). Rational Ignorance, Rational Voter Expectations, and Public Policy: A Discrete Informational Foundation for Fiscal Illusion. Public Choice 107.

Endres, A. (2011). Environmental Economics: Theory and Policy. Cambridge University Press.

Goldsmith, A. (2006). *Business, Government, Society: The Global Political Economy*. South－Western.

Krahmann, E. (2008). Security: Collective Good or Commodity? *European Journal of International Relations*, 14(3).

Leibenstein, H. (1966). Allocative Efficiency vs. "X-Efficiency". *American Economic Review*. 56(3).

Mansfield, E. (1991). Microeconomics: Theory & Applications. W. W. Norton & Company.

Musgrave, R. (1987). Merit Goods. *The New Palgrave: A Dictionary of Economics*, 3.

Philps, L. (1988). *The Economics of Imperfect Information*. Cambridge University Press.

Pindyck, R. & Rubinfeld, D. (1998). *Microeconomics*. Prentice Hall.

Rosen, H. (1992). *Public finance*. IL: Homewood.

Samuelson, P. & Nordhaus, W. (1989). *Economics*. McGraw-Hill.

Savas, E. (1994). *Privatization: The Key to Better Government*. Chatham House Publishers.

Stigler, G. (1976). The Xistence of X-Efficiency. American Economic Review. 66(1).

Stiglitz, J. (2000). *Economics of the Public Sector*. Norton and Company.

Tullock, G. Seldon, A., Brady G. (2002). *Government Failure: A Primer in Public Choice*. Cato Institute.

Wagner, R. (1988). The Calculus of Consent: A Wicksellian Retrospective. Public Choice 56.

Winston, C. (2006). *Government Failure versus Market Failure*. Washington, AEI-Brookings Joint Center for Regulatory Studies.

Wolf, C. (1988, 1990). *Markets or Governments: Choosing between Imperfect Alternatives*. RAND Books.

CHAPTER

# 3

# 지대추구론

*"A little learning is a dangerous thing.*
*Drink deep, or taste not the Pierian spring."*

— *Alexander Pope* [1]

*"We are all alike on the inside"*

— *Mark Twain* [2]

1 알렉산더 포프(1688-1744). 영국의 시인으로 '전원시(Pastorals, 1709)'와 '비평론(An Essay on Criticism, 1711)' 등 수많은 작품이 있다. 신고전주의의 정신과 형식을 가장 잘 구현하고 탁월한 기지와 유머로 유려한 풍자시를 남겼으며 영국 문학사에서 셰익스피어와 함께 대문호로 인정받는다.

2 마크 트웨인(1835－1910). 본명은 Samuel Clemens로 미국 문학의 아버지로 불린다. 세계적으로 유명한 The Adventures of Tom Sawyer(1876)와 The Adventures of Huckleberry Finn(1884) 등을 비롯한 소설과 수많은 사회 풍자적 글을 썼다.

CHAPTER 03

# 지대추구론

## 프롤로그

공공선택론에 대한 연구는 진화를 거치며 다양한 세부 분야로 발전하게 되는데 그 중에 지대추구론은 대표적인 분야이다. 3장에서는 Tullock을 중심으로 공공선택론의 한 축을 이루는 지대추구론에 대한 탐구를 한다. 지대추구론의 중심이 되는 생각은 인간의 상호작용에 대한 이해와 설명은 측정할 수 있는 인센티브에 대한 예측가능한 대응에 달려 있다는 데에서 출발한다. 경제학에서 적용되는 이윤동기의 개념을 집단행동의 영역으로 확대한 것이라고 볼 수 있다.

지대추구론은 만일 사람들이 정치과정을 통해서 얻을 수 있는 가치가 있다면 이를 위해 자신의 노력과 자원을 기꺼이 투입할 것이라고 전제한다. 따라서 정부가 민간부문에 개입하여 인위적으로 가치(즉, 지대)를 창출하면 경제주체들은 더욱 적극적으로 지대추구행위를 하게 되고, 결국 사회 전체의 관점에서 낭비와 국부의 감소를 초래한다는 것이다.

여기서는 공공선택론의 창시자 가운데 Tullock의 연구를 중심으로 지대추구와 관련된 내용을 살펴본다. 지대란 무엇인지 일반적인 개념에서 공공선택론에서의 개념까지 살펴보고, 지대추구, 지대추구행위, 지대보호 등에 대해 알아본 후 마지막으로 지대추구가 우리에게 전달하는 메시지를 생각해 보고자 한다.

# 1절 지대의 개념

## 1. 지대의 일반적 개념

지대(rent)라는 개념의 출발은 D. Ricardo데이빗 리카도를 비롯한 고전적 정치경제학자들로부터 시작되었다. 그들은 지대를 생산요소로서의 토지에 대한 사용의 대가라고 정의하고 지대의 차이가 발생하는 것은 토지의 질, 즉 생산능력의 차이에서 온다고 생각했다(소병희, 2004: 218). 이후 지대의 개념은 경제학자들에 의해 보다 보편적으로 확대되기 시작하면서 경제적 지대(economic rent)로 설명한다.

그들은 지대를 토지로부터 얻게 된 수입이라고 정의하고 가용한 토지의 총공급이 고정되어 있을 때 토지소유자에게 지불되는 수익을 경제적 지대라고 불렀다(Samuelson & Nordhaus, 1998). 따라서 경제적 지대는 토지사용에 대한 대가라는 좁은 의미의 정의로부터 어떤 생산요소이든 공급량이 고정되어 있는 경우, 재생산할 수 없는 자원(non-reproducible resources)에 대한 수익이나 대가를 지칭하는 것으로 확대 적용되고 있다.[3] 이후 이러한 지대의 개념은 보다 발전되어 자연자원, 특수한 기술, 유명예술가의 작품, 그리고 단기간에는 공급이 고정되어 있는 자원이나 재화 등, 재생산할 수 없는 자산(assets)에까지 확대·적용되기 시작한다.

예를 들어, 조용필의 타고난 음악적 재능과 실력은 그 이외에는 찾기

---

3 예를 들어, Leonardo Davinchi의 Mona Lisa는 세상에 하나뿐인 작품으로 원본 자체는 재생산할 수 없는 자산이다. 경제학에서는 공급량이 고정되어 있는 경우를 기술적으로 완전비탄력적(perfectly inelastic) 공급곡선이라고 한다.

어려운 특별한 재능 혹은 자산으로 오랜 기간 그를 '가왕'의 자리에 올려놓았다. 사람들이 가왕인 그의 음악을 직접 즐기려면 당연히 그에게 보통 음악인들의 비용(기회비용)을 초과하는 대가, 즉 경제적 지대를 지급해야 한다. 그가 공연에서 받는 거액의 출연료는 조용필의 음악성이 그의 노동을 매우 비탄력적으로 만들면서 형성되는 경제적 지대인 셈이다.

한편, 이러한 경제적 지대와 차이를 보이고 있는 개념이 독점지대이다. 독점지대(monopoly rent)를 흔히들 독점이윤이라고 표현하기도 하는데, 소비자에게서 독점생산자에로 '부의 이전'이 발생하는 잉여를 의미한다. 이 같은 독점지대는 시장에서 자신 이외의 경쟁자가 없는 독점기업이 자신의 제품을 경쟁시장의 가격보다 훨씬 높은 가격으로 시장에서 판매할 수 있는 상황에서 발생한다.

지대와 관련된 또 하나의 개념은 A. Marshall알프레드 마샬의 준지대이다. 준지대(quasi-rent)란 건물, 자본설비와 같이 단기적으로 일정하게 고정되어 있어 생기는 임대료 등의 고정생산요소의 수입을 말한다. 일반적으로는 생산요소가 그 기회비용보다 더 많은 대가를 받을 때의 초과분을 의미한다(소병희, 2004: 219). 준지대는 속성상 시간이 지나면서 해당 생산요소의 공급이 증가하면 점차 소멸되는 경향이 있다. 예를 들어, 특수한 소프트웨어 개발자의 경우 초기에는 준지대가 크기 때문에 수입 또한 매우 높지만 장기적으로 임금수준은 점차 하락하게 되어 궁극적으로는 평균적인 한계생산성 수준에서 결정된다는 것이다.

## 2. 공공선택론의 지대

지금까지 공부한 지대들의 개념과 공공선택론에서의 개념은 다소 차이가 있다. 공공선택론에서 지대란 '한 경제에서 인위적으로 형성된 비생산적 전이금(transfer)의 형태로 정상적인 경쟁요소에 의해 감소 또는 제거될 수 없는 높은 보상이나 수입'을 의미한다(Johnson, 1991).

단기적으로는 공공선택론의 지대와 준지대 모두 어떤 시장이나 산업에서도 발생할 수 있다. 왜냐하면 일정기간(단기) 동안은 생산요소가 한정적이고 신규 기업들이 진입하기 위해서는 새로운 시장에 적응하는 데 필요한 시간과 비용이 요구되기 때문이다. 이들은 시간이 지나면서 완전경쟁에 가까워지고 초과이윤이 사라질 때까지는 존재한다. 하지만 준지대는 시간이 지나면서 장기적으로 사라지는 경향이 있다. 결국 시간이 지나도 지대가 유지된다는 것은 해당 산업이나 시장에 인위적인 진입장벽이 존재하는 경우라고 볼 수 있다. 그런데 진입장벽은 인허가, 승인 등의 정부규제로 인해 경쟁이 원천적으로 제한되는 경우가 대부분이다.

참고로 Tullock(1967), Krueger(1974), Bhagwati(1982)는 극동지역의 경험을 통해 지역적으로 훌륭한 문화, 좋은 두뇌와 높은 교육 욕구에도 불구하고 경제적으로 후진성을 면치 못하고 있다는 점을 지적하면서 "문화적으로 선진화된 사회들의 경제적 실패"의 결과를 통해 지대추구론적 접근을 시도하였다.

## 2절 지대추구

### 1. 지대추구의 개념

이제 공공선택론의 지대라는 개념을 바탕으로 지대추구의 의미를 알아보자. 지대추구(rent-seeking)란 정부에 의해 창출된 지대를 추구하는 개인과 집단의 자원비용(지출)으로서 사회에 부정적인 영향을 미치는 활동에 의해 지대가 발생하는 곳의 사람들이 지대확보를 목적으로 자원을 활용하는 것으로 정의할 수 있다(Tullock et al., 2002). 넓은 의미에서의 지대추구는 모든 특권 혹은 독점적 지위를 확보하기 위한 노력이나 활동이라고 볼 수 있다. 지대추구의 개념에는 수입량을 제한(quota)하거나 보호관세를 부과하는 등의 합법적인 활동뿐만 아니라 뇌물증여, 공갈, 은폐 등의 위법적인 활동도 포함된다.

다만 주의해야 할 점은 개인이나 기업 등 민간부문에 의한 독점(혹은 독점적 지위)은 실제로 지대추구활동의 '결과'에 해당되며 현실적으로 매우 드문 경우라는 것이다. 이와 반대로 오히려 규제나 지원 등의 정부개입에 의한 인위적 독점이나 조세수입에 의한 정부지원 분야에서 지대추구가 보편적인 현상이다. 불합리한 규제로 인한 시장의 진입장벽이라든가, 납세자와 이를 지원받는 형태의 정부나 공공기관에 의한 직접적인 소득이전이 대표적인 사례이다.

이 같은 맥락에서 공공선택론자들은 특정 산업분야에 대한 정부규제에 주목한다. 만일 인허가와 같은 규제정책과 특혜로 인해 인위적으로 독점권이 인정되고 이를 위해 이익집단들이 관련된 지대추구를 하게 되면, 소비자로부터 독점기업에게 부(소득)의 이전을 도모하기 위해 비용이 소요된다. 따라서 이러한 비용은 경제의 생산적인 활동이 아니라 비생산적인 활동을 통한 독점권 획득을 위해 사용되기 때문에 사회적 낭비라고 할 수 있다.

만약 정부가 특정 집단에게 독점권 혹은 관세보호를 보장할 수 있는 권한을 준다면 일반 시민이나 손실을 입는 집단의 대가로 잠재적인 수혜자들이 서로 경쟁하는 상황이 될 것이다. 그런데 결국 승자는 한 사람이나 집단이 되고 그들만 보상받기 때문에 다른 집단들이 투자한 자원은 결국 낭비되는 것이다(그들이 그 자원을 가치 있는 재화와 서비스를 생산하는 데 사용했다고 생각하자). 이는 일종의 '승자독식의 사회(the winner-take-all society)'에 비유할 수 있다(Frank & Cook, 1995).

기본적으로 정치의 많은 부분이 지대추구활동이라고 이해될 수 있다. 포크배럴 정치는 지대추구의 대표적인 사례로서 지역구를 기반으로 하는 정치인이 선거에서 주민의 표를 얻기 위한 일종의 선심성 지역개발사업으로 정부의 예산과 사업보조금을 최대한 확보하려는 행태를 말한다. 또한, 정부의 관료제 또는 규제부문이 확대되는 상당 부분이 차별적인 부의 이전에 대한 약속을 통한 지역주민들의 지지를 얻기 위한 정치대리인 사이의 경쟁이라고 이해될 수 있다.

## 2. 지대추구행위의 사회적 비용

지대추구론이 전달하는 핵심 메시지는 민간경제에 대한 정부의 개입은 인위적인 지대를 창출하기 때문에 지대추구활동을 자극하여 결국 사회적 낭비를 초래한다는 것이다. 따라서 후생경제학이 강조하고 있는 독점의 사회후생효과와 이에 대한 지대추구론의 접근을 비교하는 것은 의미 있는 일이다.

### 1) 후생경제학적 분석

독점(독점의 폐해)에 대한 후생경제학적 분석은 두 가지로 요약된다. 하나는 독점으로부터 발생하는 사회적 순손실인 사중손실/자중손실(dead weight loss, DWL)에 대한 지적이고, 다른 하나는 소비자로부터 독점기업으로의 소득이전이다. <그림 3-1>은 완전경쟁시장의 기업과 독점시장에서 독점기업의 의사결정(가격과 수량)의 차이를 보여준다.

보다 쉬운 설명을 위해 모든 함수는 선형(linear)이며, 한계비용(marginal cost, MC)은 일정하다고 가정한다. $Y$축은 가격 혹은 비용을, $X$축은 수량을 나타내며, $D$는 시장의 수요곡선 혹은 평균수입(average revenue, AR)이며, $MR$은 기업의 한계수익(marginal revenue)을 나타낸다. 완전경쟁시장에서는 수요함수($D$, 혹은 $AR$)가 한계수익 $MR$과 같기 때문에 $MC=MR$인 $b$에서 시장균형가격($P_c$)과 수량($Q_c$)이 결정된다. 반면 독점시장에서는 한계수익($MR$)이 수요곡선 아래에 놓이게 되고 이 경우 $MC$와 $MR$이 만나는 곳에서 가격($P_m$)과 수량($Q_m$)이 결정된다. 경제학에서는 $P_m acP_c$는 소비자로부터 생산자로 이전된 잉여(소득)로 보며, $abc$의 삼각

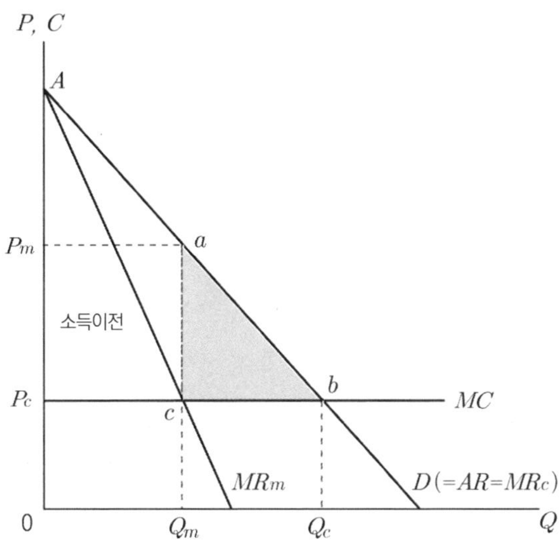


그림 3-1 독점과 사회적 후생

형은 독점적 구조로 인해 소비자나 생산자 누구에게도 속하지 않는 문자 그대로 순수한 사중손실이 된다. 이를 흔히 '하버거의 삼각형(Harberger's triangle)'이라고 부른다.

이 분석으로부터 크게 두 가지 메시지를 얻을 수 있다.

첫째, 독점 상황에서는 소비자로부터 독점 기업으로 소득이전이 발생한다는 점이다. 즉, 완전경쟁시장에서 소비자 잉여가 될 수 있는 일부가 (독점)생산자에게로 이전되는 일종의 소득재분배 효과가 발생한다. 둘째, 독점은 소비자, 생산자 누구에게도 속하지 않는 사회 전체의 관점에서 순수한 손실(낭비)에 해당하는 사중손실을 발생시킨다. 첫 번째 경우는 경제주체 간의 소득재분배의 문제가 발생하지만 사회 전체(사회후생)의 관점에서는 직접적으로 낭비되는 것이 없다. 사회후생의 관점에서 문제가 되는 것은 두 번째 경우이다. 결국 대개의 주류 경제학자들은 소득재분배의 문제를 정치 영역에서 대안을 찾는 것이라 여기고 후자에 초점을 맞추어 왔다.

### 2) 독점지대와 X-효율성

여기서는 독점에 대한 후생경제학적 분석에 대해 Leibenstein라이벤스타인과 Tullock의 두 가지 지적을 검토하도록 하자.

X-효율성(X-efficiency)의 개념은 주류경제학이 강조하는 배분적 효율성(allocative efficiency)에 대응하는 개념으로 근로자의 사기 등 눈에 띄지 않는 기업 내부의 '관리적 효율성'에 초점을 두고 있다. X-효율성을 이해하는 가장 쉬운 방법은 생산가능곡선의 개념을 도입하는 것이다. <그림 3-2>는 특정 기업의 생산가능곡선(production possibility frontier, PPF)을 보여준다.[4] 기업이 직면하는 생산가능곡선이란 주어진 생산요소와 기술을 통해 최대한 생산할 수 있는 산출물의 조합을 나타낸다(Mankiw, 2001). X-효율성이란 바로 기업의 생산이 이 곡선상에서 이루어지는 것이며(예컨대 $p$), 반대로 X-비효율적이라고 하면 생산이 이 곡선상에서 이루어지지 못하고 내부(예컨대 $q$)에 있는 상태로 기업이 기술적으로 최대의 효율적 생산을 못하고 있다는 것을 의미한다. X-비효율성은 기업의 관리자나 종사자들이 인센티브 부족, 사기 저하 등으로 혁신이나 효율화 노력이 저하되고 이로 인해 비용 상승과 생산성 감소가 발생하는 것이다.[5]

---

4 일반적으로 생산가능곡선은 거시적으로 국가의 상황에 적용하는 개념이지만 범위를 좁혀서 기업에도 적용할 수 있다.

5 그림에서 $r$점은 이 기업이 생산할 수 없는 조합의 산출물이다.

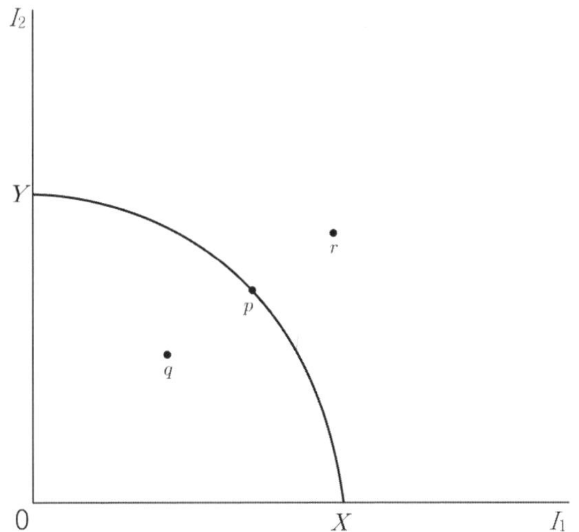


그림 3-2 생산가능곡선과 X－효율성

Leibenstein은 X-효율성이라는 개념을 통해 독점의 후생손실에 대해 지적하고 있다. 그는 기업이 모든 투입물(input)을 효율적으로 관리한다는 전통적인 경제학의 전제에 대해 동의하지 않는다. 그는 현실적으로 기업은 경영 관리상의 불완전으로 투입물의 구입과 활용에 완전히 효율적일 수 없으며 잠재적인 후생손실은 상당히 커진다는 것이다. 특히 독점시장에서는 다른 기업들의 경쟁 압력을 받지 않기 때문에 상대적으로 X-비효율성도 증가한다. 따라서 현실적으로 독점의 배분적 비효율성으로 발생하는 후생손실은 X-비효율성로부터 발생하는 손실을 추가해야 하며, 따라서 총 후생손실은 하버거의 삼각형(abc)보다 훨씬 크다고 지적한다(Crew & Rowley, 1971).

### 3) Tullock의 사각형

지대추구행위로부터 초래되는 사회적 비용(social cost)이란 독점적 특혜(지대)를 얻기 위해서 사용되는 비용의 최대치로 기술적으로는 독점으로부터 얻을 수 있는 독점이윤과 사중손실비용을 모두 포함한다.[6] 이를 다음과 같이 간단한 식으로 표시할 수 있다.

사회적 비용 = 독점이윤 + 사중손실비용

독점 지대를 설명하고 있는 <그림 3-3>을 다시 살펴보도록 하자. 사각형 $P_m acP_c$는 소비자로부터 생산자에게 이전된 수입으로 독점이윤에 해당하며, 삼각형 $abc$는 사중손실로서 사회적 순손실(social net loss, welfare loss)에 해당한다. 그림에서 보듯이 독점이윤이 생기는 이유는 완전경쟁시장과 비교했을 때 생산량 $Q_c$보다 독점시장의 생산량 $Q_m$이 감소하고, 독점가격($P_m$)이 완전경쟁시장의 가격($P_c$)에 비해 높기 때문이다. 그런데 이렇게 시장에서 생산량 감소가 발생하는 중요한 이유 중에 하나는 바로 정부의 인위적인 개입, 즉 인허가와 같은 규제나 쿼터 등의 수량제한이다. 생산자의 입장에서 보면 정치를 움직이는 로비 등을 통하여 정부로부터 수량을 감소시킴으로써 $P_m acP_c$만큼의 독점적 이윤을 얻을 수 있다.

---

6 사중손실에 대한 초기의 대표적인 문헌으로는 Epstein, R.의 *Industrial Profits in the US. National Bureau of Economic Research*(1934). Johnson, H. G.의 "The Gains from Freer Trade with Europe: An Estimate," *Manchester School of Economic and Social Studies 26*(1958). 그리고 Schwartzman의 "The Burden of Monopoly," *Journal of Political Economy*(1960) 등을 들 수 있다.

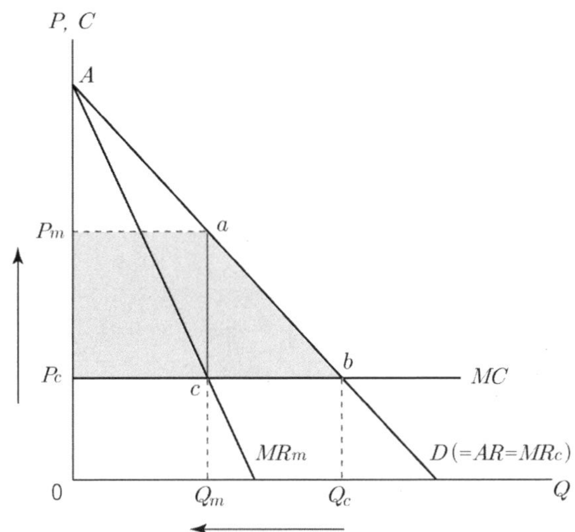


그림 3-3 독점과 Tullock의 지대

주류경제학은 독점이나 특권에 대한 사회적 비용을 논할 때 경쟁시장의 수준을 상회하는 가격상승으로 인한 소비자잉여(consumer surplus)의 손실을 보여주는 사중손실(삼각형 abc)을 강조한다(Harberger, 1954). 이 관점에서 독점기업이 얻는 이윤은 사회적 후생의 손실로 여겨지지 않고 다만 잉여가 소비자로부터 독점기업(생산자)에게로 이전되었을 뿐이라는 것이다. 이에 대해 Tullock은 그의 논문 'The welfare costs of tariffs, monop-olies, and theft 관세, 독점 및 절도의 후생비용(1967)'에서 기존의 주류 경제학의 설명에 의문을 제기하는데 이 도전이 바로 지대추구이론의 출발점이 된다.

Tullock은 독점적 특혜에 대한 후생손실의 개념에 대해 근본적인 의문을 던진다. 기술적으로 설명하면 Tullock은 기존의 후생손실의 삼각형(abc)으로부터 독점기업의 이윤인 사각형($P_m acP_c$)으로 관심의 초점을 전환시킨다. 그리고 과연 이윤극대화를 목표로 하는 기업이 독점이윤이 없는 경쟁시장의 상황에서 이를 얻기 위해 무엇을 할 것인가에 관심을 갖는다.[7] 만일 독점이윤이 독점에 성공한 기업이 소비자로부터 취할 수 있는 소득이전이라면 잠재적인 기업들은 이를 얻기 위해 독점 지위를 확보하고 특혜를 얻기 위한 활동에 자원을 투입할 것이다.

그렇다면 기업들은 어느 정도까지 지대추구활동을 할까? 이론적으로 계산하면 바로 기대되는 독점이윤의 크기까지 할 수 있다. 실제로 독점 이전의 자본가치(capital value)를 현실적으로 할인하면 그림의 사각형은 한 기간만의 이전을 보여주기 때문에 실제로는 독점이윤의 사각형보다 훨씬 더 크다. 합리적인 지대추구자라면 독점적 지위를 차지하기 위해 한계비용이 적절히 할인된 한계수익과 같아질 때까지 기꺼이 자원을 지출하려 할 것이다.[8] 물론 지대를 얻게 된 지대추구자는 자신의 비용에 대한 평균 이상의 수익을 보장할 것이고 독점이 되지 못한 자들의 손실에 의해 정확하게 상쇄될 것이다. 따라서 Tullock은 독점과 관련된 잠재적 후생손실을 산정할 때 사회적 순손실의 진정한 크기는 $abc$뿐 아니라 지대추구비용이라고 할 수 있는 $P_m acP_c$을 합한 크기라고 주장한다. 즉, 하버거의 삼각형에 '털럭의 사각형(Tullock rectangle)'을 합한 것이 사회적 순손실의 실제 크기라는 것이다.

---

7 이론적으로 완전경쟁시장에서는 기업이 가격수용자(price taker)이며 독점적 이윤은 없다.
8 몇 가지 가정 하에서 독점이 되기 위한 경쟁적 지출은 털럭의 각형이 현재가치와 일치한다 (Posner, 1975).

## 3. 부의 이전

부의 이전(wealth/income transfer, 소득이전)은 지대추구를 이해하기 위한 핵심적인 개념 가운데 하나이다.[9] Tullock은 'The Cost of Transfers소득이전의 비용(1971)'이라는 논문을 통해 과거(1967)에 제기한 주제를 발전시킨다. 여기서 Tullock은 관세와 독점보다는 절도(theft)에 대한 논의에 초점을 두고 소득이전의 '비용' 측면을 강조한다. 당시만 해도 대부분의 경제학자들은 자비롭고 불편부당한 정부에 의해 부자로부터 가난한 사람에게 낮은 비용으로 소득이전을 가져올 수 있다고 전제했다. 또한 부자 역시 소득이전으로부터 효용을 얻을 것으로 여겨졌기 때문에 이전과정은 파레토 선호적인(Pareto-preferred) 것으로 간주되었다.[10] 그러나 Tullock은 이 같은 주장이 정치과정의 현실을 신중하게 고려하지 않은 주장이라고 반박한다. 비록 부자가 정부로 하여금 자신의 부를 취해서 가난한 사람들에게 재분배하는 것을 수용한다 해도 정책/정치적 과정에서 도덕적 해이에 빠지기 쉽기 때문이라는 것이다(Tullock, 1971).

정부의 소득이전 관련 정책과 사업은 잠재적 수혜자들의 행태에 어떤 영향을 미칠까? Tullock에 따르면 이들은 정부사업 목적에 적합한 수혜대상이 되려는 유인을 갖게 된다. Tullock은 공무로 중국에 머무는 동안 '효과적인' 구걸을 위해 자신을 가급적 누추하게 보이려는 사람들을 보게 된

---

9 이전비용과 부조를 얻기 위한 경쟁의 자세한 내용은 Tullock et al. (2000)을 참고할 수 있다.

10 '파레토 선호적'이란 어떤 배분(allocation)을 적어도 한 사람이 다른 사람을 더 나쁘게 만들지 않고 더 잘 살게 되는 경우를 말한다. 참고로 파레토 효율(Pareto efficiency)은 누군가 한 사람의 후생을 증가시키기 위해서는 다른 사람의 후생을 감소시켜야만 하는 상태를 말한다.

다. 비록 그는 그들에게 자선을 베풀었지만 Tullock 자신에게는 결코 유쾌한 일이 아니었으며 단지 부정적인 효용을 가져왔다고 회고했다.

만일 이런 개인들의 자선행위가 정부를 통해서 간접적으로 수행될 때 상황은 더욱 악화된다. 득표동기에 의해 움직이는 정치인에게 선행자들의 효용이 극대화되는 점에서 자선(사업)을 그만두어야 할 뚜렷한 이유가 별로 없다. 예를 들어, 중위투표자가 자신에게는 전혀 비용이 들지 않으면서 다른 이들의 부를 가난한 사람에게 강제적으로 이전시키거나, 소위 특수이익집단들이 소비자로부터 자기 집단에게 부를 이전시킬 수 있는 정치과정에 접근할 수 있다면 이보다 더 그럴듯한 결과가 나올 것이다. Tullock(1971)은 정부이전을 취하려고 하려는 사람들과 이전을 방해하고자 하는 사람들에 의한 정치인과 관료의 경쟁적인 로비의 자원비용에 초점을 두고 있다. 이 경쟁에서 어느 편이 승리하던 관계없이 경쟁에 소모된 자원들은 사회전체의 관점에서 낭비이고 결국 사회후생을 악화시킨다.

소득이전의 논의를 확장시켜 Tullock은 이전을 위한 비생산적이고 낭비적인 경쟁이 개인들 사이에서만 국한되지 않고 정부 간에도 발생한다고 주장한다. 그는 'Competing for Aid정부보조를 위한 경쟁(1975)'이라는 논문에서 당시 미국에서 아주 흔한 현상 가운데 하나로 주(state)의 하위정부(자치단체)의 요청에 따라 상위정부인 주정부가 공공도로 재건사업(public road rebuilding programs)을 수행하는 사례를 들고 있다. 그는 여기서 하위정부가 상위정부의 보조사업에 대한 자격 대상이 될 수 있도록 '의도적으로' 도로보수를 소홀히 하여 인센티브를 받으려는 상황을 보여준다. 이는 마치 구걸행위를 더 불쌍하게 보이기 위해 스스로 자해를 하여 불구로 만드는 중국의 거지에 비유할 수 있다.

앞서 설명한 바와 같이 전통적으로 경제학에서는 정부규제로 인한 기업의 특권이나 독점적 지위에 따른 사회적 비용(낭비)은 그리 크지 않다고 생각했다. 물론 이론적으로는 시장에서의 규제로 인한 인위적인 독점은 경쟁상태보다 비효율적이고 사회적 후생손실을 발생시킨다. 하지만 순수하게 독점 자체로부터의 낭비는 예상보다 미미하다는 것이 다수의 실증적 연구 결과이다(Scherer, 1980). 왜냐하면 결국 독점적 이윤은 단순히 한 집단(소비자)에서 다른 집단(독점기업)으로의 소득이전(소득재분배)의 문제만이 있다고 보았기 때문이다.[11] 다시 말해서, 독점으로 사중손실만이 발생할 뿐 이들 모두 한 경제 내의 구성원이기 때문에 소득이전은 결국 서로 상쇄되고 경제 전체적으로는 크게 변화가 없다고 생각했다. 공공선택론의 지적은 Tullock의 사각형과 투표거래와 같이 정부로부터의 '특권'을 얻어내기 위해서는 그만큼의 추가적 비용이 소요된다는 것을 강조한 것이다.

11 물론 소득재분배의 문제는 국가의 가장 중요한 문제 가운데 하나이다.

# 3절 지대추구행위

## 1. 지대추구행위

공공선택론의 관점에서 지대추구에 대한 개념의 출발은 Tullock으로부터이다(Tullock, 1967). 이후 지대추구라는 용어가 본격적으로 사용된 것은 A. Krueger앤 크루거가 Tullock이 제시한 비생산활동을 지대추구행위라고 이름 지은 것에서 시작하였다(Krueger, 1974). 지대추구행위(rent-seeking behavior)란 사회구성원 각자의 경제적 이익을 증대시키기 위해 정부의 개입이나 중재를 통해 다른 이들로부터 합법적으로 부의 이전을 꾀하는 활동을 의미한다. 다만, 이 같은 행위가 아무리 합법적일지라도 사회정서(social emotion)에 벗어나거나 해당 행위를 바라보는 사회적 시선(혹은 규범)이 의식되기 때문에 지대추구자로서 정치인과 관료들은 공공 혹은 공익이라는 이름으로 자신의 행위를 정당화시킨다.

공공선택론자들은 지대추구행위가 가장 빈번히 나타나는 분야는 정부가 규제라는 정책수단을 통하여 개입하는 산업분야라고 지적한다. 이는 G. Stigler스티글러 등이 주장하는 포획이론(capture theory)과 맥락을 같이한다. 정부규제는 그 목적이나 취지가 공익을 위한 것이다. 우리나라 행정규제기본법에도 '사회 · 경제활동의 자율과 창의를 촉진하여 국민의 삶의 질을 높이고 국가경쟁력이 지속적으로 향상되도록 함'을 규제의 목적이라고 밝히고 있다(행정규제기본법 제1조). 그러나 엄밀한 시각에서 보면 이는 그래야 한다(should)는 규범론적 이상에 가깝다.

정부규제에 대한 실증적 접근인 포획이론은 해당 산업에 대한 정부의 필요에 따라 규제가 존재하지만 시간이 지나면서 규제당국이 규제대상인 특정 산업에 의해 포획된다는 주장이다(Stigler, 1975; Viscusi et al., 2000). 이는 규제기관이 공익이 아니라 규제의 대상이 되는 산업이나 특정 분야를 지배하는 기업이나 이해관계를 위해서 움직이는 현상을 설명한다. 정치경제학적 관점에서 규제는 정치시장에서 거래되는 공공재처럼 규제대상에게 포획되어 규제가 그들의 사익추구에 기여하는 수단이 된다. 포획이론에 따르면 결국 정부규제는 산업이나 기업의 이익을 보장하기 위해 일반대중에게 비용을 전가하는 셈이 된다(Jordan, 1972). 이같이 규제가 포획되는 원인은 다수의 일반인에게는 규제정책의 결과에 대한 편익이 극히 작기 때문이다. 반면 규제로부터 큰 편익을 갖는 개인이나 집단이 자신들이 선호하는 결과를 얻고자 노력과 자원을 집중할 수 있을 것으로 기대될 때 발생한다.

지대추구행위로 인한 사회적 낭비는 지대를 얻기 위해 이용되는 여러 가지 자원이다. 이는 독점적 지대를 얻기 위해서 추구하는 모든 행위(obtain, promote, retain)에 소요되는 일련의 자원 사용(정부로부터 독점권을 얻기 위해서 로비스트, 변호사, 회계사 등을 고용하는 것 등)을 의미한다. 따라서 사회적 차원에서 가장 심각한 점은 독점권을 얻은 기업으로부터 발생하는 것이 아니라 독점권을 얻는 데 실패한 나머지 기업들에 의한 낭비인 것이다.

민간부문에서 독점적 상황이 발생하는 것은 일종의 지대추구행위의 '결과'에 해당하지만, 현대사회에서 독점은 정부와 정치적 과정을 통해 더욱 빈번하게 발생한다. 현실적으로 오늘날 값싸고 양질의 제품과 서비스를 소비자에게 공급하는 것 외에 기업이 시장에서 승리하는(독점을 얻는 경우는) 경우는 매우 드물다. 왜냐하면 그 외의 방법은 우선 국가에서 공정거래법, 반독점법 등 법적 조치로 엄격하게 제한하고 있기 때문이다. 또한 갈수록 경제 규모가 지속적으로 확대되고 급격한 기술진보의 영향으로 통신과 운송 등이 용이하며, 초과이윤을 얻는 어떤 독점기업도 새로운 기업의 진입(entry)을 막기 어렵다. 따라서 시장과 민간부문은 대부분 매우 경쟁적이고 경합적이다(Tullock, 1993).[12]

그렇다면 지대추구행위가 초래하는 사회적 비용은 무엇일까?

첫째, 대표적으로는 정책결정 과정에 직간접적으로 참여하는 이익집단의 로비활동 비용을 들 수 있다. 미국의 경우, 로비활동에 필요한 시설 등이 정부의 보조금에 의해 운영되고 있으며, 이는 결국 국민들의 세금으로 충당되기 때문에 사회적 비용을 초래한다.[13] 둘째, 정부로부터의 특혜나 이권을 확보하는 데 소요되는 비용이다. 지대추구비용은 투표과정의 왜곡에서도 발생한다. 특정 안을 통과시키기 위해 그와 관련이 없는 사업들을 지지했다면 이러한 로그롤링(투표거래) 과정에서 지지했던 다른 법안/사업안의 비용까지를 고려해야 한다. 중요한 것은 이로부터 오직 특정 집단만이 편익을 즐긴다는 사실과 사회적 비용이 편익보다 크다는 것이다. 이들

---

12 완전경쟁시장은 하나의 이상적 모형으로 성립 조건을 완벽하게 충족시키는 시장은 현실에서 찾기 어렵기 때문에 완전경쟁시장에서 자원배분의 효율성을 실현하기 위해 제기된 모형이 경합시장(contestable market)이다. 경합시장은 완전경쟁시장에 비해 상대적으로 소수의 기업이 존재하지만 진입장벽이 없어 진입(entry)과 탈퇴(exit)가 자유로운 시장이다.

13 이는 우리나라에서 로비를 합법화하자는 움직임에 대한 우려 가운데 하나로 고려될 수 있다(조승민, 2005).

은 지대추구행위의 직접적인 비용으로 비효율과 사회적 낭비를 초래하는 것으로 이해할 수 있다.

지대추구행위의 더욱 심각한 문제는 단순히 눈에 띄는 사회후생의 낭비뿐만 아니라 지적이고 활동적인 많은 사람들을 비생산적인 활동으로 유인하는 결과를 가져 온다는 점이다. 이 같은 사회적 낭비는 직접적인 비효율의 문제보다 광범위한 사회 전반적인 발전의 문제를 야기한다.

그렇다면 지대추구행위를 하는 사람, 즉 지대추구자(rent-seeker)는 누구인가? 좁은 의미에서 지대추구자는 정치적, 입법적 권력이나 정부규제 등을 통해 사회적 부(지대)가 자신들에게 귀속되도록 하는 이들이다. 그러나 보다 넓은 시각에서 보면 지대는 사람들이 갖고 싶은 일종의 프리미엄으로 대부분 '잠재적인' 지대추구자라고 할 수 있다.

그렇다면 지대추구행위는 '모두' 비효율을 발생시키는 사회적 낭비로 바람직하지 않은 것인가. 이에 대한 대답은 그렇지는 않다는 것이다. 예를 들어, 어떤 의미에서 국가 혁신의 주체인 기업가(entrepreneur) 또한 일종의 지대추구자라고 볼 수 있다. 왜냐하면 그들은 자신의 모든 자원을 지대가 가장 클 만한 데를 찾아 투자하려 하기 때문이다. 새로운 제품과 서비스를 모색하고 신기술 개발에 투자하는 등의 행위는 그간에 상대적으로 경쟁상대가 없는 블루오션(blue ocean)을 찾고 어느 정도의 지대를 얻고자 하는 것이다. 다만 이 경우 지대는 단기적으로만 존재할 뿐 지대를 얻기 위한 새로운 진입자들과의 경쟁을 통해 결국 장기적으로 사라지게 된다. 따라서 신기술을 통해 신제품, 신공정을 개발하고 새로운 시장을 혁신으로 이끄는 기업가들의 지대추구행위는 새로운 부를 창출하고자 하는 노력이고 결국 사회적으로 소망스러운 것이라고 볼 수 있다.

예를 들어, 어떤 제약회사가 COVID-19에 대한 치료제를 개발하기 위해 전사적으로 R&D에 투자한다면 이는 자사가 보유하고 있는 자원의 투자 결과로 해당 기업의 기업 성장과 이윤이 증대할 뿐 아니라 시민, 나아가 인류의 복지도 증진시키는 경우이다. 반면, 시장에서 기존의 치료제를 생산하던 기업이 새로운 치료제의 수입을 제한하는 법안을 통과시키기 위해 로비 등을 동원하여 회사 자원을 지출한다면 이는 단순한 지대추구행위가 되는 것이다. 결론적으로 어떤 행위가 지대추구행위인가 아닌가를 판단하기 위해서는 행위 자체보다는 그 행위로부터 발생하는 결과/영향의 사회적 기여도를 기준으로 두어야 한다(Tullock et al., 2000).

## 2. 지대보호

지대추구행위와 관련된 사회적 비용에 대한 논의는 지대추구의 개념과 대응관계에 있는 지대보호와도 관련이 깊다. '지대보호(rent protection) 혹은 지대회피(rent avoidance)'란 지대가 정치시장에서 획득된 후에 다른 지대추구자에 의한 공격으로부터 자신의 지대를 보호·유지하기 위해 실질적인 자원을 사용하는 것을 의미한다(Rowley & Tollision, 1986; Tollison, 1987). 지대보호는 합리적인 효용극대자로서 당연한 행위이다. 사람들은 지대를 얻고자 시간과 비용을 투자할 뿐만 아니라 기득권의 울타리에서 자신의 지대를 다른 지대추구자로부터 보호하는 데에도 노력할 것이기 때문이다.

지대보호의 개념을 설명하기 위해 경쟁시장의 상품에 소비세(excise tax, 특별소비세)[14]가 부과되는 사례를 들어 보자(Tollison, 1987: 149-150). <그림 3-4>에서 보듯이 특정 제품에 소비세가 $ac$만큼 부과되면 공급곡선은 $S$에서 $S'$로 이동하는 효과를 가져 온다. 이 경우 전통적인 경제학에서는 세 가지 결과에 주목한다. 첫째, 삼각형 $abc$는 조세부과로 인한 전형적인 사중손실(DWL)이다. 둘째, $EacF$는 정부로 이전 및 귀속되는 조세수익이다. 셋째, 수요곡선과 공급곡선의 탄력성에 따라 조세의 귀착은 소비자와 생산자에게 각각 ($C$), ($P$)로 나누어진다. 여기서 조세의 귀착(tax incidence)이란 정부가 상품에 조세를 부과하는 대상(방식)이 수요자이든 공급자이든 관계없이 세금은 수요자와 공급자 모두에게 부담된다는 것을 말한다. 한마디로 시장참여자 사이에서 세금을 공급자와 수요자가 어떻게 나누어 내는지의 문제이다.

여기에 조세보호의 개념을 추가적으로 고려해보자. 우선 두 가지 가정으로부터 출발한다. 하나는 다수의 소비자는 조직화되어 있지 않고 조세부과로 인한 소비자잉여의 손실에 저항하기 위해 조직화할 특별한 인센티브가 없다는 것이고, 반면 생산자는 조직화되어 있고 조세에 저항하기 위한 로비를 준비하고 있다는 가정이다.

14 특별소비세라고도 불리는 excise tax는 일종의 사치성 재화나 서비스에 높은 세율을 부과하는 세금으로, 부가가치세의 단일 세율에서 오는 조세의 역진성을 보완하고 사치성 소비에 중과하기 위한 목적의 간접세이다. 대표적으로 자동차, 담배 등과 골프장, 경마장, 유흥음식점 등에 부과되는 세금이 여기에 해당한다.

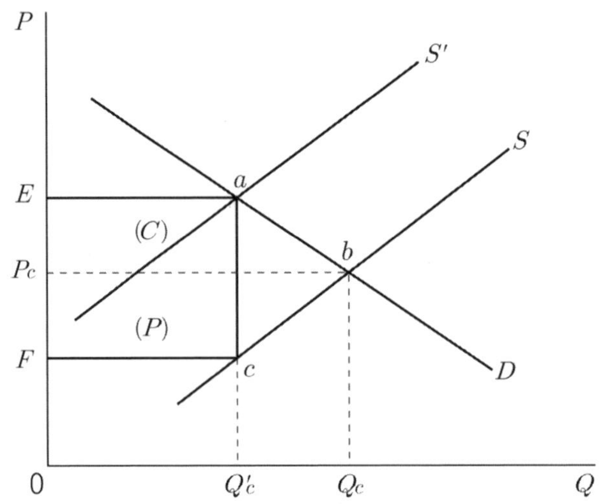


그림 3-4 소비세 효과

이 가정 하에서 생산자는 정부의 조세인상에 저항하거나 추가적인 인상을 막기 위하여 생산자잉여의 손실분인 $P_cbcF$만큼까지는 로비 등의 비용으로 지불하는 것이 합리적인 행동이다. 이 지출비용이 Tullock의 용어로 지대보호비용이다. 따라서 소비세로 인한 사회적 비용을 추산하기 위해서는 사중손실 $abc$에 이 지대보호 비용이 추가되어야 한다. 즉, 소비세 부과로 인한 총 사회적 비용은 $P_cbcF + abc$인 셈이다.

이렇듯 지대보호의 개념이 도입되는 경우 전통적인 최적조세이론은 기대하지 않은 문제에 봉착한다. 최적조세(optimal taxation)에 대해서는 이미 Smith가 국부론에서 밝히고 있다. 만일 당신이 지난 1년 동안 경제활동으로 얻은 소득에 대해 정부에 백만 원의 세금을 납부해야 한다고 가정하자. 이 때 당신이 지불하는 세금은 단순히 백만 원에 불과할까? 제일 먼저 생각할 수 있는 것은 부과할 세금을 산정하고 걷기 위해서는 인력(공무원)이 필요하고 이에 소요되는 행정비용이 요구된다. 또한 만약 당신이 사업이나 가게를 운영할 경우 납부해야 할 세금 액수가 클 경우 체계가 복잡하기 때문에 세무사를 고용해야 할지도 모른다. 이 경우 당신은 납부해야 할 세금에 또 다른 추가비용이 소요된다. Smith는 이처럼 납세자가 부과된 세금 이외에 부담해야 하는 비용을 '초과부담'이라고 하고 이를 최소화할 수 있는 제도가 최적의 조세제도라고 생각했다.

기본적으로 정부 조세가 수요곡선이 비탄력적인 재화에 부과될 경우 인상된 수익의 주어진 양으로 선택적인 소비세 부과로 인한 초과부담($abc$)은 최소화된다는 게 최적조세이론의 주장이다(나성린 · 전영섭, 2005). 하지만 이러한 최적조세의 원리는 위의 분석에서는 적용되기 어렵다. $P_cbcF$가 소비세 비용의 일부로 계산될 때보다 탄력적인 수요곡선의 산업에 조세를 부과하고 조세에 대해 조직화된 지대보호의 반대가 없는 것이 사회적으로 선호된다는 것을 보여주는 것은 어렵지 않다. 여기에 독점적 상황을 고려할 때에는 분석을 강화할 뿐이다.

예를 들어, 조직화된 산업의 저항/반대에 직면한 소비세에 대한 부정적인 정서는 많은 나라에서 시행중인 술이나 담배에 대한 조세정책의 추진을 약화시킬 수 있다. 게다가 실제로 독점이나 정부규제에 대한 사회후생의 효과에 대한 기존의 분석은 이러한 정부정책에 대한 조직화된 반대자의 지대보호행위를 고려하지 않고 있다. 따라서 보다 포괄적인 사회후생 효과 분석이 되기 위해서는 사중손실에 지대추구비용 그리고 지대보호를 위한 비용을 포함해야 한다. 결론적으로 지대보호라는 개념을 기존의 분석에 포함시킬 때 비로소 정부정책의 효과에 대한 보다 현실적인 시야를 갖게 된다는 것이다.

Rowley와 Tollison(1986)은 보호무역에 대한 연구를 통해 지대추구와 지대보호의 쟁점을 논의하였다. 일단 어떤 분야에서 지대가 창출되면 지대보호를 위한 지출의 위협은 개혁의 주도권을 위축시키기 쉽다. 또한 지대보호를 위한 비용이 희소한 자원을 낭비한다는 사실은 적어도 시간할인율이 높은 곳에서는 개혁을 옹호하는 사회후생의 논거를 약화시킨다. 물론 사회후생의 논거가 정치시장에 크게 영향을 주지는 않지만 정치시장은 전형적으로 재분배적 역학관계에 반응하기 때문이다(Crew & Rowley, 1971).

## 3. 지대추구행위의 메시지

기존의 경제학은 독점으로부터 발생하는 사회적 비효율과 낭비에 대해 사중손실에 중점을 두고 논의하였다. 그러나 공공선택론자들은 사중손실은 사회적 비용의 작은 일부에 불과하며, 정부로부터의 독점권이라는 지대를 얻기 위해 경쟁하는 데 소요되는 지대추구행위의 사회적 손실을 간과하였다고 주장한다.

독점의 사회적 손실에 대한 연구는 다양한 실증연구를 통해서 진행되었다. 초기 사중손실에 초점을 두고 있는 Epstein(1934)과 Harberger(1954)의 연구에 따르면, 미국의 경우 독점으로 인한 사중손실의 크기는 국민소득(GNP)의 0.1%에 미치지 못하는 것으로 나타났다. 이후 초기 모형들을 보완한 연구에서는 다소 늘어난 0.5－2% 정도로 추정되었다(Scherer, 1980).

이러한 결과들은 보기에 따라 '독점의 폐해'라고 할 수 있는 사회적 손실이 그리 심각하지 않은 것으로 평가절하 될 수도 있다.[15] 이는 전통적으로 독점의 사회적 비효율을 사중손실에만 초점을 맞춘 결과이다. 진정한 의미에서 독점의 사회적 비용은 독점으로 인한 사중손실뿐만 아니라 참여자들의 지대추구행위 비용을 모두 포함한 것이라야 한다는 공공선택론의 주장이 보다 설득력 있다.

오늘날 더욱 심각한 것은 복지부문의 예산이 확대되면서 정부 규모가 방만해지고 민간부문에 대한 정부 개입이 늘어나면서 지대추구행위 역시 증대한다는 사실이다. 왜냐하면 시장에서 정부의 개입이 많아질수록 기업들은 직접 부(wealth)를 창출하는 '생산적인' 활동보다 오히려 지대추구행위가 더 이롭다고 판단할 수 있기 때문이다. 하지만 지대를 획득하기 위해 소요되는 자원은 지대추구에 성공한 승자에게는 충분한 보상으로 돌아오겠지만(또한 관료에게도 이득을 주겠지만), 결국 나머지 구성원들과 사회 전체적으로는 누구에게도 이득을 주지 못하는 낭비이기 때문이다.[16]

지대추구행위에 대한 공공선택론의 메시지를 다음과 같이 요약할 수 있다. 정부는 가급적 사회구성원들이 지대추구행위를 초래할 수 있는 여지(지대)를 없애고 시장과 경제활동에서 정부의 역할을 가능한 제한하는 것이 바람직하다. 지대추구행위를 조장하는 정부개입의 대표적인 예는 정부규제 등 각종 인허가, 관세, 수입제한 및 각종 차별 정책이다.[17] 물론 정부의

15 독점에 의한 사중손실이 실제 크지 않음에도 불구하고 그럼 왜 중요하게 간주되었는가? Tullock은 이에 대해 독점력에 대한 본능적 불신과 독점이 소득분배에 미치는 해로운 결과라고 여기는 것들 때문이라고 생각한다(Tullock, 1993).

16 여러 가지 제약으로 관료의 금전적 이득에 대해서는 대체로 회의적이지만, 그들이 비금전적 편익을 추구할 가능성은 여전히 있는 것이 사실이다.

간섭이 시장실패 등 다른 근거와 기준에 의해 정당화될 수 있다 하더라도 결국 기대하지 않은 지대추구행위를 발생시키고 사회적 낭비를 가져온다는 것은 명백하다. 따라서 정부가 재산권 보호, 계약 강화, 공공재의 효율적 공급 등의 최소한의 역할로 제한한다면 지대추구행위는 상당 부분 사라질 것이다. 정부가 불필요하게 시장경제에 개입할수록 민간부문의 지대추구행위를 부추기고 그 결과 사회적 낭비와 국부(wealth of nation)감소를 초래하게 된다.

## 4. 지대추구행위의 감소방안

지대추구행위가 사회적 낭비를 가져온다면 이를 감소할 수 있는 방안은 없을까? 여기서는 구체적인 대안을 모색하기보다는 기본적인 착안 수준을 제시하는 것으로 제한하고자 한다.

우선, 가장 간단하면서도 확실한 방안으로 생각할 수 있는 것은 지대추구행위의 여지, 즉 지대 자체를 원천적으로 최소화하는 것이다. 예를 들어, 특정 산업/분야에서 우월한 지위를 확보하기 위한 방법이 인허가와 같은 정부로부터의 인위적 특권을 얻는 것이 아니라 창의적이고 생산적인 활동에 있다는 사회적 구조의 전환이 필요하다. 한마디로 사람들의 지대추구행위를 생산적인 활동으로 전환시키기 위한 법과 제도 개선이 요구된다.

다음은 지대추구행위에 대한 비용을 높이는 방법이다. 이는 공공선택

17 정부의 차별 정책에는 문자 그대로의 의미와 더불어 각종 장려, 지원이라는 명분의 정책과 사업들이 포함된다. 이들은 아름다운 이름에 가려진 대표적인 차별 및 규제에 해당한다.

론은 경제인간을 가정하기 때문에 지대추구자 역시 경제적 합리성을 가진 존재라고 생각한다. 따라서 자신의 지대추구행위에 수반되는 비용이 그것으로 기대되는 편익보다 크게 되면 합리적인 지대추구자는 이 같은 활동을 억제할 것이다. 이는 사회적으로 바람직하지 못하다고 여겨지는 재화의 사용(예컨대, 흡연)을 억제하거나 특정 행위(예컨대, 강도와 사기)를 억제하기 위한 공공선택론의 대안으로 일반화시킬 수 있다. 지대추구행위의 비용을 높이기 위한 구체적인 대안 가운데 하나는 정부의 의사결정 구조를 복잡하게 만드는 것이다. 즉, 정부 구조 또는 정책결정 과정을 까다롭고 복잡하게 세분화하여 지대추구 과정 자체를 복잡하게 만들어 기대 비용을 높임으로써 지대추구의 경향을 감소시키는 것이다. 일반적으로 의사결정에 대한 과정이 단순하고 획일적일 때보다 복잡하고 분산되어 있을 때 지대추구행위는 더 많은 비용을 요구하게 된다. 예를 들어, 의회에서 법안에 대한 유권자의 빈번한 직접 투표를 통해 지대추구를 어렵게 하는 방법을 생각할 수 있다.[18]

Koford와 Colander(1984)는 몇 가지 지대추구행위의 감소방안을 제시하고 있다(윤홍근 · 유석진, 1995). 첫째, 지대추구행위의 존재에 대한 정보를 제공하거나 공유한다. 특정 집단이 지대추구의 동기를 가지고 있다는 사실을 공개적으로 발표함으로써 반대 여론을 조직화하여 지대추구행위가 성공할 확률을 낮추는 것이다. 둘째, 사유재산권에 대한 조정체계가 효과적으로 작동할 수 있도록 제도화 한다. 즉, 재산권의 변동과정을 제도적으로 보장함으로써 사회적으로 유용한 기술혁신과 기업가 정신이 발휘되도록

18 비교적 작은 정부 규모를 보유하고 있는 스위스는 이런 효과를 보여주고 있다고 한다. 이러한 주장을 통해 우리는 공공선택론자들은 중앙집권에 비해 지방분권을 주장함을 알 수 있다.

유도하는 것이다. 셋째, 일몰제(sunset law/provision)를 적절히 활용한다. 인위적인 독점권을 통해 특별한 지대를 향유하는 집단이 일정 기간이 지나면 의무적으로 그 이익을 환원하도록 제도화함으로써 지대추구의 매력을 감소시키는 효과를 가져 올 수 있다. 마지막으로 넷째, 정부가 특수이익집단이 향유하는 독점 지위를 매수(buying out)한다. 즉, 과거에 정치적 결정으로 어떤 독점적 지위가 만들어졌다면 정부가 이를 직접 매수하는 것이다. 이 외에도 특정 지대추구행위에 대해 과세하는 방안 등을 제시하고 있다.

## 에필로그

'보통사람'이라면 누구나 잠재적인 지대추구자가 될 수 있다. 개인의 입장에서 지대추구행위는 경제적으로 합리적인 의사결정이다. A. Smith는 '보이지 않는 손'을 통해 자신의 이익을 최우선시하는 각자의 사람들이 합리적으로 경제활동을 할 때 그것이 사회 전체의 복지와 국부를 향상시키는 길이라고 가르친다. 그런데 공공선택론은 지대를 추구하는 개별적인 행위가 사회적 낭비를 가져온다고 주장한다. 그렇다면 결국 지대추구행위는 적어도 다른 사람의 희생을 전제로 한다는 의미로 해석할 수 있다.

우리는 여기서 다시 한 번 '보이지 않는 손'의 원리의 전제는 절대로 다른 사람의 희생을 요구하지 않는다는 것(파레토 개선)에 주목해야 한다. 시대적 상황이 변하면서 구조적 변화에 따라 자연스럽게 발생하는 지대는 어쩌면 쉽게 피하기 어려울지 모른다. 그러나 그런 지대는 시간이 지나면서 자연스럽게 사라진다. 문제는 정부에 의해 만들어진 인위적인 지대이다. 이 지대는 그 스스로 '인위적'이기 때문에 쉽게 사라지지 않는다. 그리고 우리가 지대추구론에서 논의한 모든 걱정거리의 원천이다. 공공선택론자들이 규제개혁을 외치고 작은 정부를 주장하는 이유가 여기에 있다.

## 참고문헌

고든 털럭. (2007). 「지대 추구」. (황수연 옮김). 경성대학교 출판부. (1993).

나성린, 전영섭. (2005). 「공공경제학」. 박영사.

소병희. (2004). 「공공부문의 경제학」. 박영사.

윤홍근, 유석진. (1995). 「정치적 시장과 렌트추구행위」. 세종연구소.

조승민. (2005). 「로비의 제도화」. 삼성경제연구소.

Bhagwati, J. (1982). Directly Unproductive, Profit－seeking (DUP) Activities. *Journal of Political Economy, 90(5).*

Buchanan, J. & Tullock, G. (1962). *The Calculus of Consent.* University of Michigan Press.

Crew, M. & Rowley, C. (1971). On Allocative Efficiency, X－Efficiency and the Measurement of Welfare Loss. *Economica, 36(143).*

Epstein, R. & Clark, F. (1934). *Industrial Profits in the United States.* National Bureau of Economic Research, Inc.

Frank, R. & Cook, P. (1995). The Winner－Take－All Society: How More and More Americans Compete for Ever Fewer and Bigger Prizes, Encouraging Economic Waste, Income Inequality, and an Impoverished Cultural Life. Free Press.

Harberger, A. (1954). Monopoly and Resource Allocation. American *Economic Review, 44(2).*

Johnson, D. (1991). *Public Choice: An Introduction to the New Political Economy.* Bristlecone Books.

Johnson, H. (1958). The Gains from Freer Trade with Europe: An Estimate. *The Manchester School, 26(3).*

Koford, K. & Colander, D. (1984). *Taming the Rent-seeker. Neoclassical Political Economy: The Analysis of Rent-seeking and DUP Activities.* Cambridge, MA: Ballinger.

Krueger, A. (1974). The Political Economy of the Rent−seeking Society. *American Economic Review 64(3).*

Leibenstein, H. (1966). Allocative Efficiency vs. "X−Efficiency". *The American Economic Review. 56(3).*

Mankiw, N. (2001). *Principles of Economics.* Harcourt College Publishers.

Rowley, C. (1973). *Antitrust and Economic Efficiency.* Macmillan.

Rowely, C. & Tollison, R. (1986). Rent−seeking and Trade Protection. *Swiss Journal of International Economic Relations, 41.*

Samuelson, P. & Nordhaus, W. (1998). *Economics.* McGraw−Hill, Inc.

Scherer, F. (1980). *Industrial Market Structure and Economic Performance.* Rand McNally.

Schwartzman, D. (1960). The Burden of Monopoly. *The Journal of Political Economy, 68(6).*

Stigler, G. (1975). The Citizen and the State: Essays on Regulation. University of Chicago Press.

Tullock, G. (1967). The Welfare Costs of Tariffs, Monopolies and Theft. *Western Economic Journal, 5.*

__________. (1971). The Cost of Transfers. *Kyklos, 24.*

__________. (1975). Competing for Aid. *Public Choice, 21.*

__________. (1993). *Rent-Seeking.* The Locke Institute.

__________. (2000). *Government: Whose Obedient Servant? A Primer in Public Choice.* The Institute of Economic Affairs.

__________. (2003). *Public Choice: The Origins and Development of a Research Program.* Center for Study of Public Choice, George Mason University.

Viscusi, W., Veron, J. & Harrington, J. Jr. (2000). *Economics of Regulation and Antitrust*. MIT Press.

CHAPTER

# 4

# 집단행동론

*"The Crowd is Untruth.*
*Eternally, godly, christianly what Paul says is valid:*
*'only one receives the prize,'[I Cor.9:24]."*

*– Soren Kierkegaard*[1]

*"In individuals, insanity is rare;*
*but in groups, parties, nations and epochs, it is the rule."*
*– Friedrich Nietzsche*[2]

---

1 쇠렌 키에르케고르(1813–1855). 덴마크 출신의 실존주의 철학자로 신학자, 시인, 사회비평가이다. 무신론적 실존주의자인 사르트르나 니체와 달리 기독교 실존주의자로 평가된다.

2 프리드리히 니체(1844–1900). 독일의 철학자로서 실존철학의 선구자로 평가받는다. 서구의 전통을 깨고 새로운 가치를 세우고자 했으며 '짜라투스트라(Zarathustra)는 이렇게 말했다'에서 "신은 죽었다"라고 말하는 등의 이유로 '망치를 든 철학자'라는 별명을 갖게 되었다.

CHAPTER 04

# 집단행동론

## 프롤로그

1962년 Buchanan과 Tullock이 공공선택론의 본격적인 출발을 알리는 '합의의 분석The Calculus of Consent'을 출간하였다면, 또 하나의 대표적인 공공선택론자인 Mancur Olson맨슈어 올슨(1932－1998)의 '집단행동의 논리The Logic of Collective Action'가 1965년에 출간되었다.

Olson은 사회현상을 올바르게 이해하고 국가 발전의 요인들을 정확하게 파악하기 위해서는 집단의 의사결정과 행동의 원리에 대한 연구가 핵심이라고 생각하였다. 그는 집단행동의 발생과 성공 및 실패의 요인을 날카롭게 분석하여 집단행동이론을 새로운 연구 분야로 개척한 것으로 평가받는다. 그의 연구는 당시에 정치학, 행정학, 사회학 등의 분야에서 지배적인 전통적 집단이론(group theory)을 새로운 관점에서 접근하여 공공선택론과 사회과학에 중요한 영향을 주었다. 그는 집단이 구성되고 집단행동이 발생하는 근본적인 이유와 집단의 규모와의 관계, 공동의 목표를 추구하는 과정에서 발생하는 무임승차의 문제와 다른 목표와의 관계, 집단 내 다수와 소수와의 상호작용 등에 대해 근본적인 문제의식을 가지고 있다. 특히, 다양한 종류의 이익집단에 관심을 두고 어떤 환경과 조건에서 이들이 형성되고 어떠한 태도와 행동을 취하며 이익집단 안에서 개별 구성원은 어떤 역할을 하는지를 규명하고자 하였다.

우리는 1장 공공선택론의 기초에서 '공공'이란 결국 하나의 개인이 아닌 여럿인 집합체 혹은 집단의 의미라고 했다. 그래서 필자는 공공선택론은 본질적으로 집단의 의사결정에 대한 연구이며 집단적 의사결정이 이루어지는 정치, 행정 분야에 대한 연구라고 해석했다. 집단에 대한 전통적인 이론들은 이미 여러 분야의 책에서 소개하고 있기 때문에 여기서는 이들을 제외하고 공공선택론의 관점에서 Olson의 이론을 바탕으로 집단행동을 탐구하고자 한다.

독자들은 일반적인 집단이론들과는 근본적으로 다른 가정에서 출발하여 새로운 관점을 취하고 있는 공공선택론 기초를 둔 집단이론의 내용을 공부하고, 이를 통해 집단행동의 여러 현상들을 또 다른 관점에서 바라보면서 Olson의 날카로운 설명에 공감할 것이다. 4장은 Olson의 주요 논문들과 함께 대표적인 저서인 1965년 '집단행동의 논리'를 비롯하여 1982년 국가의 흥망성쇠The Rise and Decline of Nations, 2000년 '지배권력과 경제번영Power and Prosperity'의 내용을 중심으로 구성되었다.

## 1절 집단행동의 개념

인간은 사회적 동물이다.[3] 그것이 천성이든 혹은 생존을 통해서 얻어진 후천성이든 인간은 다른 사람들과 관계를 맺으면서 함께 살아간다. 굳이 인간의 실존에 대해 어렵게 논하지 않더라도 이 시대를 살고 있는 사람들은 혼자 살아가기 어렵다는 데 크게 이의를 제기하지 않을 것이다. 나아가 사람들은 무엇인가 그에게 이익이 되고 어떤 구체적인 목적이 생기면 집단(혹은 조직)을 구성하고 때로는 다른 집단과의 치열한 경쟁을 마다하지 않는다.

공공선택론자들의 관심은 구성원들이 공동이익을 가지고 있는 집단에 대한 것으로 집합재의 공급에 관한 것이다. 어떤 조건이나 환경에서 (정치적/경제적) 집단이 형성되며, 이렇게 형성된 집단은 어떤 행태를 나타내고, 구성원으로서의 개인은 어떤 역할을 하는지를 설명하고자 한다. 집단행동에 대한 공공선택론의 관점은 한마디로 집합적 목적(공동이익)을 지향하는 개인의 행동이 언제 존재할 것인가에 대한 이론이라고 할 수 있다(Hardin, 1982). Olson은 특히 이익집단의 형성조건과 행태 그리고 집단 내에서 개별 구성원의 역할을 설명한다. 이러한 집단과 그 안에서의 개인을 설명하기 위해 그는 집합재(collective goods)의 개념을 도입하고 집단행동의 논리를 설명한다. 집단행동은 본질적으로 재화와 서비스의 공급을 목적으로 하기 때문에 문제의 핵심은 결국 그들이 집합적으로 어떻게 공급되는가이다.

---

3 이 말의 기원을 쫓아가면 Aristotle이 '인간은 정치적 동물이다'라고 한 것을 희랍어에서 번역하는 과정에서 사회적 동물이 되었다고 한다.

## 1. 집단이론

일반적으로 집단/조직에 대한 연구의 논리적 출발점은 그들의 목적에서 출발한다. 개인이 특정 집단에 참여하는 것은 단순히 소속감을 느끼고 싶어서가 아니다. 특히 경제적 이익이 주된 목적인 집단은 개별 구성원의 이익 증대가 핵심이기 때문에 만일 이 목적을 달성하지 못하면 조직은 결국 사라지게 된다. 이 때 특정 집단이 추구하는 이익을 '공동이익(common interest)'이라 하고, 공동이익이 있을 때 집단은 비로소 기능을 수행할 수 있게 된다. 구성원들의 이익이 없으면 집단은 존재하지 않는다는 의미에서 조직은 한마디로 공동이익을 공유하는 개인들의 모임이라고 할 수 있다(Bentley, 1949).

전통적인 집단이론(group theory)에 따르면, 사회구성원들 가운데 일부가 공통된 목적을 갖게 되면 각자 개별적인 목적을 추구하기보다는 자연스럽게 집단을 형성하여 공동으로 원하는 목적을 추구하는 경향이 있다. 1970년대까지는 사람들이 공동이익을 증진시키기 위해 즉각적으로 자연스럽게 집단적 행동을 한다는 사고가 지배적이었다. 예를 들어, K대 교수들은 각자 개인적으로 자신의 복지 증진이라는 목적을 추구하기보다는 교수의 복리 증진이라는 공통의 목표를 달성하기 위해 자연스럽게 교수회라는 (이익)집단을 조직한다는 것이다.

물론 그렇다고 집단 구성원들에게 공동이익만 있는 것은 아니다. 일반적으로 개별 구성원은 집단 전체의 공동이익과는 별도로 자신만의 개인적인 이익이 있게 마련이다. 교수회의 구성원들은 연구와 교육여건에 대한 개선뿐만 아니라 각자 개인적인 이익, 예컨대 교수회 임원이 되어 누리는 명예와 평판 혹은 작은 혜택 등에 관심을 두게 된다.

통상 조직이론에 따르면 모든 조직은 유형, 규모 등이 서로 다르기 때문에 조직을 단일의 목적으로 일반화시키기 어렵다. 하지만 조직을 특징짓는 경제적 측면의 중요한 한 가지 목적은 구성원들의 공동이익을 증진시키는 것이다. 조직은 공동이익이 있을 때 비로소 그 기능을 수행할 수 있기 때문에 구성원의 이익 증진에 기여할 수 없는 조직은 결국 사라진다. 개별적이고 조직화되지 않는 행동이 집단을 이루는 것보다 개인의 이익 증진에 더 기여한다면 조직은 존재이유가 사라진다.

어떤 집단/조직이 추구하는 공동이익의 몇 가지 예를 들자면 노동조합원의 경우 높은 임금이 될 것이고, 농업종사자의 공동이익이라면 정부가 농업에 유리한 정책을 시행하는 것이 공동이익이 될 수 있다. 또한 특정 산업의 경우 일부 기업들의 카르텔(cartel)은 자신들의 상품에 높은 가격을 설정하려고 하고, 주주의 공동이익은 높은 배당과 주가상승이 될 것이다. 나아가 집단 내 구성원들은 집단의 공동이익뿐만 아니라 다른 구성원들의 이익과는 별개로 자신만의 개인적인 이익이 존재할 수 있다. 예를 들어, 노동조합의 공동이익은 조합원들의 임금 인상을 추구하지만 동시에 개별 노동자는 조합 전체가 아닌 자신만의 수입, 노동시간, 근무환경에 관심을 가질 수 있다.

인간은 매우 다양하고 복잡한 동기에 따라 행동하기 때문에 전적으로 일반화하기는 어렵지만 적어도 경제적 이해관계와 관련될 경우 인간은 이기적이고 합리적이라는 공공선택론의 가정은 타당하다. 소비자로서 더 싸고 좋은 제품을 원하는 것, 유권자로서 보다 유능하고 정직한 정치인을 원하는 것, 학생으로서 더 나은 공부 환경을 원하는 것, 근로자가 더 많은 보수를 원하는 것 등등. 어느 누구도 이 같은 인간의 모습을 두고 부당하다거나 부도덕하다고 생각하지 않는다. 이는 인간의 자연스럽고 본질적인 (natural) 모습이다.[4]

그렇다면 개인과 그들이 속한 집단의 관계를 어떻게 이해할 수 있을까? Olson은 개인은 공동이익을 추구하기 위해 자발적으로 참여한다는 기존 집단이론의 지배적인 생각에 의문을 제기한다. 그는 만일 자신의 이익을 추구하는 합리적인 개인이 조직을 구성하여 집단행동의 어려움을 극복하고 공동의 이익을 추구하려면 집단은 소수로 구성되어야 하고 선택적인 유인이나 제재가 있어야 한다고 주장한다. 즉, 조직이 공동의 이익을 추구하려면 소규모 집단이고 개별 구성원이 공동이익을 추구하도록 인도하는 유인이나 강제 장치가 있어야 한다. 따라서 비록 공동의 이익을 위해 집단적으로 행동할 때 구성원 모두가 자신의 이익을 얻을 수 있더라도 구성원의 수가 많아 집단의 규모가 크거나 선택적 유인이나 제제가 없을 경우 이기적이고 합리적인 개인은 공동이익을 위해 자발적으로 참여하지 않는다.

4 영어 'nature'라는 말에서 보듯이 본질의 특성은 자연스러움(natural)이라고 생각한다. 어떤 대상의 독특한 모습이 자연스럽다면 그 모습이 본질이기 쉽다. 따라서 시장에서의 자유로운 거래는 시장의 본질이라고 할 수 있다.

## 2. 공공이익과 집합재의 특성

Olson은 공공선택론의 전제하에 전통적인 집단이론에 따라 (이익)집단이 자연스럽게 즉각적으로 조직되지 않으며, 구성원들이 항상 자신의 행동을 공동의 목표를 추구하는 데 둔다고 볼 수 없다고 주장한다. 그의 이론에 따르면, 집단은 단기간에 자연스럽게 조직화된다는 기존의 집단이론과 달리 상당한 기간에 걸쳐 서서히 구성된다. 그리고 특수한 상황에서는 공동이익이 분명히 존재함에도 불구하고 집단이 형성되지 않기도 한다.

집단행동에 대한 Olson 주장의 바탕에는 집합재가 갖는 고유의 특성이 있다. 집합재(collective goods)란 특정 집단의 모든 구성원 누구나 향유할 수 있는 재화나 서비스를 말한다.[5] 집단이 공동의 목적 혹은 이익을 달성한다는 것은 그 집단이 공통으로 향유할 수 있는 집합재를 제공한다는 의미로 해석할 수 있다. 즉, 집단이 추구하는 공동의 목적이 무엇이든 관계없이 집단이 제공하는 재화나 서비스는 기본적으로 구성원 모두에게 비경합적이고 비배제적인 공공재의 성격을 갖는다는 것이다.

예를 들어, K교수와 L교수가 한국규제학회에 가입하여 회원(구성원)이 되면 학회가 제공하는 모든 정보서비스 등은 집합재로서 회원들이 동시에 언제든지 이용할 수 있다. 이는 한계비용이 거의 없다는 뜻으로 만약 회원수가 일정 수준 이상으로 증가하면 이에 따른 추가적인 비용이 생길 수 있고 '혼잡(congestion)'의 상황이 발생하여 동시 이용에 문제가 있을 수 있다.

---

5 집합재와 공공재는 본질적으로 다르지 않고, 비경합적이고 비배제적인 재화나 서비스이다. 이 책의 앞에서 공공선택론은 기본적으로 공공이란 개인들의 합, 즉 집단이라는 것을 밝혔다. 전통적인 정치학과 행정학적인 의미에서 논의되는 공공성(publicness)의 개념과는 다르다.

여기서는 이 같은 예외적인 상황을 제외하고 가장 일반적인 상황을 가정한 것이다.

특정 집단에 참여한 사람들 중에는 공동이익이라는 집합재로부터 자신이 충분한 편익을 얻을 수 있기 때문에 일정한 비용을 기꺼이 감수하려고 할 것이다. 반면, 일부는 공동이익을 통한 자신의 편익에 대한 대가를 지불하지 않고 집단의 공동이익을 무임승차하려고 할 수 있다. 무임승차(free-riding)의 기본적인 의미는 대가를 전혀 지불하지 않는 것이지만 편익에 따른 대가보다 과소 지불하는 것을 포함한다. 우리는 앞서 공공재의 무임승차 문제는 자원을 비효율적으로 배분하여 시장실패를 초래한다고 지적했다. Olson은 집합재와 무임승차의 문제를 집단행동의 중요한 측면으로 보고 있다. 예를 들어, 정부 사업에 대한 공동 프로젝트처럼 특정 집단 내 구성원의 기여도와 이익분배 등을 설명할 때 등으로 다양한 집단행동의 문제에서 무임승차의 개념을 활용한다.

일반적으로 집단행동은 집단을 구성하는 개개인의 의사결정에 영향을 받는다. 그리고 구성원 간의 상호 의존성은 집단행동을 규정한다. 즉, A라는 구성원이 집단에 어느 정도 기여하느냐에 따라 다른 구성원의 기여도가 결정되며, 의사결정의 상호작용이 집단행동의 유효성을 규정한다. 공공재와 마찬가지로 집합재는 비용을 지불하지 않고 그 편익만을 향유하고자 하는 무임승차의 문제가 발생하기 쉽기 때문에 구성원의 상당수가 무임승차를 추구하면 집단은 충분한 집합재를 공급할 수 없게 된다. 즉, 공공재 이론에서 지적하듯이 공급되는 집합재의 수준은 집단 전체의 관점에서 최적의 수준보다 낮은 결과를 가져온다. 결국, 무임승차를 방지하기 위해서는 집단에 대한 기여가 자신의 이익에도 적용되도록 개별 참여자에게 어떤 유형의 유인을 제공하거나 제재를 부과해야 한다. 예를 들어, 학회에 참여한 회원에게는 정부 사업에 참여할 수 있도록 허용하고 일정기간 회비를 납부하지 않은 회원은 제외시키는 것이다.

## 2절 집단행동의 논리

집단행동에 대한 Olson의 이론은 자기애(이기심)를 바탕으로 인간은 합리적으로 자신의 효용을 극대화하고자 한다는 공공선택론의 기본 가정에서 출발한다. 그는 집단의 규모와 개별 구성원의 행위 사이의 관계를 분석하면서 집단의 규모에 따라 구성원들의 행동이 다르다고 주장한다. 즉, 집단의 구성원 수가 적거나 개인이 공동이익을 추구하게 하는 유인 또는 강제 장치가 없으면 집단행동의 어려움이 발생한다는 것이다.

### 1. 집단의 규모

대규모 집단에서는 개별 구성원이 자신의 효용을 극대화하려면 공동이익과 구분되는 별도의 유인이나 강제 장치가 있지 않는 한 공동이익을 달성하기 위한 행동을 하기 어렵다. 여기서 '대규모 집단(large group)'이란 개별 구성원의 기여가 집단 전체 혹은 다른 참여자들의 혜택이나 부담에 일정 수준의 차이를 초래하지 못하는 규모의 집단을 말한다.

대규모 집단의 가장 대표적인 유형인 '국가'를 생각해 보자. 국민들의 애국심, 호소력 있는 국정이념, 공통문화의 연대감, 법질서 체계 등은 국가를 구성하기 위한 기본적인 사항이다. 현실적으로 이 시대 어떤 나라도 별도의 강제적인 장치 없이 시민들이 '자발적으로' 납부하는 세금이나 기부금 등만으로 국가를 유지할 수 없다. 시민들에게 납세의 의무를 지우고 이행하지 않을 경우에는 강제적인 행위를 동원해서 체납처분을 집행하는 것은 국가라는 대규모 집단을 유지하는 데 불가피하다. 따라서 집단의 규모와 관계없이 공통의 이익이 있으면 구성원들이 공동이익을 추구하게 된다는 집단이론은 논리적 타당성이 부족하다.

이렇듯 국가가 조세라는 강제적 장치에 의해 운영되듯이 대규모 집단은 구성원들에게 조직 유지에 필요한 비용을 부담하게 하는 강제 장치와 함께 집단의 공동이익과는 별도의 선별적 유인을 제공하지 않는 한 집단은 유지되기 어렵다. 예를 들어, 대규모 집단의 경우에는 회원제(membership)와 같은 특정 형태의 강제 장치가 수반되어야 한다.

한편, 대규모 집단의 개별 구성원의 노력은 집단의 상황에 뚜렷한 영향력을 미치지 못하지만 자신의 활동 여부와 관계없이 다른 사람들로부터 얻어진 성과를 함께 누릴 수 있다. 특히, 가입을 강제할 수 없는 대규모 조직은 잠재적인 참여자들에게 가입에 대한 동기를 부여하기 위해 어떤 개인적인(personal) '비집합재'를 동시에 제공해야 한다. 왜냐하면 비집합재는 언제나 개인적인 행동으로 제공될 수 있고 공동이익이나 집합재가 관련된 경우에만 집단행동이 필수적이기 때문이다.

국가와 같이 대규모 집단에 속한 구성원들은 다른 참여자들과 공유하는 공동이익을 달성하기 위해 자신을 희생하려 하지 않을 것이다. 예를 들어, 일반 시민들은 설령 그가 특정 정당을 선호하더라도 해당 정당을 위해 큰 희생을 감수하려 하지 않는다. 왜냐하면 설사 그가 지지하는 정당이 선거에서 승리한다 할지라도 정당은 지지자들뿐만 아니라 일반 시민 모두를 위한 공공재와 행정서비스를 제공하기 때문이다.

반면, '소규모 집단(small group)'은 공동의 목적인 공동이익을 추구하는데 구성원들의 자발적인 행동이 나타나기 쉽다. 왜냐하면 집단의 규모가 작아서 개별 구성원의 노력이나 기여가 집단 전체에 영향을 줄 수 있기 때문이다. 하지만 소규모 집단 역시 대부분의 집단이 갖는 두 가지 문제에서 자유롭지 못하다. 하나는 집단의 본질에 해당하는 것으로 집합재의 공급이 최적의 수준에 미달하는 최적 이하의 공급 경향이 발생한다는 것이다.[6] 다른 하나는 공동이익을 추구하는 데 소요되는 비용을 분담하는 과정에서 소수가 다수를 조직적으로 착취하는 경향으로 초래되는 '비용부담의 불균등성' 문제가 발생한다는 것이다.

첫째, 집합재가 최적수준 이하로 공급되는 것은 근본적으로 집합재의 속성에서 기인한다. 공공재와 마찬가지로 집합재는 일단 공급되면 집단 구성원들을 사용(소비)으로부터 배제할 수 없기 때문에 집단의 최적수준 이하에서 공급되는 경향이 있다. 이 문제는 집단의 규모가 커질수록, 즉 구성원

6 이론적으로는 집합재 공급의 준최적성(suboptimality)이라고 한다. 앞서 우리는 공공재는 최적이하로 공급(a suboptimal supply of public goods)된다고 하였다.

의 수가 많을수록 더욱 심각해지기 때문에 평균적으로 대규모 집단은 소규모 집단보다 낮은 효율성을 보이게 된다. 둘째, 특정 집단 내에서 가장 큰 비중을 가진 구성원(혹은 적극적인 참여자)은 그가 받는 편익에 비해 더 많은 비용을 부담하는 불균등한 비용부담을 감내하게 된다. 이는 소규모 집단에서 소수가 다수를 조직적으로 착취하는 경향으로 해석할 수 있다.

지금까지 논의된 집단의 규모와 집단행동의 관계를 정리하면 특정 집단이 집단행동의 어려움을 극복하고 공동이익을 추구할 수 있는 것은 크게 두 가지 상황에서만 가능하다. 하나는 구성원의 수가 적은 소규모 집단의 경우이고, 다른 하나는 선택적 유인이나 제제가 있는 경우이다. 소규모 집단은 개별 회원이 갖는 집합재의 매력 때문에 특별한 강제장치나 공동이익과 무관한 유인이 없더라도 자발적으로 공동이익을 추구하고 집합재를 공급할 수 있는 가능성이 높다. 반면, 대규모 집단이 집단행동의 어려움을 극복하고 공동이익을 추구하기 위해서는 별도의 강제장치가 있거나 공동이익의 달성과 구별되는 선택적 유인이 제공되어야 한다.

## 2. 부산물 이론과 특수이익집단

Olson은 기존 집단이론들의 논리적인 문제를 반박하고 이익집단(혹은 압력단체)에 대한 새로운 관점에서 부산물 이론과 특수이익론을 제시한다.

부산물 이론(By-Product Theory)은 대규모 이익집단의 회원권과 힘은 그들의 로비활동의 성과에서 기인하는 것이 아니라 다른 활동의 부산물이라고 설명한다. 그는 조직을 필요로 하지만 구성되지 않는 다수의 집단이 존재한다면 다원주의자들이 주장하는 정통(orthodox) 집단이론, 즉 공공목적을 추구하기 위해 단기간 자연스럽게 구성된다는 주장과 모순된다는 점을 지적한다. 조직화된 대규모 집단들이 조직화되지 않은 다른 대규모 집단들과 구별되는 공통된 특징은 전자는 조직 본래의 목적과는 다른 별도의 목적을 동시에 갖고 있기 때문이라는 것이다.

예를 들어, 막강한 힘을 가진 대규모 산업 로비단체들은 공동이익이라는 집합재를 추구하는 로비활동뿐만 아니라 별도의 기능도 수행하기 때문에 구성원들의 힘과 지지를 얻는다. 이들의 로비활동은 잠재집단(latent group)에게 선택적 유인들을 부여하고 이를 동원할 수 있는 능력을 갖춘 조직의 부산물에 해당한다. 결국, 선택적 동기를 활용할 수 있는 조직만이 강제할 수 있는 권위와 능력을 가지고 잠재집단의 각 구성원에게 긍정적인 자극을 줄 수 있는 원천을 가진다. 한마디로 로비활동은 조직이 수행하는 기능 가운데 강제적 회원제를 가능케 하는 기능의 '부산물(by-product)'이라고 할 수 있다.

부산물 이론이 적용할 수 있는 대상은 대규모 혹은 잠재적 이익집단이다. 소규모의 특권적 또는 중간적 집단은 별도의 선택적 유인체계 없이도 로비활동이나 그 외의 집합적 혜택을 제공할 수 있기 때문이다. 대규모 집단의 잠재적, 정치적 권력이 동원되거나 공동이익을 위해 로비활동을 하는 조직을 지지하는 경우는 1) 구성원들에게 로비활동 조직에 회비를 내도록 강제하는 경우나, 2) 구성원이 다른 비집합적 혜택을 얻고자 이 집단을 지지하는 경우로 이 조건들 중 하나 혹은 둘 다 만족될 때이다.

Olson은 특수이익론(Special Interest Theory)을 설명하면서 미국에서 로비활동이 가장 활발한 분야가 조직화된 산업계의 로비활동이라는 점에 주목한다. 경제활동과 관련된 이해관계가 고도로 조직화되고 관련 기업들의 이해관계가 힘을 갖게 된 가장 큰 이유는 이들이 일련의 과점 형태의 산업으로 분할되고 각 소수의 기업들로 구성되기 때문이라는 것이다.

이들은 적극적인 로비활동을 위해 자발적으로 조직을 형성할 만큼 소규모의 과점적 집단으로 구성된다. 미국에서 산업계가 이익집단으로서 활발하게 활동하는 이유는 그들이 소규모 집단이기 때문이라는 것이다. 이같이 소규모 집단의 좁은 '특수이익'은 대부분 조직화되지 않고 비활동적인 일반 국민들의 이익을 압도하는 경향이 있다. 한마디로 압력단체정치 pressure group politics는 본질적으로 소규모 집단의 정치라는 것이다.

다만, 산업계 전체로 보면 대규모 잠재집단이라는 점에 유의해야 한다. 예를 들어, 대한상공회의소나 전국대학교육협회와 같은 집단은 대한변호사협회나 대한의사협회, 전국농민회총연맹[7] 등에 비해 상대적으로 강력한 힘을 가지고 있지 않다. 결국 넓은 범위의 산업계 전체는 집단행동을 할 만큼의 특별히 강한 힘이 있지 않으며, 특정 산업과 관련된 특수이익집단(special interest group)이 실질적으로 강력한 압력단체로서의 역할을 하게 된다.

Olson은 모든 집단들이 포괄적이고 대칭적으로 조직될 수는 없으며, 어떤 상황에서는 공동의 이익을 갖고 있으면서도 대부분 조직화되지 않은

7 1990년 전국 83개 군 농민회와 6개 도 연맹이 모여 창립된 농민단체이다. 세계무역기구(WTO)가 추진하는 농업부문의 시장개방에 맞서 국내 수입개방을 막고 농민의 권리와 복지 실현을 위하여 창립되었다. 한국민족문화대백과사전(http://encykorea.aks.ac.kr).

대규모 집단은 침묵 속에서 불이익을 받는다고 주장한다. 이들은 심지어 절박한 공통의 이익을 가지면서도 그들의 목소리를 반영하기 위한 로비를 하지 않는다는 것이다. 예를 들어, 공급자 독점시장(monopoly)에서 소비자들은 다른 집단과 비교해서 다수의 대규모 집단이지만 조직화된 생산자들의 힘에 대항하기 위해 스스로 집단을 조직하는 경우를 보기 힘들다. 많은 나라에서 납세자들 또한 분명한 공동이익을 갖는 대규모 집단이지만 현실에서 적극적인 로비 활동이나 나아가 정계 진출 등의 적극적인 행로를 밟고 정치력을 발휘하는 경우를 보기는 쉽지 않다.[8] 결국 집단행동을 위해 조직된 집단들과의 협상에서 조직화되지 않은 집단에게 발생하는 손실은 쉽게 무시되는 경향이 발생한다. 그리고 통상 조직화되지 않은 집단들이 집단행동의 어려움을 극복하는 데는 상당한 시간이 요구된다(Olson, 2010).

한편, 정치시장의 논의에서 지적했듯이 선거과정에서 유권자는 합리적으로 무지해지는(rationally ignorant) 경향이 있다. 자신의 이해관계와 관련하여 투표행위의 편익보다 비용이 상대적으로 크고, 자신의 투표가 선거결과에 미치는 영향이 매우 작은 경우, 보통의 유권자들은 정보 획득 등의 비용을 치르는 것보다 차라리 모르는 것이 합리적이라고 판단한다. 이와 마찬가지로 공공재에 대한 정보로부터 개인이 얻는 편익은 정보 획득을 위한 비용을 부담하는 개인에게 집중되기보다 일반적으로 지역 혹은 국가 전체에 분산된다는 사실이 중요한 의미를 갖는다. 유권자들의 합리적 무지는 한마디로 대다수 사람들이 자신의 이해관계를 제대로 알지 못하고 부지부

8 한국의 경우 '한국납세자연맹'이 NGO로서 정부의 부당한 조세정책에 저항하고 납세자의 권익을 위한 목소리를 내고 있다(koreatax.org).

식 간에 소수 이익집단의 희생자가 되는 결과를 가져온다.

특정 산업의 노동자와 기업, 특정 직종의 사람들은 조합(union) 또는 카르텔을 형성하거나 로비활동과 같은 집단행동을 위해 조직화한다. 이 같은 특수이익집단은 합리적으로 무지하기 쉬운 일반 시민들을 상대로 자신의 이해관계를 숨기고 '공익'을 운운한다. 또한 자신들에게 불리한 경쟁을 제한하고 세제 혜택과 보조금 등 각종 정책적 수혜를 받고자 정부를 대상으로 로비활동을 매우 적극적으로 전개한다. Olson은 이 같은 특수이익집단들은 국가 전체가 아니라 자신들의 이해관계에 따른 좁은 관점에서 이익을 추구하기 때문에 '정주형' 도적이라기보다 '유랑형' 도적에 가깝다고 보았으며, 궁극적으로 사회에 더 큰 해를 미친다고 비판한다.[9]

9 Olson은 사익추구행위의 분석을 위해 범죄자에 비유하며 강제력의 사익추구 면을 강조하고 있다. 그는 유랑형 도적(roving bandit)과 정주형 도적(stationary bandit)을 나누어 각각의 유인체계에 대해 설명한다. 자세한 내용은 최광 번역의 '지배권력과 경제번영(2010)'을 참고하길 바란다.

## 에필로그

현대사회를 이익집단사회(interest group society)라고 해도 과언이 아니다(Berry & Wilcox, 2009). 우리나라에서도 수많은 이익집단이 서로의 이익을 위해 목소리를 높이고 때로는 집단의 영향력을 높이기 위해 경쟁하는 과정에서 갈등과 충돌이 빈번하게 나타나고 있다. 정치적인 의미에서는 다양성을 존중하고 서로 다른 이해관계를 반영하는 다원주의의 구현이라고 할 수 있지만, 공공선택론의 관점에서는 지대추구행위를 조장하고 사회적 비효율을 초래하는 것이 사실이다. Olson 교수는 민주주의라는 정치적 이상과 함께 국가 번영과 효율성을 추구하는 경제적 목표가 충돌하는 상황에서 초래되는 문제를 명쾌하게 진단하고 해결하기 위한 메시지를 오늘날 우리에게도 전하고 있다.

필자가 Olson 교수의 '집단행동의 논리'를 처음 만난 것은 대학원 첫 학기였다. 정책학 수업에서 공교롭게도 필자가 이 책의 리뷰를 담당하여 발표하는 기회를 갖게 되었다. 당시 영어가 자유롭지 못한 상태였기 때문이기도 하였지만 하필이면 당시 분량은 적지만 이해하기 어려운 책을 받아서 준비 내내 고생했던 기억이 난다. 솔직히 고백하면 당시에는 이 책이 이토록 위대한 연구 결과물인지 몰랐다. 당시 담당 교수님이 교과과정에 포함시킨 책들 가운데에 하나였고 집단행동이론에 대한 배경이 너무 없었을 때였기 때문이다. 학위를 마치고 대학에서 공공선택론을 강의하면서 집단행동이론에 대한 내용을 학생들에게 수업시간에만 전달하다가 이번 개정판의 일부로 포함시켜야겠다는 결심을 했다.

외국학자들의 저서들은 공부를 업으로 하는 사람들에게는 원서 자체가 크게 어려움이 없지만 대학생이나 일반인들에게 소개할 때에는 용어라든지 문장의 표현들을 우리말로 바꾸기가 결코 만만치 않다. 다행히도 국내에는 Olson 교수의 제자이신 최광 교수께서 스승의 저작들을 국내에 훌륭하게 번역해 놓으셨다. 이 장에서 사용하고 있는 개념과 용어들의 한국어 번역은 거의 전적으로 최광 교수의 번역본을 참고하여 사용하였다. 후배 학자로서 교수님의 노고에 진심으로 감사드린다.

## 참고문헌

맨슈어 올슨. (2010). 「지배권력과 경제번영: 공산주의와 자본주의 아우르기」. (최광 옮김). 나남. (2000).

Berry, J & Wilcox, C. (2009) The Interest Group Society. Taylor and Francis.

Hardin, R. (1982). Collective Action. The Johns Hopkins University Press.

Olson, M. (1965, 1971). The Logic of Collective Action: Public Goods and the Theory of Groups. Harvard University Press.

________. (1982). The Rise and Decline of Nations: Economic Growth. Stagflation, and Social Rigidities. Yale University Press. 1982.

________. (2000). Power and Prosperity: Outgrowing Communist and Capitalist Dictatorships. Oxford University Press. 2000.

McGuire, M. & Olson, M. (1996). "The Economics of Autocracy and Majority Rule: The Invisible Hand and the Use of Force." *The Journal of Economic Literature,* 34(1).

CHAPTER

# 5

# 정치시장

*"The road to hell is paved with good intentions"*

*– Aphorism of unknown authorship*[1]

*"The one who votes decides nothing.*
*The one who counts the vote decides everything."*

*– Joseph Stalin*[2]

---

1 일종의 경구(aphorism)로 "Hell is full of good meanings, but heaven is full of good works"와 같은 맥락으로 사용된다.

2 이오시프 스탈린(1878–1953). 군인, 노동운동가, 공산주의 혁명가이자 정치인이다. 레닌에게 발탁되어 2인자로 등장하였으며 그의 사후 소비에트 연방을 장악하고 수천만 명을 희생시키면서 약 30년간 최고 권력자로 철권을 휘둘렀다.

CHAPTER 05

# 정치시장

## 프롤로그

대의민주주의를 채택하고 있는 국가에서 선거와 투표는 정치과정의 핵심이다. 우리나라도 선거권과 피선거권은 참정권(suffrage)이라는 이름으로 헌법에서 보장하는 기본권 중의 하나이며 국민이면 누구나 유권자도 그리고 정치인도 될 수 있다. 공공선택론은 정치적 의사결정이란 다양한 이해관계자가 자신의 이익을 증대시키기 위해 공공재와 행정서비스에 대한 정치적 거래(exchange)를 통해 합의에 도달하는 일종의 시장(political market)에서 이루어지는 것으로 간주한다. 우리가 정치시장의 작동원리를 이해해야 하는 중요한 이유는 공공재(혹은 넓은 의미에서 공익)에 대한 결정이 이루어지는 곳이 바로 정치시장이기 때문이다. 일반적으로 사재는 생산자와 소비자라는 경제주체에 의해 시장에서 결정되는 반면, 공공재는 정치시장에서 정치인, 관료, 유권자 등의 참여와 정치적 과정을 통해 결정된다. 따라서 이 과정에 참여하는 주체들의 행태를 연구하는 것은 공공재의 결정과정을 이해하는 데 결정적으로 중요하다.

정치시장에서 선택행위를 우리는 통상 투표행위로 이해하며 투표를 통한 정치후보자, 정당, 그리고 이들에 의해 선택된 정책은 관련된 이해관계자뿐 아니라 국민전체의 복지에 보편적으로 영향(개인수준 혹은 집단수준의 편익과 비용)을 미친다. 따라서 공공선택론은 투표행위를 개인의 선호가 정책입안자에게 전달되는 수단으로 간주한다. 그렇다면 정치시장의 주요 구성요소는 무엇인가? 정치시장의 핵심 주체는 누구이며, 그들은 어떤 행태를 취하는가? 정치시장은 일반적인 경제시장에 비해 효율적인가? 5장에서는 이 질문들에 대해 공공선택론의 관점에서 새롭게 해석하고자 한다.

# 1절 정치시장과 정치인

## 1. 정치시장

정치시장(political market)이란 무엇인가? 우선 정치시장이라는 용어는 정치를 경제적 재화와 서비스를 교환/거래하는 통상의 경제시장에서와 같은 관점에서 해석할 수 있다는 것을 전제로 하고 있다.[3] 그러나 정치학 등의 전통적인 관점은 이와 다르다. 이들은 정치와 경제는 서로 다른 '고유의' 속성이 있기 때문에 경제를 이해하고 해석하는 원리나 분석방법은 정치를 대상으로 적용될 수 없다는 것이다. 이러한 관점은 과거 사회과학에서 경제적 시장과 정치적 과정의 차별성을 강조하고 각자의 영역에 서로 배타적인 고유한 접근방법을 택하게 하였다(윤홍근 · 유석진, 1995).

하지만 '정치의 경제학(economics of politics)'이라고도 불리는 공공선택론은 정치라는 주제에 대해 경제학적 방법론으로 접근한다. 기존의 정치학적 관점과는 다른 전제를 통해 정치현상과 정치과정 등의 주제를 '교환'을 키워드로 하나의 시장 관점에서 새롭게 바라보고 해석하고자 한다. 한마디로 정치시장이라고 부르는 것은 정치에 대한 경제학적 접근방법을 적용함으로써 정치를 하나의 시장으로서 개념화시킨 것이다.

공공선택론의 관점에서는 정치 또한 교환행위로 설명할 수 있는 일종의 시장으로 해석할 수 있다(politics as exchange). 정치시장에서 정치인은 공공재와 행정서비스의 공급자이며 유권자는 이에 대한 수요자로 간주된

---

3 정치시장과의 개념적 비교를 위해 이 책에서는 경제적 재화와 서비스를 교환하는 시장은 '경제시장'이라고 부르기로 한다.

다. 이 경우 공공재의 제공이라는 시각에서 직접공급자는 정부 관료이고 정치인은 간접공급자로 볼 수 있다. 또한 정치시장에서 정치인은 마치 시장의 기업들과 마찬가지로 서로 경쟁관계에 있으며, '정치적 경쟁'을 통해 자원배분이 일어난다. 공공선택론이 주목하는 것은 정치적인 경쟁이 자원배분에 어떤 결과를 초래하는지를 분석하는 것이다.

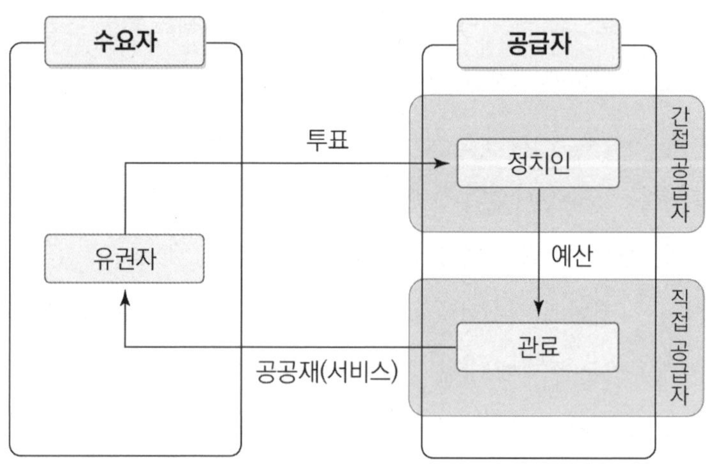


그림 5-1 정치시장 모형

## 2. 경제시장과 정치시장

시장에서의 행위주체에 대해 공공선택론은 경제시장과 정치시장의 행위자 모두 효용극대화를 추구한다고 가정한다. 경제시장에서 소비자 및 생산자와 마찬가지로 정치시장에서 정치인, 유권자, 관료, 이익집단 등 모든 행위자는 자신의 이익을 최우선시하고 이를 극대화시키고자 하는 합리적인 인간이라는 것이다. 다만 이들이 활동하는 경제시장과 정치시장은 서로 이질적인 특성으로 몇 가지 차이가 있다.[4] 정치시장은 일반적인 경제시장과 어떤 차이점이 있는지에 대해 여기서는 정치시장의 특징을 교환(거래)에 초점을 두고 설명하고자 한다.

우선, 경제시장에서 예외적인 현상으로 간주되는 것과 달리 정치시장에서의 교환은 본연적으로 외부효과(externality)를 발생시킨다는 특징이 있다. 물론 시장실패를 설명하면서 지적했듯이 경제시장에서도 외부효과는 발생하지만, 일반적으로 경제시장에서의 거래의 결과는 대부분 교환 당사자들에게 영향을 미친다. 반면, 정치시장에서의 정치적 교환 및 의사결정의 결과는 거의 예외 없이 거래당사자들뿐만 아니라 다수의 거래에 직접 참여하지 않은 사람들(공동체 구성원)에게 직간접적으로 영향을 미친다. 둘째, 경제시장에서는 경제주체 간의 거래가 소위 '한계적 의사결정'(marginal decision rule)' 판단에 의해 결정된다. 이는 재화의 마지막 한 단위의 물량에 대한 평가(한계효용, 한계수입)에 관한 결정을 의미한다. 경제학에서는 통상 한계편익이 한계비용과 일치할 때(MB = MC)의 의사결정이 최적이라고 보고 있다.[5] 반면, 정치시장은 상호배타적인 대안 중 하나만 선택하는 일종의 '총괄적 결정(all or nothing rule)'이라는 특징이 있다. 문자 그대로 하나를

4 물론 시카고학파 정치경제학자들은 경제시장과 정치시장이 본질적으로 큰 차이가 없다고 주장한다. 그러나 일반적인 공공선택론자들은 두 시장의 차이점을 분명히 밝히고 있다.

5 소비자이론에서는 한계효용과 한계비용이 일치할 때($MU = MC$), 생산자이론에서는 한계수익이 한계비용과 일치하는 점에서($MR = MC$) 최적의 의사결정이 이루어진다.

선택함으로써 나머지 모두를 포기하게 되는 것이다. 이 같은 총괄적 의사결정의 결과 정치시장에서는 소수에 대한 다수의 횡포를 수반하기 쉽다. 셋째, 경제시장에서는 일반 사재의 교환을 통한 사익추구가 일반적이며 정치시장의 표로 비유한다면 표의 수가 지불하는 금액에 비례한다고 할 수 있다. 돈이 많은 사람은 그만큼 표가 많은 것으로 볼 수 있고 시장에서 더 큰 영향력을 행사할 수 있다는 의미이다. 반면 정치시장에서는 공공재의 교환을 통한 사익추구이며 '일인일표'가 보편적인 것이 특징이다. 넷째, 경제시장에서 개인적 선호는 주로 가격 기구를 통해 반영되고 현시(revealed) 되는 반면, 정치시장에서는 투표에 의해 구현된다. 마지막으로 시장 거래에 참여하는 모든 개인들은 (경쟁 시장이라는 가정 하에) 시장에서 결정된 균형 가격과 수량을 받아들이는 한 일종의 만장일치의 결정 규칙이 적용되는 반면, 정치시장에서는 만장일치의 경우는 매우 드물며, 대부분 경우에 따라 과반수, 2/3 규칙, 3/4 규칙 등 다양한 결정규칙이 적용된다.

### 3. 정치인의 행태[6]

대부분의 사람들은 정치인은 사사로움을 버리고 국가와 국민의 이익을 추구해야 한다고 생각하고, 나아가 막연히 그럴 것이라고 믿고 싶어 한다. 우리는 이러한 접근방식을 규범론적 접근이라고 하는데, 문자 그대로 그래야 한다는 당위(should, value)의 문제이다. 그러나 공공선택론이 중요

6 여기서 정치인은 입법자로서의 의원(legislator)과 혼용해서 사용한다.

하게 생각하는 것은 실제로 그러한가(be, fact)이다.

민경국(1993: 72)은 정치인이 사익 혹은 공익을 추구하는지에 대한 질문과 그들의 행태가 이기적 혹은 이타적 동기에서 형성되는지의 질문에 대해 다음과 같은 의견을 제시한다. 첫째, 정치인이 사익을 추구하든 공익을 추구하든 관계없이 적어도 정치시장에서 정치인의 목적은 오직 선거에서 승리하는 것이다. 비록 정치인이 궁극적으로 국민 전체를 위한 공익의 실현이라는 목적을 가지고 있다 하더라도 현실적으로는 선거에서 당선되어 권력을 얻고 유지할 경우에만 이를 실천할 수 있다. 둘째, 어떤 행동이 이타적인지 혹은 무엇이 공익인가 하는 것은 주관적 판단에 근거하기 때문에 정치인과 유권자 각자가 생각하는 이타심과 공익의 개념은 서로 다를 수 있다. 게다가 자신과는 전혀 관계없는 완전히 객관적인 공익이라는 것이 현실적으로 실행 가능한가라는 고민 역시 어려운 문제이다. 따라서 만일 누구나 동의할 수 있는 객관적인 공익이라는 실체를 정의하는 것이 현실적으로 어렵다면 결국 우리가 관심을 가져야 할 것은 서로 다른 이해관계를 어떤 방식으로 조정하며, 또 이러한 조정이 어떤 규칙(rule)을 통해 가능한가 하는 것을 고민하는 것이다.[7]

우리는 또한 정치인의 선택과 결정은 본질적으로 다른 사람들의 자원(대부분 납세자에 의한 조세)을 바탕으로 사용의 대상과 수단 및 방법에 대해 결정한다는 점을 주목해야 한다. 한마디로 자원에 대한 사용의 주체와 공급의 주체가 다르다는 것이다. 이 경우 합리적인 의사결정을 위한 정치인의 노력이 자신에게 어떤 의미가 있을까? 냉정한 시각에서 봤을 때 이러한

7 규칙에 대한 선택이 바로 공공선택론과 헌법경제학의 핵심 주제이다.

노력은 본인의 재산을 보존하는 것도 아니고 시민들을 위해 절약한 자원의 일부가 보상으로 자신에게 돌아가지도 않는 것이다. 나아가 만약 공공을 위한 정치인의 노력이 어떤 강력한 이익집단 세력과 대립한다고 가정해보자. 정치인의 입장에서는 과연 자신의 노력을 누구에게 인정받고 그에 대한 보상을 해줄 것인가를 생각하게 될 것이다. 한마디로 대부분의 정치인에게 효율적 의사결정과 합리적인 관리를 위한 인센티브는 현실적으로 약할 수밖에 없다.

반면, 이익집단의 경우는 정치인의 입장과 다르다. 이익집단은 다양한 정치적 결정과 정책 등 정부활동으로부터 발생하는 공동의 이익을 위해 강력하게 조직된 집단이다. 이들은 정치인들에게 직·간접적으로 정치자금 등을 제공하고 그 대가로 자신들이 추진하는 사안에 대해 정치인들의 관심을 사거나 지지를 얻고자 한다. 정치인은 조세를 부과하거나 여러 가지 강압적인 방법을 통해 자원을 뽑아낼 수 있는 힘(권력)을 가지고 있지만 투표자들이 이러한 행동을 감시(monitor)하기가 어렵다는 것을 알기 때문에 일반 시민들이 비싼 대가를 치르는 행동을 하는 경향이 있다.

# 2절 투표행태

## 1. 투표의 의미

일반적으로 투표(voting)란 집단(구성원)이 특정 의견에 대해 결정하거나 표현하는 방법 혹은 선택으로 정의된다. 대부분 대의민주주의를 채택하고 있는 현대사회에서 투표는 일반적으로 선거과정에서의 선택을 의미한다. 선거란 유권자가 공직 후보자를 선택하는 방법으로 정치학에서는 좁은 의미로 투표를 민주주의에서 유권자들이 정부의 대표자를 선출하는 것으로 이해하고 있다(한국정치학회, 2015).

민주주의 정치과정의 기초이자 핵심이라고 할 수 있는 투표는 다음과 같은 특성을 가지고 있다(전용주 외, 2009). 첫째, 투표는 유권자의 정치적 행위로서 정책결정의 권한을 가진 후보자나 정당의 선출을 통해 간접적으로 참여하게 된다. 둘째, 투표행위는 정치적 갈등의 표현이자 결과로 간주되는데 이는 정책의 속성이 승자인 수혜자와 패자인 비수혜자를 초래하여 이해관계자 간의 갈등의 표현이라고 볼 수 있기 때문이다. 셋째, 투표의 결과는 유권자의 개별적 선택이 합쳐진 집합적 성격을 가진다.

투표행위 또한 근본적으로 개인의 자발적인 행위이기 때문에 유권자는 시장에서와 마찬가지로 자신의 선호와 수요를 투표를 통해 나타내고자 한다. 따라서 유권자의 투표행위를 정확하게 이해하기 위해서는 규범론적 접근이 아닌 공공선택론의 현실적 관점에서 분석하는 것이 보다 설득력 있다. 공공선택론은 이러한 투표행위를 개인이 자신의 선호를 선거와 같은 정치과정을 통해 정책결정자에게 합리적으로 전달되는 수단으로 간주하기 때문이다(Tullock, 2009).

## 2. 투표자의 의사결정 방식

일반적으로 효용극대화를 추구하는 소비자는 시장에서 생산자의 제품과 서비스에 대한 질 좋은 정보를 가능한 많이 얻고자 노력하는 것이 합리적이다. 그렇다면 정치시장에서 유권자도 이 같은 행태를 보일까? 정치시장에서 유권자 또한 자신의 효용을 극대화하고자 하는 합리적인 인간이라고 가정하면, 과연 그들이 선거과정에서 후보자와 정당의 공약에 대해 질 좋은 정보를 가능한 많이 얻고자 하는지 살펴보자. 경제인간이라는 가정에 따르면 투표자는 비용과 편익을 고려하여 자신의 선호를 반영할 수 있는 후보 혹은 정당에 투표할 것이다. 이를 간단하게 표시하면 다음과 같다.

투표의 조건: $B \times P > C$ ································(1)

이때, $B$는 투표행위로부터 기대할 수 있는 편익(benefit), $P$는 투표자의 표가 선거결과에 영향을 미치는 확률(probability), 그리고 $C$는 투표행위에 따르는 비용(cost)이다. 따라서 유권자는 $B \times P$가 $C$보다 클 경우 투표하는 것이 합리적이다.

이제 보다 현실적인 관점에서 정치시장에서 유권자가 투표를 하는 것이 합리적인가를 생각해보자. 우선 유권자는 선거의 결과가 중요하다는 사실을 인식하고 있다고 가정하자. 이는 민주주의 국가에서 선거의 중요성에 대해 교육을 통해서 알고 있거나 아니면 직접적으로 자신의 지역과 공동체에 대한 관심이나 이해관계 등에 의해 상정할 수 있는 타당한 가정이다.

문제는 비록 투표행위로부터 편익이 있다 하더라도 자신의 표가 실제 선거결과에 미치게 될 가능성은 매우 낮다는 데 있다. 즉, (1)에서 $B$가 어느 정도 크더라도 실현될 확률인 $P$가 너무 작기 때문에 일반적으로 투표행위에 따르는 비용 $C$보다 작다는 것이다. 정치시장에서 유권자에게는 후보자나 정당에 대한 정보획득의 인센티브가 매우 작기 때문에 시장에서 소비자와 같은 수준의 노력을 할 가능성이 낮다. 따라서 유권자는 정보획득 등에 대한 비용을 최소화하는 것이 합리적이다.

Downs는 이 문제를 다음과 같이 정리하고 있다. 비록 선거의 결과가 유권자에게 중요하더라도 유권자 개인의 한 표는 선거결과에 거의 영향을 미치지 못한다. 그리고 비록 정보가 충분한 투표를 행사하더라도 그 직접적인 영향은 무시할 정도이기 때문에 유권자가 실제로 선거의 결과를 결정지을 수 있는 가능성(확률)은 거의 없다. 결과적으로 국가적으로 중요한 정치적 이슈를 이해하고 투표에 필요한 정보를 획득하는 데 시간과 노력(비용)을 소요하는 것은 합리적인 유권자에게는 매력적이지 않다. 이러한 논리로 공공선택론의 관점에서는 유권자들이 투표행위를 포기할 가능성이 높은데 이를 '합리적 기권(rational abstention)'이라 한다.

이로부터 몇 가지 메시지를 얻을 수 있다. 정치시장에서 투표의 문제는 바로 투표행위에 대한 직접적인 인센티브가 부족하다는 것이다. 또한 투표행위에 관하여 공공선택론의 중요한 지적 가운데 하나는 정부를 효과적으로 감시(monitor)하기에는 투표자들의 인센티브가 부족하다는 것이다. 따라서 대부분 유권자들은 후보자를 비롯한 일련의 선거과정과 이슈 등에 대해 무지하게 되며, 실제로 정치인이 무엇을 하는지에 크게 관심을 두지 않게 된다. 심지어 관심을 두는 경우조차 이들을 이해하기 위한 어떤 배경지식을 갖거나 깊은 지식/정보를 얻고자 하는 동기부여가 매우 적다는 것이다.

물론, 합리적 기권의 주장과 달리 사안에 따라 유권자들이 투표를 하는 경우도 적지 않다. 다만 여기서는 적어도 첫째, 투표로부터의 편익이 클수록 투표에 참여할 가능성이 높기 때문에 대표적으로 특수이익집단(여기에는 관료들도 포함된다)의 구성원들의 투표 가능성이 높다는 점, 둘째, 투표권을 행사하는 전체 유권자 집단이 크지 않고 작은 경우 개별 투표자들이 투표할 가능성이 높다는 점, 셋째, 교통이 불편하다든지 궂은 날씨 등으로 투표 행위의 비용이 높을수록 투표를 덜할 것이라는 점을 알려준다.

우리는 흔히 투표율이 낮은 것을 걱정하고 심지어 그것을 민주주의의 위기라고까지 말하는데, 공공선택론에 따르면 통상적으로 투표율은 낮을 수밖에 없다고 본다. 민주주의 선진국이 비민주주의 독재 국가보다 투표율이 낮다는 점을 상기할 필요가 있다(최광, 2007; 황수연, 2009).

## 3. 합리적무지론

일반적으로 정보를 습득하는 데에는 비용이 수반된다. 경우에 따라서는 해당 정보로부터 얻을 수 있는 편익보다 정보를 습득하는 데 더 많은 비용이 소요될 수 있다. 물론 비용은 해당 정보를 얻기 위해 다른 것들을 포기해야 하는 기회비용의 개념이다. 따라서 어떤 정보를 통해 얻는 편익이 그 비용보다 작다고 판단되면(또 그럴 만한 이유가 있다면) 차라리 모르는 편이 보다 경제적으로 합리적이다. 흔히 말하는 '모르는 게 약(Ignorance is bliss)'인 셈이다.

이런 맥락에서 합리적 무지론(Theory of Rational Ignorance)은 정보를 습득하는 비용이 정보로부터 얻는 편익보다 클 경우 오히려 '무지(ignorant)'한 것이 합리적이라고 제시한다. 합리적 무지를 처음으로 소개한 Downs는 유권자들이 중요한 정치적 이슈에 대해 거의 알지 못하는 이유를 설명하고자 했다(Downs, 1957). 그는 정보에 대한 기대편익이 기대비용에 비해 작게 되면 합리적인 경제인으로서 유권자들은 정보를 습득하려 하지 않을 것이라고 주장한다.

그는 대부분 유권자들이 일반적인 정치적 이슈뿐 아니라 후보와 정당에 대한 구체적인 공약과 정책에 대해 잘 알지 못하기 때문에(정보의 불충분성, 비대칭성) 투표에 참가하지 않는 경우가 많다고 주장한다. 이 주장은 현대 민주주의 정치 선거에서 매우 흔하게 볼 수 있는 현상이다. 이후 정치(선거)에 대한 많은 공공선택론의 연구에서는 'Downs의 인센티브(Downsian incentives)'가 합리적 무지를 더욱 공고히 한다는 가정 하에 진행되었다

(Popkin, 1991; Caplan, 2001).

합리적 무지론 역시 사람들은 경제시장과 마찬가지로 정치시장 의사결정 과정에서도 자신의 효용극대화를 추구한다는 가정을 받아들인다. 따라서 시장에서는 사적이익의 극대화를 위한 의사결정을 하고 정치시장에서는 이타적/공적 이익을 위하여 투표행위를 하지 않는다. 앞서 밝힌 바와 같이 이러한 합리적 무지 현상이 발생하는 가장 큰 이유는 정치적 의사결정 과정에서 요구되는 정보비용 자체가 높고 이에 대한 대가(이익)가 적기 때문이다. 유권자는 만일 자신의 투표행위가 선거결과에 미치는 영향이 거의 없을 것이라고 판단하면 정치적 이슈나 후보자에 대한 정보를 얻기 위해 비용을 치르지 않을 것이다.

공공선택론은 이러한 '무지/무시(being ignorant)'에 대한 유인은 경제시장에서는 매우 드문 현상이라고 지적한다. 예를 들어, 당신이 새 집을 장만하고자 한다고 가정해보자. 당신은 구매하고자 하는 집에 대해 가능한 정확한 정보를 많이 갖고자 한다. 왜냐하면 어떤 집을 구매하느냐 하는 선택이 당신과 가족의 효용에 매우 중요하여 현명한 선택을 위해 최선의 노력을 다하기 때문이다. 게다가 비용과 편익의 개념은 주어진 상황에 따라 다르고 다소 주관적이다. 예를 들어, 유권자가 혼자 자영업을 하고 바쁜 상황이면 자연스럽게 정치적으로 무지할 가능성이 커진다. 반면 현직에서 은퇴하고 여유로운 생활을 하는 사람이라면 정보획득에 필요한 시간에 대한 비용이 상대적으로 작게 느껴질 것이다.

합리적 무지론이 적용되는 범위는 투표행위에만 국한되지 않는다. 우리는 저렴한 펜, 노트 등 사무용품을 구매할 때와 컴퓨터, 책상 등 비교적 고가의 물품을 구매할 때, 왜 후자에 더 많은 시간을 소요하는지를 설명할 때에도 적용할 수 있다. 합리적 무지론은 우리가 좀처럼 이해하기 어려운 것으로 보이는 인간 행태의 많은 측면들을 설명할 수 있다.

그럼에도 불구하고 다른 이론들과 마찬가지로 합리적 무지론 역시 한계가 있다. 그 가운데 하나는 사람들이 정보를 획득하기 전까지는 그 정보가 얼마나 가치가 있는지 알기 어렵다는 것에서 발생한다. 보통 사람들은 정보획득에 대한 실제 비용과 편익이 아니라 '기대되는(expected)' 비용과 편익을 기초로 판단한다. 그리고 기대치는 대개 개인적인 경험으로부터 나오는데 때로는 잘못된 계산의 기대치일 수 있다. 따라서 비록 정보획득에 대한 의사결정이 완전히 합리적이라고 해도 그 결정이 좋은(good) 결정이라는 보장은 없다. 합리적이라는 것이 반드시 옳은(right) 결정은 아니기 때문이다.

## 4. 투표의 결정

투표행위에 대해 차라리 모르는 것이 합리적이라는 합리적 무지론의 주장에도 불구하고 현실적으로 적지 않은 유권자가 투표에 참여하고 있다. 그렇다면 투표에 적극적으로 참여하는 유권자는 누구일까? 당연히 투표행위의 비용보다 그로부터 기대되는 편익이 큰 유권자들이다.

투표행위의 결정에 대한 식 (1)을 기초로 유권자의 유형(혹은 실제로 투표를 하는 투표자의 유형)을 유추해 볼 수 있다. 하나는 크게 편익에 중점을 두는 유형과 반대로 비용에 중점을 두는 유형으로 나눌 수 있다. 다른 하나는 투표를 하는 유형과 투표를 안 하는 유형으로 나눌 수 있다.

첫째, 가장 쉽게 생각할 수 있는 유형은 투표행위에 대한 무한한 가치를 두고 있는 유권자이다. 그들은 민주주의 수호자로서 투표는 민주주의 국가에 살고 있는 시민들의 '신성한 의무'라고 생각한다. 때문에 설령 어느 정도의 비용이 소요된다 하더라도 투표를 해야 한다고 믿으며 투표행위 자체로 무한한 보람을 느낀다. 이러한 유형에게는 편익($B$)이 거의 무한대에 가깝기 때문에 $P$가 매우 미미하더라도 비용에 비해 편익이 커서 투표를 하게 된다.

둘째, 이번에는 비용 측면에서 투표로부터 기대되는 편익 자체는 크지 않지만 비용도 무시할 정도로 작을 경우이다. 여기서의 비용이란 정보를 획득하는 시간을 포함하여 실제 투표에 소요되는 시간과 금전적 비용 등의 모든 기회비용(opportunity cost)을 의미한다. 특히, 유권자에게는 시간이 매우 중요한 비용인데 시간 자체가 크게 비용으로 간주되지 않은 사람들이 있다. 예를 들어, 더 이상 전일제(full-time) 근로직에 종사하지 않는 노인층의 경우 상대적으로 투표비용은 작을 것이다. 이러한 유형에게는 비용($C$)이 거의 '0'에 가깝기 때문에 투표를 하려는 유인이 생긴다.

셋째, 이상적인 민주주의 수호자를 제외하고 투표를 통한 편익이 큰 집단을 고려할 수 있다. 선거결과에 직접적인 수혜자가 되는 유권자들의 투표율은 높을 것이다. 대표적인 예가 '특수이익집단'이다. 4차 산업혁명이 가져온 새로운 공유경제의 확산으로 Uber나 Lyft와 같은 승차공유 서비스(차량공유업체)가 국내에 도입되면 가장 타격을 받게 되는 상대는 시장에서 기득권을 갖고 있는 택시업계이다. 이들은 이 쟁점에 대한 각 정당과 후보자들의 공약을 꼼꼼히 살펴볼 것이다. 한마디로 정보를 수집하려는 합리적인 유인이 있는 것이다. 결국 직접적인 이해관계가 있는 이들 특수이익집단은 차량공유 서비스 시장을 개방하지 않겠다고 소리치는 정당이나 후보자를 강력하게 지지할 것이다.

또 다른 예로 스크린쿼터제를 들 수 있다. 정부는 1967년부터 소위 '유치산업보호'라는 이름으로 국내 영화산업의 육성과 외국(대표적으로 미국의 블록버스터 영화) 영화의 국내시장 잠식을 우려하여 스크린쿼터제(screen quota)를 시행하고 있다. 이는 일종의 무역장벽으로 1년 중 일정 기간(초기 146일로 시작해서 2006년 이후 73일) 동안 국산영화를 의무적으로 상영하도록 하는 의무상영제이다. 스크린쿼터제의 강화를 주장하는 정당과 후보에게 택시업계 종사자들은 크게 관심이 없을 것이다. 반면 이 제도의 최대의 수혜자인 국내 영화산업 종사자들이 이 후보를 지지할 것이라는 데에는 의심의 여지가 없다. 이들은 스크린쿼터제에 관심이 없는 사람들의 지지를 얻기 위해 유명 영화배우들을 동원해서 자발적으로 선거운동까지 하게 될 것이다.

이러한 특수이익집단은 자신들의 이해관계를 강력하게 반영할 지지자나 정당을 모색하고 선거자금을 모금하고 직·간접적 로비활동을 통해 다양한 채널을 활용하여 정책결정자들에게 영향을 미치고자 노력할 것이다. 그 대가로 정치인들은 적어도 그들의 애로사항에 관심을 기울이고 더 나아가 종종 그들의 요구사항이 관철될 수 있게 도와준다. 그리고 그 결과는 편향된(biased) 사회적 선택이 되기 쉽다.

## 3절 공공선택론의 정치모형

### 1. 중위투표자정리

민주주의 국가의 선거에서 정치적 경쟁에 대한 대표적인 공공선택론의 모형은 '중위투표자 정리(median voter theorem)'이다. Downs에 따르면 이 이론은 원래 H. Hotelling에 의해 고안되고 A. Smithies에 의해 발전된 공간시장(spatial market)과 경쟁에 대한 연구로부터 시작되었다. 중위투표자 정리에 따르면 정당들(특히 양대 정당의 경우)이 이상적인 상황에서 경쟁을 하게 되면 이들이 내세우는 공약[8]은 정치적 선호 선상의 한가운데 위치한 유권자(중위자)들이 선호하는 정책에 서로 접근하게 된다. 그리고 다수결 제도를 통한 의사결정 과정에서 바로 이 중위유권자의 선호가 결정적인 역할을 하고 이들의 선호가 반영된 정책의제가 채택된다(Downs, 1957).[9]

중위투표자 정리의 내용을 간략하게 요약하면, 투표자의 선호가 단봉형(single-peaked)일 경우 과반수 투표자의 선호는 다른 어떤 대안보다 중위자의 선호를 선호한다. 여기서 선호가 단봉형이란 공공재의 각 산출수준의 선호체계가 모든 투표자에 있어 하나의 정점(peak)을 갖도록 산출수준에 우선순위를 정할 수 있는 선호라는 뜻이다. 이 또한 다수결원칙에서 중위투표자의 선호가 지배적이라는 사실을 일반화한 것이다. 이때의 두 가정

---

8 사전적으로 공약(公約)이란 선거에서 입후보자나 정당이 유권자에게 내거는 공적인 약속으로서 정당의 강령을 보다 구체화한 것을 말한다. 다만, 정당의 공약과 달리, 입후보자 개인의 공약은 자신의 출마 상황과 환경에 따라 다소 수정하여 공약을 내는 것이 보통이다.

9 이에 대한 더 자세한 연구는 Harold Hotelling의 "*Stability in Competition*(1929)"와 Arthur Smithies의 "*Optimum Location in Spatial Competition*(1941)"을 참조하기 바란다.

은 이슈가 단일차원 공간에서 정의되고, 각 투표자의 선호가 단일차원에서 단봉형이라는 것이다. 반면 선호가 만일 쌍봉형(double-peaked)인 경우에는 투표순환의 원인이 된다.

다수결원칙은 다차원적 문제를 해결할 경우 순환적이지만 의제일정(agenda)을 조정한 투표과정에서는 특정 결과를 얻을 수 있다. 의제일정 조정(agenda manipulation)은 유리한 결과를 얻고자 투표 순서(의제순서)를 조작화하는 과정으로, 이 결과는 본질적으로 투표자의 선호구조가 아니라 의제가 선정되는 순서에 의존한다. 결국 이로 인해 투표거래 또는 투표결탁과 같은 전략적 행동을 유발하여 의안을 통과시키게 된다.

이제 중위투표자 정리를 몇 가지 가정을 바탕으로 일반적인 공공선택론의 시각에서 설명해 보자(민경국, 1993: 69-73). 첫째, 정치인은 자신의 소득이나 권력(즉, 사익)을 극대화하려는 합리적인 인간으로 선거에서 승리하여 자신의 목적을 추구하기 위한 수단으로써 정치 행동을 한다. 따라서 득표수의 극대화를 위한 수단으로 유권자의 선호에 부합하는 공약을 제시한다. 둘째, 유권자는 자신이 선호하는 정치시스템과 완전한 정보를 가지고 있으며, 자신의 선호체계에 가장 가까운 공약을 제시하는 정당이나 후보자에게 투표한다. 셋째, 유권자들의 정치적 선호의 분포는 <그림 5-2>에서와 같이 종 모양의 정규분포(normal distribution)를 갖는다.

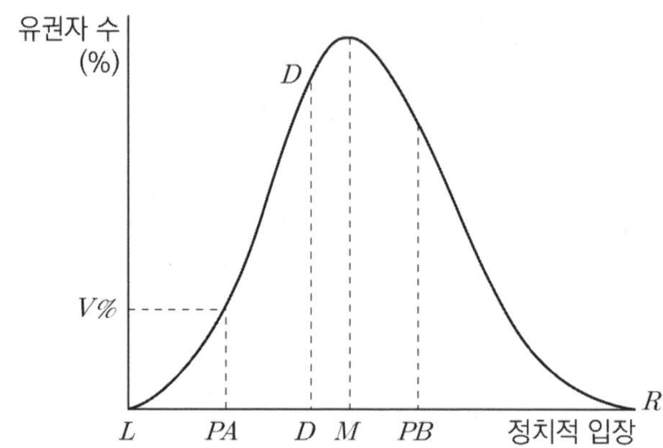


출처: 민경국, 신정치경제학(1993: 70).

그림 5-2 유권자의 정치적 선호

그림에서 *X*축은 정치적 선호를 나타내며 우측으로 갈수록 선호하는 공공재의 수량이 적어진다. *Y*축은 특정 정치적 선호를 가진 유권자의 수를 나타낸다. 그리고 *PA*의 정치적 선호를 가진 유권자의 수는 *V*%라고 표시할 수 있다. 만일 정당 *A*와 정당 *B*가 경쟁하는 양당구조의 경우를 가정하면, 정당 *A*가 *PA*의 정책을 그리고 정당 *B*가 *PB*의 정책을 제시한다고 할 경우 정당 *B*가 승리하게 된다. 즉, *PA*와 *PB*의 중간이 되는 *DD*의 왼쪽의 유권자들은 정당 *A*를 선택할 것이고, 그 반대편에 있는 유권자들은 모두 정당 *B*를 지지할 것이다. 따라서 만약 유권자의 정치적 선호가 이러한 정규분포를 가지고 있다면 다수결원칙을 적용하고 있는 민주주의 정치제도에서는 정당 *B*가 승리하게 된다.

이제 다수결원칙을 적용하게 될 경우 발생하는 결과를 생각해보자. 우선 정당이든 후보든 정치적 입장이 다른 두 진영의 정치적 스펙트럼이 차이가 거의 없기 때문에 양측이 내세우는 정책은 중위자의 선호를 반영하는 방향으로 수렴하는 경향이 생기며 투표행위의 결과가 거의 균등하게 나타난다. 따라서 다수결원칙을 민주주의의 원리로 적용하는 데 있어서 실제로는 다수가 아니라 중위투표자가 선거의 결과에 결정적인 영향을 미치게 된다는 것이다. 즉, 중위투표자 정리는 민주주의의 의사결정이 다수가 아닌 중위자에 의해 이루어지게 됨으로써 오히려 '반민주적인' 결과를 초래할 수 있다는 메시지를 담고 있다.

## 2. 최적다수결제도

정치적 행위는 기본적으로 개인적 행위이며 사람들은 교환을 통해 서로가 이익을 얻고자 한다. 따라서 정치적 의사결정 과정을 통해 선택되는 규칙들은 결국 '합의(consent)'를 통해 만들어진다. Buchanan과 Tullock은 이 과정에서 바람직한 합의 기준에 대해 집합적 의사결정의 비용을 최소화하는 방법이 탐색되어야 한다고 주장한다(Buchanan & Tullock, 1962).

통상 집합적 합의는 어떻게 이루어지는가? 일반적으로 사람들은 어떤 규칙이 자신에게 순편익(net benefit)을 줄 것으로 기대하면 그로 인해 누군가 다른 사람이 다소의 손해를 보게 된다 하더라도 제시된 규칙에 합의하려고 할 것이다. 규칙을 처음 만들 때는 이에 참여하는 사람들이 자신의 이익을 정확하게 계산할 수 없다. 따라서 어떤 규칙이 만들어지고 난 후 해당 규칙 내에서 특정 목적을 위한 정책대안에 대해 합의를 하는 것보다 규칙 자체에 대해 합의를 도출하는 것이 효율적이다.

Buchanan과 Tullock은 합의에 도달하기 위한 집합적 의사결정비용을 의사결정비용과 외부비용으로 나누어 설명한다(Buchanan & Tullock, 1962: 60–80). 의사결정비용(decision making cost)이란 제도 운영과 의사결정 과정에 참가하는 비용으로 합의(집합적 행동)를 도출하는 데 필요한 토론, 설득, 교섭 등에 소요되는 시간과 노력 등의 비용을 말한다. 일반적으로 의사결정비용은 합의에 필요한 참여자 수가 많을수록 그리고 보다 높은 지지율을 필요로 할수록 증가한다. 반면 외부비용(external cost)이란 개인의 의사와 관계없이 합의과정에 참여하도록 강요당하는 경우 참여자들이 감수해야 하는 불이익(비용)을 말한다. 이는 만장일치를 제외한 의사결정방법을 택하는 경우 합의과정에서 배제되거나 반대했던 참여자들이 감수하는 불이익을 의미한다. 따라서 만장일치의 경우에는 외부비용은 없으나 의사결정비용은 가장 크고, 만장일치를 제외한 다수결원칙이 적용되는 경우(정도에 차이는 있으나) 의사결정비용은 감소하지만 외부비용은 증가한다.

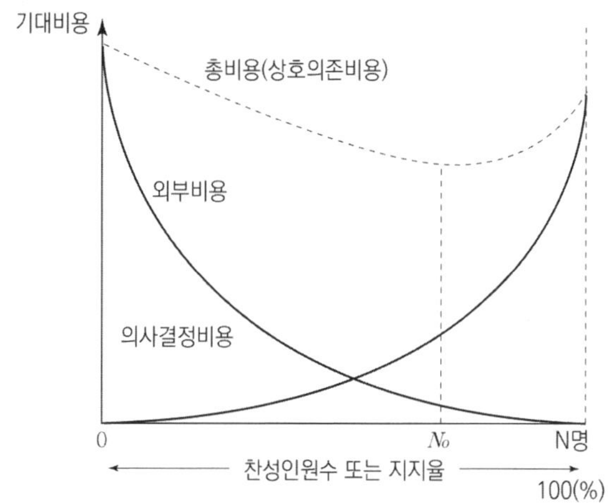


출처: 이만우(2004: 237).

그림 5-3 최적다수결제도

<그림 5-3>에서 *X*축은 합의에 필요한 인원수 혹은 지지율, *Y*축은 기대비용을 나타낸다. 투표결과에 대해 더 많은 사람들의 합의가 필요할수록 의사결정비용은 증가하는 경향을 보이는데 만장일치의 경우 의사결정비용은 최대가 된다. 반면 외부비용은 찬성하는 인원의 수(혹은 지지율)가 증가할수록 감소하는 경향을 보이고, 만장일치가 되면 결국 외부비용은 사라진다. 따라서 의사결정비용과 외부비용의 합이 최소가 되는 수준인 $N_0/N$에서의 찬성 수를 필요로 하는 집합적 의사결정방법이 선택되어야 한다.

최적다수결 제도가 전달하는 시사점은 첫째, 흔히 적용하고 있는 과반수(1/2) 다수결 제도가 항상 효율적인 것은 아니라는 것이다. 물론 $N_0/N$이 절반(1/2)이 될 수도 있지만 그것은 의도한 것이라고 볼 수 없다. 둘째, 의제에 따라 비용함수가 다르기 때문에 최적의 찬성 수도 변하게 된다는 것이다. 구성원들 각각의 이해관계가 첨예한 의제의 경우 외부비용은 커지게

되고 최적의 찬성 수도 증가하게 된다. 따라서 의제의 성격에 관계없이 과반수 원칙을 고수할 경우 사회전체의 효율성을 저하시키는 결과를 가져오게 된다.

이 같은 논리를 기초로 공공선택론은 다수결 제도의 문제점을 지적하고 있다. 다수결 제도에 의한 공공재나 행정서비스에 대한 자원배분의 결정은 일반적으로 과다 또는 과소공급을 가져오기 쉬우며, 결국 사회적으로 비효율적인 자원배분을 초래하게 된다는 것이다. 이런 이유로 Wicksell은 집합적 의사결정에서 만장일치를 주장하고 있다. 그는 공공재의 최적배분은 '절대적 만장일치(absolute unanimity)'의 투표에 의해 실현된다고 주장한다(Wicksell, 1896).[10] 왜냐하면 민주주의 체제에서는 개인의 선호가 투표과정을 통해 실현되기 때문이다. 이 경우 만약 한 사람이라도 반대하면 이는 자신이 비용을 부담하지 않겠다는 '무임승차'의 의지로 볼 수 있고 재정의 효율적인 자원조달을 어렵게 한다.[11] 문제는 절대적 만장일치의 원칙이 현실적으로 실현가능성이 적다는 것이다. 이에 만약 완전히 100% 만장일치가 어렵다면 2/3 또는 3/4의 찬성으로 대신할 수 있다.

---

10 K. Wicksell, *A new principle of just taxation*(1896 [1962]). reprinted in R. A. Musgrave and A. T. Peacock *Classics in the Theory of Public Finance*. London: Macmillan(1962).

11 이 개념은 후생경제학의 파레토 최적상태(Pareto Optimization)와 유사한 개념으로 이해할 수 있다.

# 4절 투표행위의 결과

## 1. 투표결과의 비효율성

이제 실례가 되는(illustrative) 몇 가지 보기를 통해 다수결원칙에 따른 투표결과의 비효율성에 대해 탐구해보자. 우선 공공선택론의 전제에 따라 투표자는 자신의 효용을 극대화시키는 합리적인 인간이라고 가정한다. 따라서 투표자는 제시된 안에 대한 비용과 편익을 고려하여 자신의 순편익이 '+'인 경우에만 찬성한다. 또한 사회적 편익, 사회적 비용, 순편익은 각 유권자의 그것들을 합한 것으로 간주한다. 여기서 순편익(social net benefit)은 사회적 편익(social benefit)에서 사회적 비용(social cost)을 뺀 것으로 표시하며 일반적으로 사회적 후생을 나타내는 가장 보편적인 지표로 사용된다.

이제 정부의 각 사업안에 대해 5명(가, 나, 다, 라, 마)의 투표자가 있고 각 안의 통과 여부는 가장 흔하게 사용되는 (단순) 다수결원칙을 따른다고 하자.

〈사례 1〉 지역의 체육시설 설립 안에 대한 투표자의 편익, 비용, 투표결과

| | 편익(B) | 비용(C) | 순편익(NB) | 투표결과 |
|---|---|---|---|---|
| 가 | 300 | 180 | 120 | Y |
| 나 | 250 | 180 | 70 | Y |
| 다 | 200 | 180 | 20 | Y |
| 라 | 150 | 180 | −30 | N |
| 마 | 100 | 180 | −80 | N |
| 합계 | 1,000 | 900 | 100 | 통과 |

이 경우 투표자의 편익을 모두 합산한 총편익은 1,000이고 총비용은 900이 되어 사회적 순편익은 100이 된다. 그리고 투표 결과 또한 찬성(Y)과 반대(N)가 3:2로 다수결원칙에 따라 체육시설의 안은 통과된다.

〈사례 2〉 공원조성 사업 안에 대한 투표자의 편익, 비용, 투표결과

| | 편익(B) | 비용(C) | 순편익(NB) | 투표결과 |
|---|---|---|---|---|
| 가 | 210 | 180 | 30 | Y |
| 나 | 200 | 180 | 20 | Y |
| 다 | 190 | 180 | 10 | Y |
| 라 | 140 | 180 | −40 | N |
| 마 | 110 | 180 | −70 | N |
| 합계 | 850 | 900 | −50 | 통과 |

<사례 2>의 경우 총편익은 850이고 총비용은 900으로 사회적 순편익은 −50으로 사회적 후생의 관점에서 정책결과의 가치는 부정적으로 나타난다. 그럼에도 불구하고 다수결원칙에 따른 투표결과 찬성과 반대가 각각 3:2로 이 사업에 대해 제안된 안은 통과된다. 이 사례는 단순다수결원칙을 적용했을 때 사회적 후생을 감소시킬 수 있다는 경우를 보여주는 것이다.

다음 사례는 체육시설, 공원, 도로라는 세 개의 정부 사업안에 대해 각 투표자의 편익과 비용 그리고 투표행위와 그 결과이다.

〈사례 3〉 체육시설, 공원, 도로 세 개 안에 대한 투표자의 편익, 비용, 투표결과

| | 체육시설 | | | 공원 | | | 도로 | | |
|---|---|---|---|---|---|---|---|---|---|
| | 편익 | 비용 | 투표 | 편익 | 비용 | 투표 | 편익 | 비용 | 투표 |
| 가 | 70 | 50 | Y | 300 | 150 | Y | 350 | 450 | N |
| 나 | 100 | 50 | Y | 140 | 150 | N | 650 | 450 | Y |
| 다 | 30 | 50 | N | 100 | 150 | N | 400 | 450 | N |
| 라 | 20 | 50 | N | 250 | 150 | Y | 300 | 450 | N |
| 마 | 40 | 50 | N | 130 | 150 | N | 620 | 450 | Y |
| 합계 | 260 | 250 | 부결 | 920 | 750 | 부결 | 2,320 | 2,250 | 부결 |

<사례 3>에서 보듯이 첫 번째 체육시설에 대해서 총편익은 260이고 총비용은 250으로 사회적 순편익이 10이지만 다수결원칙의 적용 결과 찬성과 반대가 2:3으로 이 사업안은 통과가 되지 못한다. 두 번째 공원조성의 경우도 총편익은 920이고 총비용은 750으로 사회적 편익이 170이지만 이

사업안 역시 다수결원칙의 적용 결과, 찬성과 반대가 2:3으로 통과되지 못한다. 마지막으로 도로건설의 경우도 마찬가지로 총편익은 2,320이고 총비용은 2,250으로 사회적 편익이 +70이지만, 다수결원칙의 결과 찬성과 반대가 2:3이기 때문에 역시 통과되지 못한다.

〈사례 4〉 세 가지 안을 하나의 '패키지(package)'로 묶었을 때 투표자의 편익, 비용, 투표결과

| | 편익(B) | 비용(C) | 순편익(NB) | 투표결과 |
|---|---|---|---|---|
| 가 | 720 | 650 | 70 | Y |
| 나 | 890 | 650 | 240 | Y |
| 다 | 530 | 650 | −120 | N |
| 라 | 570 | 650 | −80 | N |
| 마 | 790 | 650 | 140 | Y |
| 합계 | 3,500 | 3,250 | 250 | 통과 |

이번에는 체육시설, 공원, 도로 세 개의 안을 하나의 '패키지(package)'로 묶었을 때의 경우를 생각해보자. <사례 4>에서 보듯이 앞의 세 개의 안을 하나의 패키지로 묶게 되면 총편익은 3,500이고 총비용은 3,250이 되어 사회적 순편익은 +250이 되고 투표결과 역시 찬성과 반대가 각각 3:2로 이 패키지 사업안은 통과된다.

지금까지 네 개의 사례들은 우리에게 어떤 메시지를 전해주는가? 두 번째 사례는 과반수 다수결 제도가 가져올 수 있는 문제점, 즉 사회적 순편익이 (−)임에도 불구하고 정부 사업안이 통과되어 사회적 후생이 감소할

수 있다는 점을 보여주고 있다. 그리고 마지막 두 사례는 각각의 안에 대한 투표결과와 이를 하나의 패키지로 묶었을 때 투표결과가 다르다는 것을 보여준다. 이는 정치시장에서 후보자나 정당에게 사업안의 구성방식에 따라 투표의 결과가 달라질 수 있다는 전략적 시사점을 보여주는 것이다.

## 2. 다수결원칙과 투표의 모순

대의민주주의와 더불어 현대 민주주의 정치사회에서 가장 보편적으로 적용하고 있는 다수결원칙이란 사회구성원 다수에 의해 의결된 사안을 구성원 전체의 의사로 간주하고 행하는 것이다. 통상 다수결 방식은 1/2 이상의 지지를 필요로 하는 과반수 다수결이 있으며, 사안의 중요성에 따라 2/3 또는 3/4 다수결 등을 채택하기도 한다.

그렇다면 다수결 제도는 효율성, 형평성, 일관성의 관점에서 어떻게 평가될 수 있을까?

효율성의 관점에서는 자원배분에 있어 과다 혹은 과소 공급을 야기하기 쉽기 때문에 효율적인 자원배분을 보장하지 못한다. Buchanan은 다수결 제도가 예산규모를 증가시켜 정부의 과다한 재정지출을 유발한다고 지적하고 있다(Buchanan & Brennan, 1980). 다음으로 소득분배의 측면에서 형평성을 보장하지 못한다. 중위투표자 정리에 따르면 다수결로 합의되는 공공재 공급수준의 결정에서 투표자의 중간선호(median preference)에 해당하는 공급량이 선택될 가능성이 높고, 중위에 속하지 않는 다른 구성원들의 불만이 야기될 수 있기 때문이다. 마지막으로 일관성 측면에서도 투표의 순환[12]을 초래하기 쉽다. 투표를 통한 정치적 의사결정 과정에서 다수결 제도는 개인적 가치로부터 항상 일관성 있는 사회적 선택을 보장하지 못하고 순환성(cycling) 혹은 비이행성(intransitivity)을 초래하기 쉽다. Black(1948)은 모든 투표자의 선호가 단봉형(single-peaked)일 경우에만 다수결원칙이 균형의 결과를 가져온다는 점을 지적하였다.

## 3. 로그롤링

로그롤링(logrolling)이란 넓은 의미에서 일상생활에서 사람들이 서로 호의(favor), 도움 등을 주고받는 것으로 해석할 수 있다. 하지만 통상 입법 과정에서 정치적 지원의 교환 혹은 투표거래를 의미한다(Johnson, 1991; Miller, 1999). 이는 정치인들 간의 투표거래(투표교환, vote trading)를 통해 자신이 발의한 안건에 대한 지원을 확보하기 위해 다른 의원이 발의한 의안을 지원하는 것이다. 즉, 집합적 의사결정 상황에서 표의 거래를 통해 각자가 원하는 대안을 상호 지지함으로써 서로의 효용을 증가시키는 것이다. 엄밀한 의미에서 로그롤링은 상호 지지하는 의안을 하나로 묶어 투표하는 것을 의미하기 때문에 개별 안에 대해 따로 지지를 보내는 투표거래와는 다소 차이가 있지만 통상 두 개념을 엄격하게 구분하지 않는다.

---

12 이는 다수결 제도에 의한 사회적 선택의 순환성을 지적한 것으로 투표의 순환(voting cycling) 혹은 투표의 역설(voting paradox)이라고 부른다. 이러한 투표의 순환 현상을 일반화한 것이 Arrow의 '불가능성 정리(Impossibility Theorem)'이다(Arrow, 1951, 1963).

로그롤링은 투표자마다 특정 안에 대한 선호의 강도가 다를 때 흔히 발생한다. 따라서 다수결원칙이 제도화되어 있을 경우 투표자의 선호의 강도를 반영하는 일종의 전략적인 행동으로 나타난다. Buchanan과 Tullock은 Bowen(1943)과 Black(1948)의 다수결원칙에 의한 민주주의 모형을 확장하고 정치적 의사결정 과정에 두 가지 시사점을 도출하고 있다(Buchana & Tullock, 1962). 첫째, 다수결 제도에서는 개별 투표자의 선호 강도에 관계없이 각 개인의 투표는 의사결정에서 동일한 가중치를 갖는다. 둘째, 안건들은 서로 독립적으로 결정되지 않고 여러 의안들이 연속적으로 표결되며 시간이 흐르면서 표 거래의 과정을 낳게 된다.

그들은 부분적인 투표거래는 정치적 의사결정 과정에서 묵시적으로 이루어지며 투표자의 선호에 대한 강도와 차이를 부분적으로 나타낼 수 있다고 주장한다. 즉, 투표교환을 통해 각자 선호의 차이를 드러내고 자신의 선호 강도를 실현할 수 있도록 허용하는 것이다. 따라서 정치적 의사결정 과정은 공공재 거래에 따른 이익을 내부화하고 한 집단에서 다른 집단으로 소득이전을 실행하는 일종의 협상과정으로 간주한다.

로그롤링은 크게 명시적 로그롤링과 암묵적 로그롤링 그리고 이슈별 로그롤링과 포괄적 로그롤링으로 분류할 수 있다. 먼저, 명시적 로그롤링과 암묵적 로그롤링은 거래하는 법률안의 구성에 따라 구분된다. 명시적 로그롤링의 경우 의회의 입법과정에서 A의원이 B의원이 발의한 법률안에 찬성해주는 대가로 B 역시 A가 발의한 의안에 찬성해 주는 것을 말한다. 암묵적 로그롤링은 여러 법률안을 단일 투표로 결정하는 경우이다. 이는 명시적으로 다른 의원의 법안을 지지하지 않았지만 자신이 입법한 법률안을 통과시키기 위해 투표를 함으로써 다른 의원의 법률안 역시 통과될 수 있도록 지지해준 결과를 가져온다(Buchanan & Tullock, 2004; 황수연, 2008). 다음으로 이슈별 로그롤링과 포괄적 로그롤링은 거래의 기한과 관련된다. 이슈별 로그롤링은 정책 사안이 변할 때마다 로그롤링의 상대가 새롭게 구성된다. 반면 포괄적 로그롤링의 경우 이슈가 변화하더라도 로그롤링의 상대는 변하지 않는다. 따라서 로그롤링 상대 간 상당 기간 지속되는 거래협약을 맺고 일정한 방향으로 표를 거래한다(김행범, 2008).

정치시장에서의 로그롤링에 대해 학자들에 따라 서로 상반된 견해를 보인다. 긍정적인 면을 강조하는 입장은 이를 통해 어느 정도 투표자의 선호를 반영할 수 있다는 데 초점을 두고 있다. 예를 들어, 시장에서 소비자가 자신의 선호를 나타내어 재화와 서비스의 효율적 배분을 가져오듯이, 정치시장에서도 로그롤링을 통해 유권자가 선호를 표시함으로써 공공재와 행정서비스의 효율적인 배분을 가져올 수 있다는 것이다(이만우, 2004). 결국, 로그롤링은 각 대안에 대한 선호의 강도가 달라서 발생하기 때문에 이를 반영하여 자신들이 원하는 것을 얻을 수 있다는 면에서 긍정적으로 본다. 또한 과반수 제도에서 투표순환(voting cycle) 문제로 채택되지 못할 수 있는 바람직한 정책대안이 투표거래를 통해 해결할 수 있게 된다.

반면 로그롤링에 대한 부정적인 견해 또한 만만치 않다. 이들도 로그롤링을 통해 선호강도가 반영되어 자원이 효율적으로 배분되는 점을 인정한다. 그러나 투표자의 수가 많고 의안이 다양한 경우에는 로그롤링을 위한 전략적 행동들이 과도한 비용을 소요하여 사회적 후생을 감소시키고, 재화와 서비스 공급에 비효율(대체로 과다공급)을 야기할 수 있다는 점을 지적한다. 특히 로그롤링이 유권자들의 선호를 제대로 반영하지 못하는 경우에는 이를 통한 정책결정이 사회적으로 바람직한 결정과 거리가 멀게 된다(Muller, 1989).

의회 민주주의 국가에서 로그롤링은 꽤 보편적인 현상이지만 상당수의 시민들은 정부가 이에 관여하고 있다는 사실을 크게 인식하지 못하고 있다(Tullock et. al, 2000). 우리나라에서도 로그롤링은 정치적 이념과 지향을 넘어 매우 보편적인 현상이다(김성준 · 하선권, 2015). 2014년 말 당시 여당인 새누리당과 야당인 새정치민주연합은 복지재원 마련을 위한 담뱃세와 법인세 인상을 놓고 갈등이 있었다. 갈등이 지속되면서 야당은 여당의 담뱃세 인상을 위한 논의의 전제조건으로 법인세 인상을 정치적 거래의 한 방편으로 삼으려 했고 이를 통해 두 법안 모두를 통과시키려 하였다.

한편 정치시장에서 의원들의 법안 발의과정은 기본적으로 로그롤링의 성격을 가지고 있다고 볼 수 있다. 왜냐하면 국회법상 법률안 발의 시 최소 10명의 의원이 구성되도록 규정하고 있기 때문이다. 따라서 의원들은 자신의 정치적 역량을 동원하여 법률 발의에 필요한 최소 인원을 충족시키고 발의한 법률이 상임위원회와 본회의를 통과할 수 있도록 다른 의원과의 네트워크 관계를 유지하는 것이 중요하다. 결국 그들은 다양한 이익이나 선호를 법률에 적절히 반영하고 법안이 채택될 수 있도록 다른 의원을 설득 · 협상해야 하며 가능한 넓은 지지기반을 조성하고자 노력해야 한다. 우리나라 국회의 경우 대부분 상임위원회에서 법안의 확정 유무가 결정된다는 점에서 개별 의원은 공동발의 의원수를 가능한 늘려 상임위원회를 통과할 가능성을 높이려는 유인을 갖게 된다.

정치인들의 사익추구 성향과 로그롤링은 (의원발의) 규제입법의 과정에서도 예외가 아니다. 현실적으로 국회의원은 자신과 이해관계에 있는 이익집단, 민원인 등의 요구에 대응하는 일이 중요하기 때문에 자신이 발의한 규제(법률)안이 국가적 규제개혁의 방향과 일치되어야 할 필요성을 크게 느끼지 못한다. 또한 규제는 기본적으로 법률에 근거를 두고 있기 때문에 의원입법을 통해 규제가 제정되더라도 법률 제정 절차와 유사한 과정을 거치기 때문에 규제입법 과정에서도 로그롤링이 발생하게 된다.

## 에필로그

필자는 공공선택론의 학문적 기여 가운데 제일 큰 것은 고전적 정치경제학이 강조했던 '교환'이라는 개념의 중요성을 재발견한 것이라고 생각한다. A. Marshall 이후 주류경제학이 교환의 개념을 소홀히 하고 지나치게 자원의 효율적인 배분에 무게를 두었다. 사실 경제학이 정치와 행정으로부터 멀어진 이유도 여기에 있다고 볼 수 있다. 공공선택론은 이러한 교환의 개념을 부활시키고 정치를 교환 과정으로 설명한다.

정치시장도 경제시장과 마찬가지로 인간에 의해 움직인다. 경제시장에서 자신의 이익을 극대화시키기 위해 합리적으로 행동하고 거래에 참여하는 사람은 정치시장에서도 이와 다르지 않는 일관된 행태를 보일 것이다. 소비자가 자신에게 제일 큰 효용을 주는 상품을 선택하듯이 유권자 또한 자신에게 최대의 수혜를 주는 정치인과 정당에 표를 던질 것이다. 또한 시장에서 기업이 이윤을 극대화하기 위해 노력하듯이 선거에서 정치인은 득표를 극대화하기 위해 노력할 것이다.

나아가 소비자인 당신은 동시에 유권자이며 잠재적으로 생산자가 될 수도 피선거인이 될 수도 있다. 소비자로서의 당신과 유권자로서의 당신, 그리고 생산자로서의 당신과 피선거인으로서의 당신은 똑같은 사람이다. 따라서 소비자인 당신과 유권자로서의 당신의 행태를 일관성 있게 적용하는 공공선택론이 이를 분리하여 마치 각각 다른 사람인 것으로 적용하는 이론에 비해 보다 설득력이 있다.

## 참고문헌

고든 털럭. (2009). 「득표 동기론 Ⅱ : 공공선택론의 이해」. (황수연 옮김). 경성대학교 출판부. (2006).

김성준, 하선권. (2015). 규제 로그롤링? 의원발의 규제 법률안의 네트워크 분석. 규제연구 24(2).

김행범. (2008). 집합적 선택 상황에서의 Logrolling에 관한 연구. 사회과학연구 24(4).

민경국. (1993). 「헌법경제론」. 강원대학교 출판부.

안병만. (2005). 「한국의 선거와 한국인의 정치 행태」, 인간사랑.

윤홍근, 유석진. (1995). 「정치적 시장과 렌트추구 행위」. 세종연구소.

이만우. (2004). 「공공경제학」. 율곡출판사.

전용주 외. (2009). 「투표행태의 이해」. 한울아카데미.

중앙선거관리위원회. (2006). 5. 31 지방선거 투표율 분석 결과. 중앙선거관리위원회 (http://www.nec.go.kr).

최광. (2007). 「큰 시장 작은 정부를 위한 재정 정책의 과제」. 한국경제연구원.

한국정치학회 (2015). 정치학: 인간과 사회 그리고 정치. 박영사

Arrow, K. (1951, 1963). *Social Choice and Individual Values.* John Wiley & Sons, Inc.

Black, D. (1948). On the Rationale of Group Decision-making. *Journal of Political Economy, 56(1).*

Bowen, H. (1943). The Interpretation of Voting in the Allocation of Economic Resources. *The Quarterly Journal of Economics, 58(1).*

Buchanan, J. & Tullock, G. (1962). *The Calculus of Consent.* University of Michigan Press.

Caplan, B. (2001). Rational Ignorance versus Rational Irrationality. Kyklos, 54(1).

Coate, S. & Morris, S. (1995). On the Form of Transfers to Special Interests. *Journal of*

*Political Economy, 103(6).*

Colander, D. (1985). Some Simple Geometry of the Welfare Loss from Competitive Monopolies. *Public Choice, 45(2).*

Downs, A. (1957). *An Economic Theory of Democracy.* Cambridge University Press.

Hotelling, H. (1929). Stability in Competition. *The Economic Journal, 39(153).*

Koford, K. (1993). "The Median and the Competitive Equilibrium in One Dimension.}" *Public Choice, 76(3).*

Miller, N. (1977). "Logrolling, Vote Trading, and the Paradox of Voting," *Public Choice, 30:.*

Mueller, D. (1989). *Public choice II.* Cambridge University Press.

Olson, M. (1965). *The Logic of Collective Action.* Harvard University Press.

__________. (1982). *The Rise and Decline of Nations: Economic Growth, Stagflation, and Social Rigidities.* Yale University Press.

Popkin, S. (1991). *The Reasoning Voter: Communication and Persuasion in Presidential Campaigns.* University of Chicago Press.

Smithies, A. (1941). Optimum Location in Spatial Competition. *Journal of Political Economy, 49(3).*

Tullock, G., Seldon, A. & Brady, G. (2000). *Government: Whose Obedient Servant?: A Primer in Public Choice.* Institute of Economic Affairs.

Wicksell, K. (1896). *Finanztheoretische Untersuchungen [investigations into the theory of finance].* Jena: Gustav Fischer.

CHAPTER

# 6

# 관료모형

*"Without anger or partiality – that should be the official's motto in the performance of his duties."*

– *Max Weber*[1]

*"Bureaucracy is the art of making the possible impossible."*

– *Javier Pascual Salcedo*[2]

*"Bureaucracy is not an obstacle to democracy but an inevitable complement to it."*

– *Joseph A. Schumpeter*[3]

---

1 막스 베버(1864–1920). 독일의 법률가, 정치학자, 정치경제학자이자 현대 사회학을 창시한 사상가로서 사회학 이론의 정립에 커다란 영향을 끼쳤다. 특히 사회학과 정책학 분야의 근대적 연구의 토대를 마련한 사람으로 평가되고 있으며, 대표적인 저술로 'The Protestant Ethic and the Spirit of Capitalism', 'Politics as a Vocation', 'The Economy and Society' 등이 있다.

2 Biographic information is not available.

3 조지프 슘페터(1883–1950). 오스트리아/헝가리 출신의 미국 경제학자로 'Business Cycle', 'Capitalism, Socialism and Democracy', 'History of Economic Analysis' 등 그의 연구는 경제학을 비롯한 사회과학에서 크게 평가받는다. 그는 자본주의 사회의 경제발전의 원동력은 생산요소를 새로운 방법으로 결합하는 기업가의 '혁신(innovation)'이라고 보았는데, 이는 새로운 생산방식과 조직을 도입하고 새로운 시장을 개척하는 것 등을 의미한다. 그는 자본주의의 경제는 불확실한 상황에서 새롭게 도전하는 소수의 기업가들에 의해 끊임없이 변화하는 것으로 기업가정신(entrepreneurship)을 지닌 기업가들의 혁신적 활동을 '창조적 파괴(creative destruction)'의 과정이라고 하였다.

CHAPTER 06

# 관료모형

## 프롤로그

정부는 강제적이고 권위적인 속성을 가지고 가치를 배분하는 주체로 시민의 활동 전반과 질서를 통제한다. 그리고 정부를 운영하고 국가의 정책결정에 결정적인 영향을 주는 이들이 바로 관료이다. 특히 대통령제를 택하고 있는 우리나라는 국가권력의 최고의 정점에 있는 지도자가 정치조직으로서의 정당과 함께 관료 조직이라는 두 핵심 기반을 두고 그의 정치적 의지를 실현한다. 복지국가의 등장과 함께 적극적인 역할이 강조되면서 정부부문은 비약적으로 확대되었다. 공공부문의 수요가 증가하고 정부의 새로운 기능이 요구되면 이를 수행할 정책과 시스템을 요구하게 되고 자연스럽게 관료제의 성장을 동반한다. 이 결과 정부가 과거에 비해 시장에 보다 적극적으로 개입하게 되는 소위 적극적 국가(positive state)가 등장하게 되었다.

현대 행정은 전문적인 행정 관료와 발달된 관료 기구를 기반으로 한다. 관료제는 합리성을 바탕으로 규범과 절차에 따라 운영되는 대규모 조직체로 정부의 속성을 이해하는 데 핵심이다. 정부조직을 분석하는 모형은 크게 기능주의 관점과 관료의 합리적 선택의 관점으로 나눌 수 있다. 전통적인 행정학과 정치학은 대개 전자의 관점을 따르는 반면, 공공선택론은 후자의 관점에 가깝다. 따라서 관료에 대한 분석에서도 관료 역시 보통 사람들과 마찬가지로 합리적으로 자신의 효용을 극대화시키고자 한다고 가정한다. 관료에 대한 이러한 관점은 정부 내에 적절한 조직 구조와 과정이 부재할 경우 더욱 두드러지게 나타난다(Boyne & Walker, 1999).

전통적인 관료와 관료제 대한 연구는 기존의 행정학과 정치학의 문헌에서 충분히 논의되고 있기 때문에 여기서는 M. Weber의 이상적 관료모형과 공공선택론에 기반을 두고 있는 모형들을 비교하면서 논의를 진행하고자 한다. 관료에 대한 공공선택론의 모형들은 각각 중점적으로 바라보는 특성에 따라 다양한 분석모형을 제시한다. 6장에서는 관료모형을 수요 측면의 모형과 공급 측면의 모형으로 나누어 소개한다. 수요 측면의 대표적 모형으로 Weber의 이상적 관료모형과 완전계층적 관료모형을 소개하였으며, 공급 측면의 모형으로는 공공선택론의 관점에서 접근한 Downs의 다원주의 모형, Niskanen 예산극대화 모형과 이를 보완한 Migue와 Belanger의 재량권 극대화 모형, 그리고 마지막으로 Dunleavy의 부처 최적화 모형을 소개하였다.[4]

---

4 이 장에서 관료모형에 대한 구성과 전개의 틀은 민경국 교수의 '신정치경제학(1993)'에 크게 의존하였다.

# 1절 관료모형의 기초

## 1. 관료제

관료제(bureaucracy)의 개념을 어원적으로 살펴보면 책상 혹은 사무실(조직)이라는 어원의 bureau와 권력을 뜻하는 kratia에서 왔다.[5] 넓은 의미에서 관료제란 정부기관뿐 아니라 민간부문에서 조직을 관리하고 운영하기 위해 취해지는 규범과 절차 등의 법적 권위를 가진 대규모 조직체계를 말한다. 일반적으로 조직은 재원조달방식에 따라 영리(profit)조직과 비영리(non-profit)조직으로 구분하고 이 중 비영리조직은 공공부문 혹은 민간부문인가에 따라 다른 성격을 갖는다. 특히 공공부문은 정부가 시민으로부터 조세수입을 통해 정부지출의 재원을 조달한다는 특수성을 가지고 있다. 결국 정부, 기업, 비영리단체(NPO), 학교, 병원 등 각종 기관과 단체가 모두 관료제가 될 수 있다.

하지만 보통 관료제라 하면 정부조직에 적용하는 것이 일반적이다. 행정학 사전에는 관료제를 '정부 업무를 법규에 따라 비정의적으로 처리하는 특정 형태의 대규모 분업체계'라고 정의하고 있다(이종수 외, 2000). 여기서 '비정의적(非情誼的)'이란 사사로운 정(情)에 의존하지 않고 개인적인 관계를 배제한다(impersonal)는 의미로 해석된다. 한마디로 관료제란 정부관료(government officials)에 의한 행정체계라고 할 수 있다.

정부와 민간부문에서 관료/관리자가 가지는 차이는 다음과 같다(백완기,

5 관료제의 사전적 어원은 다음과 같다: Fr. bureaucratie, from bureau "office," lit. "desk"(see bureau) + Gk. suffix -kratia denoting power(Meriam-Webster).

2007). 우선 정부 관료가 제공하는 공공재와 행정서비스는 대부분 시장에서 생산되고 거래되지 않기 때문에 민간부문과 같은 경쟁이 거의 없고 독점적 지위를 부여받는다. 또한, 민간부문의 주식회사 같은 경우에는 주주의 목표가 분명하고 다양한 모니터링과 통제시스템으로 대리인인 관리자들이 주주의 목표에 대한 기여도를 어느 정도 평가할 수 있다. 반면, 공공부문의 관료는 조직의 효과성(effectiveness)에 대한 기여도가 직접적으로 측정/평가되기 어려운 환경을 가지고 있다. 뿐만 아니라 국가 재정으로 움직이는 공공부문은 민간부문에 비해 재정적 제약을 훨씬 덜 받는다. 설령 재정적인 문제가 발생한다 하더라도 정부로부터 직간접적으로 보전 받을 수 있기 때문에 파산과 같은 불운으로부터 자유롭다.

관료제에 대한 기존의 일반 내용은 정치학과 행정학 등, 이미 기존의 교과서에서 충분히 소개되고 있기 때문에 여기서는 공공선택론의 시각으로 본 관료제에 대한 설명에 초점을 두고자 한다.

## 2. 공공선택론의 관료모형

관료와 관료제에 대해 공공선택론은 크게 수요와 공급측면으로 나누어 접근한다(민경국, 1993: 180-208). 수요측면에서는 전통적인 베버류(Weberian)의 관료이론으로 공공재와 행정서비스로 대표되는 수요측면에 관심을 두고 관료의 행태를 탐구하는 수요지향적 관료이론이다. 반면 공급측면에서 연구는 기존의 규범적 행정이론의 전제를 거부하고 공공선택론의 관점에서 관료의 의사결정과 행위에 대한 모형을 발전시킨다. 이들은 소비자, 생산자, 유권자와 마찬가지로 관료 역시 효용극대화의 행위자로 바라본다. 이를 공급지향적 관료이론이라 부르는데 Tullock(1965)과 Downs(1967)를 시작으로 Niskanen(1968, 1971), Migue & Granger(1974) 등의 모형이 대표적인 공급지향적 모형이다.

이러한 모형들의 차이는 관료를 바라보는 시각에 대한 차이에서 출발한다. 정부와 관료를 바라보는 시각은 크게 정부와 관료를 공익을 추구하는 선한 집단으로 보는 공익론적 관점과 정부와 관료도 보통 사람들과 같이 사익을 추구하는 이기적인 존재로 보는 사익론적 관점으로 나눌 수 있다.

공익론의 관점에서 정부는 독립된 하나의 유기체로 공익(public interest)을 추구하는 존재이다. 이는 공익론의 바탕에 '방법론적 집합주의'가 깔려 있다는 것을 시사한다. 마치 누구나 개인은 사익(private interest)이 존재하듯이 정부도 하나의 주체로서 스스로의 이익이 있는데 이것이 곧 공익이라는 것이다. 이렇듯 정부는 자신의 이익인 공익을 추구하는 존재로 인정된다. 반면 방법론적 개인주의를 택하고 있는 사익론은 하나의 독자적인 유기체로서의 정부라는 전제를 거부한다. 정부는 그를 구성하는 구성원(정치인과 관료)이 모여서 구성된 집합체라는 것이다. 이 경우 정부를 구성하는 구성원 각각은 자신의 사익을 추구하는 효용극대자임에 불과하다는 결론에 도달하게 된다.

"관료도 우리와 다르지 않다." 이것이 관료를 바라보는 공공선택론의 시각이다. 그들 역시 특별히 선한 사람도 유난히 악한 사람도 아닌 보통사람들처럼 자기애를 갖고 사익의 극대화를 추구한다고 전제한다. 따라서 누구도 관료의 입장이 되면 그들처럼 철밥통, 복지부동 그리고 부패에 노출될 가능성이 있다는 사실을 인정한다. 결론적으로 관료제 문제의 근원은 관료(사람)에게 있는 것이 아니라 공공재의 특성, 관료제에서의 유인 문제, 통제시스템, 행정제도 등에 달려 있다. 따라서 관료(제)문제에 대한 해결책을 찾기 위해서는 이러한 제도와 인센티브에 대한 탐구와 대안을 찾아내어 그들이 자신의 이익과 함께 다른 사람, 즉 시민들과 공익에 봉사할 수 있도록 제도를 설계해야 한다고 주장한다. "사익의 공적 활용The public use of private interest", 즉 개인들의 사익 추구를 공공에 활용하는 것이 바로 공공선택론이 추구하는 핵심 주제이다(Schultze, 2010).

이론적인 측면에서 관료에 대한 공공선택론의 시각은 관료는 외적인 정치적 제약 속에서 자신의 효용(이익, 예산 등)을 극대화하려 하며, 따라서 조직의 규모, 구성원, 예산과 재정, 운용 범위 등 조직을 확대하려는 경향이 강하다는 것이다. 공공선택론의 관점에서 관료에 대한 이론적 연구는 Tullock의 'The Politics of Bureaucracy관료제의 정치학(1965)'로부터 출발한다.[6] 이후 Downs의 'Inside Bureaucracy관료제(1967)'와 Niskanen의 'Bureaucracy and Representative Government관료제와 대의정부(1971)' 등 관료와 관료제에 대한 연구가 본격화된다. Downs는 정부기관의 복잡한 미시적 수준의 작동(workings)에 대한 다원주의적 해석을 제시하였고, Niskanen은 기관의 집합적 행동에 대한 신보수주의적인 설해석을 시도하

---

6 경제학적 관점에서 관료제에 대한 연구는 L. Mises(1944)로 거슬러 올라가기도 하지만 그는 공공선택론자라기보다 경제학자라고 보는 게 타당하기 때문에 공공선택론의 관점에서는 Tullock의 연구를 본격적인 출발로 보는 것이 일반적이다.

였다. Downs의 다원주의적 모형은 관료들이 무엇을 원하고 정부기관은 조직으로서 어떻게 운용되는지 그리고 기관이 운용되는 외적 환경과 합리적인 관료들이 추구하는 일반적인 전략은 무엇인지의 질문으로부터 출발한다.

## 3. 베버와 파킨슨

관료의 행태와 인센티브에 대한 시각은 크게 베버류의 시각과 파킨슨 Parkinson류의 시각으로 나눌 수 있다. 우선 베버주의 관점은 이상적(ideal type) 관료제를 기초로 민주주의 사회에서 관료제의 이상적인 운용을 강조한다. 이들은 한 사회의 정치적, 경제적 측면의 관료화(bureaucratization)는 전문성과 기술력을 바탕으로 효율성 제고에 기여하였으며 서구 문명의 현대화에 가장 중요한 발전이라고 주장한다(이종수, 2000: 137). 또한 관료를 풍부한 지식과 재능을 보유하고 있는 전문가 집단으로 간주하며 자신의 사적인 이익과 목적을 배제하고 오직 공익을 위한 정책에만 관심을 갖는 사람으로 가정한다.

다음은 소위 파킨슨의 법칙으로 대표되는 파킨슨류의 관점이다. '파킨슨의 법칙(Parkinson's Law)'이란 행정기관은 기능을 수행하기 위한 수요와 관계없이 그 자체의 힘(관료의 사익추구로 인해)으로 기관의 규모를 지속적으로 확대해 나가려는 경향이 있다는 것이다.[7] 현대사회는 행정기능의 확대와 업무량 증가에 따른 조직 확대의 경향으로 어느 나라나 정부의 규모

7 "Work expands so as to fill the time available for its completion"(Parkinson, Economist 1955).

(공무원의 수)가 급속히 늘어나는 현상을 보인다. 일반적으로 정부규모의 확대요인은 인구 증가, 경제 · 사회체제의 요구, 기술진보 등으로 본다. 그러나 Parkinson은 정부규모의 확대는 이러한 일반적 요인이나 업무량과 직접적인 상관관계가 거의 없으며, 관료의 자기세력 확대 경향에 의한 심리적 요인으로 증가된다고 주장한다(Parkinson, 1958).

뚜렷한 명분과 합리적인 근거 없이 정부의 규모가 확대된다는 것은 공공선택론의 입장에서는 심각한 문제이다. 앞서 '지대추구론'을 통해 논의했던 것과 같이 민간부문에 대한 정부의 개입이 많아질수록 지대추구행위 역시 증가하는 경향이 있기 때문이다. 즉, 시장에 대한 정부의 개입이 많아질수록 기업을 비롯한 경제주체들은 스스로 부를 창출하는 행위를 하기보다는 정부로부터 창출된 지대를 추구하는 행위가 더 유리하다고 생각하며(실제로도 그럴 개연성이 크다) 지대추구행위의 만연은 궁극적으로 사회적 낭비를 초래하기 때문이다.

## 2절 수요측면의 관료모형

수요측면의 관료모형은 정치인이 관료를 완전히 통제하고 오직 정치적 의지에 의해 공공재와 행정서비스의 공급이 이루어진다고 가정한다. 여기서는 그 가운데 Weber의 이상적/이념적 관료모형과 완전한 계층적 구조 이론(사회주의국가 이론)을 중심으로 살펴본다.

### 1. 베버의 관료모형

M. Weber의 이상적 관료모형은 전통적인 정치학과 행정학의 국가론과 관료이론으로서 관료와 행정부는 오직 입법부의 정치적 의지와 의사결정의 집행기구로 간주한다. 이 모형은 관료의 행태에 대한 두 가지 가정으로부터 출발한다. 첫째, 관료는 오직 주어진 정치적 목표를 최대한 달성하고자 하며 자신의 이익(사익)이 아닌 공공의 이익(공익)을 추구한다. 이를 후생경제학적으로 설명하면 관료는 오직 사회후생함수(social welfare function)의 극대화를 추구한다고 할 수 있다. 둘째, 관료는 정치과정에서 정부의제와 정책목표를 설정하는 등 정책을 형성하고 채택하는 과정에서 완전히 배제되고, 오직 입법가로서의 정치인의 결정을 충실하게 집행하는 역할을 할 뿐이다.[8]

---

8 정책학에서는 일반적으로 정책과정에서 정책형성(policy formation)과 정책채택(adoption)까지를 주로 정치적인 의사결정의 과정으로 보고 정책집행을 행정부의 기능으로 본다(Anderson, 2006).

여기서 사회후생함수는 원칙적으로 정치인들에 의해 결정되기 때문에 이 가정은 정치인과 관료의 이해관계가 동일하다는 것을 전제로 해야 한다. 그리고 만약 두 집단 간의 이해관계가 충돌할 경우 정치인의 것이 우선해야 한다. 문제는 이 가정하에서는 관료의 정치적 영향력이 문제가 되지 않는다는 것이다. 이는 신고전파 후생경제학의 기본적 입장으로 이 경우 관료의 행태와 관료제를 분석할 필요 없이 주어진 '검은 상자(black box)'로 간주하게 된다.

Weber가 생각한 이상적 관료제에서의 관료는 첫째, 전문가로서 정교하게 분업화된 직무에 따라 업무를 효율적으로 수행한다(영역의 전문화). 둘째, 수직적인 계층제의 원리에 따라 업무활동에 있어서 하급자는 상급자의 지시와 감독을 받으며 이에 복종해야 한다(계층적 지위체계). 셋째, 일반 관료는 선출직이 아니라 전문적인 자격을 기준으로 선발된 임명직 직업 관료이다(능력주의). 넷째, 조직 내에서 의사결정과 운영은 공식적인 법규체제를 따르며 관료의 권리와 의무는 규율로 규정되어 이에 따라 행동한다(법에 의한 운영). 우리나라의 경우 국가공무원법이나 국가공무원복무규정 등이 여기에 해당한다. 마지막으로 관료는 비공식적이고 사적인 관계를 배제하고 공식적인 관계에서 업무를 처리한다(백완기, 2007: 95－99).[9] Weber는 이런 특징을 가진 관료제를 합리적인 지배의 순수한 형태이자 정치적 목적을 달성하기 위한 가장 효율적인 수단으로 간주하고 있다.

초기의 이상적 관료모형은 Weber 자신을 포함하여 몇 가지 문제점을 지적받는다. 우선, 정책 등 정치적으로 결정되는 목표 설정과 집행자로서

9 이상적 관료모형의 관료의 특성은 백완기 교수(2007)의 관료제 특성으로부터 재구성한 것이다.

의 관료에 의한 집행을 완전히 분리한 것은 비현실적이라는 것이다. 현실은 오히려 정치적 목표의 실현가능성 여부를 전문가 집단인 관료에게 의존하고 관료 자신의 판단(이해관계)에 따라 정치적 목표들을 해석할 가능성이 크기 때문이다. Weber 자신도 관료의 전문성과 그에 따른 독점적 지위를 분명히 인식하고 있다. 정부가 추진하는 대부분의 정책/사업은 관료의 도움이 없으면 불가능할 정도로 정치적 목표를 구상하고 실현하는 과정에서 관료는 결정적인 영향력을 행사한다. 따라서 관료집단을 주어진 목표를 수행하는 단순한 집행기관이라고 보는 것은 지나치게 단순한 접근이다.

Weber의 이상적 관료모형에 따르면 관료는 상급자에게 진정한 하급자(subordinates)로서 행동하고 중립적인 자세로 최대한 효율적으로 상급자의 목표와 목적을 추구할 뿐 자신의 이해를 추구하지 않는다. 또한 목적을 추구하는 데 있어 항상 일관성 있게 성실하며(single-minded), 상급자의 결정을 충실히 집행하는 사람으로 전제한다.

하지만 공공선택론의 관점에서 상급자와 하급자의 관계는 다르다(Breton & Wintrobe, 1982). 이 관계를 바라보는 공공선택론은 신고전파 경제학에서 소홀히 다루었던 고전적 정치경제학의 교환 개념을 적용한다. Breton브리튼과 Wintrobe윈트로브는 관료들의 상급자-하급자의 핵심적인 역할을 수용하면서도 관료제에서 그들의 관계에 있어 복종과 불복종의 문제는 명령과 지시(orders and directives)가 아니라 교환(exchange)의 영향을 받는다고 지적한다. 즉, 관료제에서 상급자와 하급자의 관계는 상급자가 하급자의 복종에 대해 그 대가를 지불하는 일종의 '교환관계'의 관점에서 이해한다. 예를 들어, 만약 하급자가 자신의 복종에 대한 대가가 적절하지 않는다고 판단되면 적어도 소극적인 자세로 복종하거나 아예 불복종하기 쉽다.

## 2. 완전한 계층적 구조 모형

완전한 계층적 구조 모형은 이상적 관료모형과 달리 관료를 이기적이고 합리적 인간이라고 가정한다. 관료의 개인적 목적과 정치적 목적을 양립시키는 메커니즘으로 도입되는 것이 완전한 계층적 유인시스템과 통제시스템이다. 완전한 계층적 구조 모형은 기업이론에서 경영자와 노동자의 관계로 볼 수 있으며 이 관계를 관리경제학(managerial economics)의 관점에서 분석한다. 이  모형은 몇 가지 전제조건이 있다. 첫째, 완전한 명령지시시스템을 통해 관료행동을 구체적으로 규정하고, 공공재나 서비스의 종류, 양, 질, 비용, 생산방식 등이 미리 명확하게 규정되어야 한다. 둘째, 완전한 통제시스템을 통해 관료는 정치인의 의사결정에 따라 즉시 집행하고 시정해야 한다. 마지막으로 완전한 유인시스템이 존재하여 관료의 이기적 행동과 정치적 지시 및 효율성 제고를 양립시킬 수 있어야 한다.

그러나 이 모형은 현실성을 결여한 불완전한 모형이라는 비판을 받는다.

우선, 정보의 불완전성으로 인해 정치적 명령/지시 자체가 불완전하다는 것이다. 이는 지시시스템의 문제로 관료에 의해 재화나 서비스가 공급될 경우 관료제의 다층적 속성으로 지시의 내용이 부분적으로 상실되고 변형되기 쉽기 때문이다. 또한 공공재와 행정서비스의 성격상 그 산출을 정확하게 정의하고 측정하기가 쉽지 않다. 이것은 과거 행정이 투입지향적(input-oriented)인 이유 중 하나로 완전한 통제시스템도 현실적으로 어렵다. 그리고 단지 예산을 계획대로 집행했느냐를 심사할 뿐 예산집행의 '결과/성과'에 대한 심사가 부족한 것이 현실이다. 설령 어느 정도 결과에 대한 통제를 시행한다 해도 생산된 재화의 품질과 규모를 규정하기도 비용을 통제하기도 쉽지 않다.

다음으로 유인시스템의 불완전성을 들 수 있다. 앞서와 같은 맥락으로 정부(관료)에 의해 생산된 재화나 서비스를 시장에서와 같이 직접적으로 평가하는 어려움이 있다. 여기에 관료시스템의 승진제도, 봉급제도 등은 유인시스템과 병행하기 어려울 뿐만 아니라 오히려 유인을 감소시키기 쉽다. 결론적으로 관료는 정치가와 독립적인 자율적 행동의 여지가 있어서 관료에 대한 정치적 통제는 늘 불완전할 수밖에 없다.

이제까지 Weber의 이상적 관료모형과 완전한 계층적 구조모형이라는 수요측면의 관료모형을 살펴보았다. 이러한 수요측면의 모형이 갖는 가장 큰 문제로 지적되는 것은 관료가 정치에 대해 어떠한 영향력을 행사할 수 없다는 가정이다. 현대 국가에서는 특히 관료의 전문성과 기술 독점이 심화되고 그들이 정치과정에 상당히 영향을 미치고 있기 때문에 비현실적이라는 비판을 받는다.

## 3절 공급측면의 관료모형

기본적으로 수요측면의 모형들은 관료를 수요자인 국민을 위해 공공재와 행정서비스의 생산과 공급을 담당하는 이상적인 대리인(agent)으로 간주한다. 이는 전통적인 관료에 대한 시각으로 고전적 규범행정이론인 Weber류 혹은 Wilson류 모형들과 이론적 배경을 같이한다. 즉, 관료는 자신의 이익을 배제하고 오직 공익을 추구하는 충실한 '공복(public servant)'으로 그려지고 있다.

그러나 공공선택론에 기초한 공급측면의 관료모형은 이러한 수동적인 관료의 전제를 거부한다.[10] 관료 역시 소비자, 생산자, 유권자, 정치인과 같이 자신의 효용을 극대화하고자 하는 합리적인 의사결정자로서 공공재와 행정서비스의 능동적인 공급자로 간주된다. 여기서는 공급측면의 관료모형들 중에 Downs의 다원주의 모형, Niskanen의 예산극대화 모형, Migue와 Blanger의 관리재량 모형, 그리고 Dunleavy의 부처최적화 모형을 중심으로 설명한다.

대의민주주의와 자본주의를 채택하고 있는 국가에서 관료는 공공재와 행정서비스의 직접공급자이다. 그리고 최종소비자는 유권자인 국민이지만 정치적 과정을 통해 반영되기 때문에 관료에게 직접적인 수요자는 선출된 정치인이라고 할 수 있다. 이 때, 각 정부부처의 관료는 공급 독점적 지위에, 그리고 정치가는 수요 독점적 지위에 있게 된다. 예를 들어 경찰

---

10 수요 측면의 모형에서 관료는 마치 완전경쟁시장에서의 기업으로 비유할 수 있다. 완전경쟁시장에서 기업은 시장의 가격을 주어진 것으로 받아들이는 가격수용자(price-taker)이다.

서비스의 독점, 사법서비스의 독점이 여기에 해당된다.[11] 결국 관료와 정치인 사이에 교환관계가 이루어지며 교환의 매개체는 예산이다. 즉, 관료는 일련의 활동과 예상 결과를 그들의 후원자라고 할 수 있는 정치인에게 제공하고 정치인은 관료에 의한 서비스 공급의 대가로 예산을 지급하는 예산 협상이 이루어지는 일종의 '쌍방 독점시장'이라고 할 수 있다(민경국, 1993). 이렇듯 공공재와 행정서비스의 공급자로서 관료와 관련된 두 시장은 앞서 논의한 유권자와 정치인이 주체인 정치시장과 선출된 정치가와 관료 사이에 거래가 이루어지는 시장으로 나눌 수 있다. 여기서는 후자에 초점을 둔다.

## 1. 다운스 모형

A. Downs는 관료제를 사회적 가치를 배분하는 비시장적 정부 조직구조 혹은 운영방식이라고 보았다. 그리고 의사결정 주체인 개인에 초점을 두고 관료의 의사결정행태와 관료제의 의사결정과정을 분석한다. 그의 다원주의 모형은 다음과 같은 전제조건으로부터 출발한다(Downs, 1967: 2). 첫째, 다른 모든 사람들과 마찬가지로 관료 역시 합리적인 효용극대자이다. 둘째, 관료는 권력, 소득, 특권, 안정성, 편의 등 이기적인 면과 충성, 일에 대한 자긍심, 공익에 봉사하고자 하는 욕구와 같은 이타적인 면 등 다양

11 다만, 이러한 독점적 속성이 영속적일 수 없고 티부의 가설(Tiebout hypothesis)로 대표되는 '발로 하는 투표(vote with feet)'에 의해 경쟁적 상황에 놓일 수 있다. 지방정부가 공급하는 공공재나 서비스가 아니라 중앙정부의 수준에서 공급되는 공공재와 행정 서비스라면 이러한 경우가 오히려 예외의 경우이다.

한 동기와 일련의 복잡한 목표를 가지고 있다. 셋째, 조직의 사회적 기능은 내부구조와 관료의 행태 상호 간의 영향을 미친다. 즉, 관료는 다양한 동기를 가진 합리적인 사익추구자로서 소속 부처의 환경 및 조직 구조와 상호작용한다.

그는 관료에게 동기를 유발하고 효용극대화를 위해 노력하는 대상을 비교적 넓은 범위에서 소속 부처의 자원을 증대시키는 것이라고 보았다. Niskanen이 관료의 현실적인 목적함수를 예산극대화라고 한정하는 데 비해 Downs는 관료의 행동 동기의 다양성을 강조한다. 즉, 관료는 1) 입신·출세의 동기, 2) 보수적 동기, 3) 열정적 동기, 4) 대변적 동기, 5) 경세가적 동기 등 다양한 동기에 따르며 예산극대화의 동기는 일부에 불과하다는 것이다. 또한 관료제는 하나의 계층제(hierarchy)로 모든 관료가 상급자와 하급자라는 상하관계에 있다. 그리고 이러한 계층제의 역할에 대해 상하관계는 모든 관리들이 승진이나 보수 인상 등 기관/부처 내에서 자신의 지위를 향상시키는 기회를 제공하기 때문에 매우 중요하다고 보았다(Downs, 1967: 80).

Downs는 행태동기의 특성에 따라 관료를 크게 순수사익추구형과 혼합동기형 관료로 나누고 이를 다시 다섯 가지 유형으로 분류한다.

우선, '순수사익추구형' 관료란 소속 부처/기관이나 사회 전체의 복지(편익)보다는 주로 관료 자신의 편익이 핵심적인 동기부여가 되는 유형이다. 이는 다시 1) 출세지향형 2) 현상유지형으로 나뉜다. 출세지향형(climbers)은 자신의 가치체계에서 권력, 소득, 지위(특권) 등을 가장 중요하게 생각하고 이를 극대화하고자 한다. 이들은 현재 상태에 만족하지 않고 보다 높은 곳으로 승진하고, 더 많은 권한, 경제적 보상, 영향력 등을 추구하기 때문에 상대적으로 높은 수준의 직무성취욕과 목표달성 수준을 보여준다. 반면 현상유지형(conservers)은 비교적 편안하고 안정적인 삶을 추구하는 유형이다. 이들은 이미 확보한 권한, 소득, 지위 등을 그대로 유지하고자 하는 동기에 따를 뿐 출세지향형처럼 이를 극대화하고자 하지 않는다. 또한 이들은 현 수준에 손실이 초래될 우려가 있는 변화에 저항하지만 그 이상의 것을 얻고자 하는 욕구를 갖지도 않는다. 흔히 관료사회에서 승진 가능성이나, 소득 혹은 영향력을 제고할 가능성이 낮은 경우, 사람들은 현상유지의 보수적인 태도를 갖는다. 따라서 이들은 업무성과의 향상을 추구하기보다 현재의 업무수준과 규칙/법규를 지키는 수준의 행태를 보인다.

다음은 '혼합동기형' 관료로 이들은 사익을 추구하면서도 공익과 같은 보다 큰 가치에 대한 이타적 동기를 함께 결합한 관료 유형이다. 이 유형은 다시 3) 열성가형, 4) 옹호형, 5) 이상적 정치가형으로 분류된다. 열성가형(zealots)은 상대적으로 구체적인 사안에 충실한 관료로서 자신과 직접적으로 관련된 것과 아닌 것을 구별하고 직접적인 이해관계가 있는 것에만 열정을 쏟는 유형이다. 이들이 생각하는 공익은 매우 좁은 개념으로 자신에게 해당하는 특정의 매우 구체적인 정책목표를 추진하는 것이 공익이라고 믿는다. 이 유형은 전문성과 일정한 자격을 갖추고 있는 전문가 집단에서 볼 수 있으며 자신의 관점이나 의견 등이 다른 상대와는 타협하지 않으려는 태도를 보인다. 이들은 오직 자신의 직무에 열중하고 헌신하는 유형으로 적극적이지만 때로는 공격적인 행태를 보인다.

네 번째 유형은 옹호형(advocates)으로 열성가형에 비해 넓은 범위의 사안에 관심을 둔다. 이들은 자신의 일과 정책목표에만 좁게 집중하지 않고 소속 부서/집단 전체의 관점에서 행동한다. 즉, 자신이 속한 집단의 이익/효용을 자신의 것과 동일시하여 집단의 영향력 증대를 열정적으로 추구하는 적극적 성향의 관료이다. 이들은 자신의 입장에만 집착하지 않고 집단 내 구성원들의 입장을 배려하고 존중한다. 이들의 기여로 소속 구성원들은 더 많은 자원, 권한, 영향력을 가질 수 있어 내부 구성원들에게는 인정을 받지만 외부에게는 소속 집단만을 위하는 편파적인 모습을 보이기도 한다.

마지막 유형은 일종의 경세가형(statesmen)으로 자신의 사익과 소속 집단의 관점을 초월하여 사회 전체의 공익을 추구하는 이타적 성향의 관료로서 이상형에 가까운 관료라고 할 수 있다. 이들은 사회 전체를 위한 정책 목표를 추구하는 것이 공익을 실현하는 방법이라고 생각한다. 그리고 자신의 지위수준과 관계없이 특정 철학, 이념 등을 실천해 나가는 것이 공익 추구를 위한 자세라고 믿는다. 다만, 경세가형은 일반적인(속세적인!) 조직 활동에 잘 적응하지 못하고 조직 구성원들에게 소외받는 경우도 발생한다. 또한 이상적인 관점과 태도를 갖고 있기 때문에 다소 비현실인 비전을 갖고 자신의 업무에 대한 성취도가 낮기 쉽다.

물론 사회과학의 이론과 모형이 현실적 세계를 단순화시키고 추상화한 것이기 때문에 Downs도 이러한 유형화로 모든 관료를 분류할 수 없다는 점을 인정하고 있다(Downs, 1964: 3-4). 예를 들어, 출세지향적 유형의 관료라 하더라도 자애롭고 이타적인 면을 가질 수 있다. 다만 굳이 그를 유형화시킨다면 대체로(predominantly) 출세지향적 유형에 가까운 것으로 분류할 수 있다는 것이며 이를 통해 그들의 행태를 예측할 수 있다는 데 의미가 있는 것이다.

Downs는 운영 주체가 어떤 관료 유형인가에 따라 소속 부처와 기관의 성격과 모습이 달라진다고 주장한다. 우선, 출세지향형 관료는 보다 빠른 승진을 위해 현재의 수입이나 업무환경 등을 제고하려 하고 보다 상급(혹은 소속집단 외부)에서 새로운 기회를 찾으려 한다. 반면 현상유지형 관료는 기존의 권한, 수입 등에 대한 손실에 강하게 반발하면서도 더 많이 얻고자 적극적으로 추구하지도 않는다. 열성가형 관료는 이해관계의 범위가 좁고 중립적인 태도를 거부하기 때문에 다른 관료들로부터 적대감을 불러일으키기 쉽다. 따라서 이런 유형은 고위 관리직에 임명되기 힘들다. 옹호형 관료는 자신의 관할권 안에서 할 수 있는 것은 모두 적극적으로 추진한다. 이들은 종종 이중적인 태도를 취하는 경향이 있는데 외부적으로는 열렬한 지지자(partisan)이지만 내부적으로는 중립적인 결정자로 행동한다. 마지막으로 천성적으로 이상적인 정치가의 속성을 지닌 경세가형 관료는 재직 중에 부적응자가 되기 쉽다.

Downs는 이러한 관료유형을 결정짓는 요인을 크게 1) 개인 고유의 심리적 성향, 2) 직위 자체의 특성, 그리고 3) 특정 유형에 따라 목표를 달성할 수 있는 가능성으로 본다(Downs, 1967: 89-91). 첫 번째는 개인의 심리적 성향(psychological predispositions)의 차이에서 발생한다. 예를 들어, 야심이 있는 관료는 출세지향형이, 반대로 소심하거나 무관심한 성향의 관료는 현상유지형이 되기 쉽다. 이상주의자는 경세가형이나 옹호형이 되기 쉬우며 열정적인 사람들은 열성가형이 되기 쉽다. 이러한 경향은 둘째와 셋째 요인에 의해 영향을 받는다. 둘째 요인은 관료 직위(position)의 특성에서 오는 것으로 직위 자체가 관료의 행동양식에 영향을 준다. 따라서 직위마다 관료의 유형에 따라 성과가 다르게 나타나며 관료의 심리적 성향과 특정 직위에서 요구하는 특성이 다를 경우 양자 간에 긴장이 발생하게 된다. 셋째 요인은 특정 유형에 따라 목표를 달성할 수 있는 가능성(probability)이다. 예를 들어, 천성적으로 야망이 강한 젊은 관료는 고령의 관료에 비해 자신의 목표를 달성할 수 있는 기회가 더 많다.

결론적으로 Downs의 다원주의 모형은 관료의 개인적 특성과 유형에 따라 소속 부처/기관의 특성이 결정된다는 점을 강조한다. 나아가 관료는 이기적 동기가 지배하는 합리적인 효용극대자이지만 동시에 이타적 동기들에 의해 제한을 받으며 부처 또한 관료의 이러한 다양한 동기와 유형에 따라 결정된다고 주장한다.

## 2. 니스카넨 모형과 미구에·베랑제르 모형

### 1) Niskanen의 예산극대화 모형

Niskanen 모형과 Migue · Belanger(이하 MB모형) 모형 모두 관료와 정치가를 쌍방독점의 관계로 파악하며, 공급자인 관료가 유리한 '불균형적 쌍방독점'으로 이해하고 있다. 다만 관료 행동의 동기에 대해 효용극대화 가정을 통해 Niskanen 모형은 예산극대화 행동으로 간주하고 있는 반면 MB모형은 대안으로 재량적인 예산확보를 가정한 관료모형이라는 차이가 있다.

Niskanen 연구의 초점은 관료들이 어떤 방식으로 효율적인 자원배분에 영향을 미치며 관료제가 효율성의 관점에서 경쟁 또는 독점적 시장구조 형태의 경제조직과 어떻게 비교될 수 있는가를 밝히는 것이다. 그는 관료가 어떤 목적으로 혹은 무엇을 극대화시키기 위해 노력하는가를 탐구한다. 그리고 관료 역시 다른 경제주체와 마찬가지로 자신의 효용을 극대화하는 게 목적이라고 가정한다. 이 가정은 Wilson류로 대표되는 전통적인 정치/행정학에서 관료가 공익을 추구한다는 전제를 부정하고 그들도 사익을 중심으로 다양한 요인들에 의해 영향을 받는다는 의미이다.

Niskanen에 따르면 관료는 정책과정에서의 영향력과 승진기회 확대 등 자신의 목적을 달성하기 위해 선택대안에 대한 결정권과 같은 독점력을 행사할 수 있다(Niskanen, 1968, 1971). 대안의 결정권을 갖는 공급자는 공공재와 행정서비스의 가격과 수량을 모두 결정할 수 있어, 마치 시장에서 독점기업과 같은 상황이 된다. 그렇다면 관료가 정치인에 대해 선택대안에 대한 결정권을 가질 수 있는 이유는 무엇인가? 그는 이에 대한 답(생성요인)을 협상대상의 특수성과 관료의 정보에 대한 우월성에서 찾고 있다.

첫째, 필요조건으로서 협상대상의 특수성이 발생하는 것은 시장의 교환과정에서 개별 재화의 가격에 대한 협상이 이루어지는 것과는 달리 정치가와 관료는 총 산출량과 총 예산의 조합(package offer)을 협상하기 때문이다. 이는 사재와 달리 공공재 생산을 위한 재정이 조세수입에 의해 충당되기 때문이다. 둘째, 그는 정보에 있어서 관료의 우월성을 지적하고 있다. 관료는 정치가의 지불의욕(한계효용함수, 예산 및 산출함수)을 예산 협상이나 선거와 같은 정치시장에 대한 관찰 등 과거의 경험을 통해 알고 있는 반면, 정치가는 공공재나 행정서비스의 공급에 필요한 최소비용 조건을 알기 어렵다. 이러한 관료와 정치인 사이의 '비대칭적 정보'는 근본적으로 공공재와 행정서비스의 집단적 공급과 관료의 독점적 지위에서 기인한다. 결국, 정치인은 유권자의 정치적 수요에 대해 제대로 알 수 없기 때문에 관련 정보를 관료에게 의존하게 된다. 여기에 관료의 전문성이 더해지면 궁극적으로 관료에 대한 정치인의 통제력은 약화된다.

Niskanen은 관료의 예산극대화 동기를 합리성과 생존의 관점에서 설명한다. 우선, 합리성의 관점에서 관료는 자신의 효용을 극대화하려는 일환으로 예산을 극대화하려는 행태를 보인다. 여기서 효용의 결정요인은 소득(salary)이라는 금전적 요소와 권력, 명성, 위신, 승진기회, 부서관리의 용이성 등 비금전적 요소를 포함하고 있다. 이들은 모두 예산규모와 정(+)의 상관관계를 갖는다. 물론 관료의 효용함수에도 당연히 제약조건이 존재한다. 이 제약조건은 관료가 속한 정부부처와 일종의 부처의 후원조직(부서에 예산을 공급하는 기관)이라 할 수 있는 정치인(의회, 입법부)이다. 다만, Niskanen을 비롯한 Downs, Wildavsky윌다브스키 등은 부처와 정치인 사이의 쌍방독점관계의 게임에서 관료가 더 유리하다는 입장을 취한다.

다음으로 생존의 관점은 관료의 소극적 행태를 지적한 것으로, 관료는 소속 부처의 예산을 극대화하지 않으면 생존하기가 어렵다는 것이다. 예산극대화의 압력은 부하직원, 의회, 정부의 예산위원회로부터 나오며 이들은 보다 많은 예산획득을 위해 해당 관료에게 압력행사를 하고 이에 부응하지 못하는 경우 관료시스템에서 도태된다.

관료의 예산극대화를 강조한 Niskanen 모형은 몇 가지 비판을 받는다. 우선 이 모형이 부처들이 직면하는 제약요인의 성격을 충분히 고려하지 못하고 지나치게 많은 권력을 관료와 부처에 부여하고 있다는 것이다. 이는 수요측면은 무시하고 지나치게 공급 측면만을 강조했다는 비판과 같은 맥락이다. 예를 들어, 만일 관료가 사회적 최적 산출물보다 더 많은 양을 생산하고 결국 그것이 유권자에게 지나친 예산으로 받아들여진다면 유권자는 선출대표를 통해 예산을 조정하고자 할 것이다. 그러면 당연히 당선에 관심을 갖는 정치인은 작은 예산을 요구하는 유권자에 관심을 기울이고 결국 관료의 독점력을 약화시킬 것이다. 또한 Niskanen의 분석은 대안적인 조직형태의 균형산출물을 비교하기 위한 것으로 관료제의 행태적 모형을 제시하기 위한 것이 아니라 부분균형분석의 틀을 사용하고 있다는 지적이다. 따라서 모형이 가정하고 있는 예산극대화는 결국 재량적 예산(discretionary budget)과 산출물을 극대화의 대상으로 수정하는 것이 타당하다는 것이다.[12]

민경국(1993)은 Niskanen의 모형에 대해 크게 다섯 가지를 비판한다. 첫째, 정부부처는 직접 예산을 사용하지 않고도 어느 정도 실적을 낼 수 있기 때문에 명예, 생존과 같은 개인적 목표가 예산극대화로 이어진다는 가정은 필연적이라 볼 수 없다. 둘째, 예산을 극대화하고 조직을 확대하는 것은 통제와 모니터링의 어려움이라는 부수적인 효과를 유발한다. 셋째, 관료가 자신의 효용극대화의 목적을 달성하는 수단이 반드시 예산만

12 그는 Bureaucracy and Public Economics(1994)에서 자신의 모형에 대한 비판과 관료의 재정선택행태에 관한 새로운 이론들을 수용한다. 그는 여기서 관료가 예산의 극대화보다는 재량적 예산의 극대화를 추구하는 경향이 있다고 수정한다(김종순, 2001).

을 투입하는 것인가 하는 것이다. 예를 들어, '규제'에 대한 권한을 적극적으로 활용하고 강화하려 할 것이다. 넷째, Downs가 지적했듯이 관료의 행동 동기는 다양하기 때문에 예산극대화는 관료 동기의 매우 일부에 불과하다. 다섯째, 환경조건에 따라 관료는 어떤 행태가 유리한지 불리한지 생각해야 하기 때문에 관료를 둘러싼 환경의 영향을 고려해야 한다는 것이다.

### 2) 미구에 · 베랑제르의 관리재량모형

Migue미구에와 Belanger베랑제르는 Niskanen의 예산극대화 모형에 대한 대안으로 O. Williamson윌리엄슨의 경영자재량이론을 일반화하여 관리재량모형을 제시한다(Migue & Belanger, 1974). 경영자재량이론(managerial discretion theory)은 효용극대화를 추구하는 기업 경영자는 자신의 재량으로 자유롭게 사용할 수 있는 이윤, 즉 재량적 이윤을 극대화하고자 한다는 것이다. 여기서 재량적 이윤(discretionary profit)이란 기업 이윤에서 주주들이 소망하고 사용을 통제할 수 있는 특정의 최소이윤을 뺀 것이다. Migue와 Belanger 역시 효용극대화 가정을 도입하고 있으나 효용의 결정요인에 대해서는 Niskanen과 다른 시각을 갖는다. Niskanen이 금전적 · 비금전적 요소로 관료의 효용이 결정되고 예산의 규모를 결정한다는 데 비해, MB는 관료 개인의 효용은 공공재의 공급량과 자신이 재량적으로 사용할 수 있는 예산규모에 의해 결정된다고 본다. 따라서 Williamson의 재량적 이윤이 관료에게는 '재량 예산'으로 해석할 수 있다(여운승, 2003).

기술적으로는 관리자가 누리는 재량권의 여지를 최소비용을 넘는 수

입초과분으로 계산하는 것이 일반적이다. 그들은 관리자가 자신의 재량적 이윤을 두 개의 원하는 상품(산출물과 여타 비용들의 결합분)들 간에 분할하는 것을 택할 수 있다고 가정한다. 물론 부처의 규모가 중요하지만 그것은 경영자의 효용과 관련된 기타 품목들과 결합되어 있다. MB는 관료가 과다 인력의 사용, 낭비적 시설 확보, 작업현장에서의 안이한 태도와 같이 불필요한 비용을 증가시키는 방식으로 자신들의 보상을 받으려 한다고 지적한다.

민경국은 Niskanen 모형과 MB모형을 결과의 차이로부터 비교한다(민경국, 1993: 206–209). 우선 두 모형 모두 관료를 팽창주의자로 간주하기 때문에 관료의 공급은 순효용을 발생시키지 못한다. 둘째, 소비자잉여의 관점에서 두 모형은 관료들이 지대를 차지하는 방식에 차이가 있다. 관료가 오직 재량적 예산에만 관심이 있을 경우 생산에 있어서는 파레토 최적을 달성할 수 있지만 결국 관료들이 잉여를 완전히 소모하기 때문에 정치인이나 시민에게는 어떤 잉여도 남지 않는다. 셋째, 두 모형에서 관료의 행동은 예산의 규모를 지나치게 크게 만드는 과잉예산의 문제를 발생시킨다. 넷째, 관료의 이중적 혜택이라는 면에서 MB모형에서 관료는 일반인으로서 공공재를 똑같이 이용하고 관료로서 추가적 편익을 보는 반면, Niskanen 모형에서 관료는 수요의 증대와 이에 따른 예산 증가를 오직 생산에 투입하기 때문에 이중적 혜택이 없다. 따라서 전자는 후자에 비해 수요 증대의 더 큰 동기를 가지고 자신들의 재화에 대한 선전과 광고를 적극적으로 추진하고 대체가능성을 강하게 억제하려 한다. 다섯째, 재량적 예산의 용도에 관한 것으로 MB모형에서 관료는 재량적 예산을 주로 노동력의 증가에 투입한다. 그 이유는 1) 관료의 소득과 수하의 중급/하급 관료의 수효 사이에 정(+)의 상관관계가 있다는 것이고, 2) 관료의 실적평가는 민간부문처럼 성과가 아니라 투입과 관련되기 쉽다는 데 있다. 따라서 하급관료의 수효를 증대시키려는 유인이 강하다.

## 3. 던리비 모형

Dunleavy의 부처최적화 모형(bureau-shaping model)은 예산극대화 모형에 대한 대안으로 관료제의 구조적 특징들을 강조하면서 제시된 합리적 선택 모형이다. 모형의 핵심은 부처를 책임지고 관리하는 관료는 예산극대화를 추구하기보다 구조적 요인이라는 제약조건 하에 자신의 효용극대화를 목적으로 소속 부처를 최적화(bureau-shaping)시키고자 한다는 것이다.[13]

Dunleavy 모형은 기존의 공공선택론의 모형들(특히 Downs 모형과 Niskanen 모형)이 갖는 이론적, 경험적 타당성에 대한 의문으로부터 출발한다. 그는 기존 모형들의 문제점을 다음과 같이 지적한다(Dunleavy, 1991: 172-73). 첫째, 모든 정부기관이 계층제적 '계선관료제(line bureaucracy)'가 아니며 둘째, 관료의 효용함수에 미치는 변수를 이기적 동기 이외에(예를 들어, 이타적 동기까지 포함) 광범위하게 정의하는 것은 공공선택론의 기본가정에 대한 일관성의 문제가 있다. 셋째, 관료의 행태를 지나치게 동질화함으로써 부처의 목표나 전략의 다양성을 간과하고 있다. 넷째, 부처의 다양성을

---

13 정용덕(1993) 등은 '관청형성모형'이라고도 부른다.

간과하고 하나의 유형으로 가정하고 일반화를 시도하고 있다는 것이다.

이전의 모형들은 정부기구나 조직의 변화 요인을 사회경제적인 조건과 환경, 혹은 시민의 요구 변화 등 주로 거시적 요인을 중심으로 설명하였다. 그러나 Dunleavy는 공공선택론의 관점을 견지하면서 기존 모형들이 강조한 거시적인 요인보다는 오히려 관료를 중심으로 한 부처나 기관 내부의 구조나 운영방식으로 인한 요인들이 더 크다고 전제한다.

이 때 관료가 직면하는 제약조건은 직급, 소속기관, 예산의 특성 등이다. 부처에서 의사결정의 실질적 권한을 행사하는 관료의 효용을 증가시키는 중요한 두 가지 (동기)요인은 부서의 예산뿐 아니라 그가 수행하는 직무(work)이다. 합리적인 관료는 예산을 극대화하기보다 오히려 직무로부터 자신의 효용을 극대화시키고자 부처를 최적화하기 위한 전략을 추구한다(김근세 · 권순정, 2006).

이제 부처최적화 모형을 보다 구체적으로 접근해보자. 과연 관료는 가능한 많은 부하직원을 조직에 두고 대규모 예산으로 조직을 운영하는 것을 선호할까? 아니면 그보다는 핵심 정치권과 가까운 적정(규모의 크기와 관계없이) 규모의 부서에서 유능한 엘리트 집단과 일하는 것을 선호할까? 후자라면 이는 관료가 기본적으로 관리회피성향이 있기 때문이다. 대규모 예산과 조직이라는 것은 동시에 그만큼의 갈등과 문제들을 동반하기 쉽다.[14] 반면, 소수의 유능한 엘리트 집단과 직무를 수행할 경우 인적자원관리의 측면에서도 용이하며 직무 자체에 대한 만족도를 높일 수가 있다.

14 실제로 행정 일선에서는 감독 기능보다 정책기획 기능이 강한 부처를 선호하는 경우가 좋은 예가 된다.

부처최적화 모형은 공공선택론의 관점에서 정부 부처의 변화를 기능주의적 관점이 아닌 합리적인 효용극대자로서의 관료의 행태에 초점을 둔다. 하지만 다른 모형들과 달리 관료의 합리적 행태는 그들의 직위, 예산의 유형(수준), 소속기관 등 '구조적 요인'에 의해 제약된다는 점을 강조하고 있다. 따라서 Dunleavy 모형은 정부기구의 변화를 관료의 합리적 선택과 이를 제약하는 구조적 요인을 분석하는 틀을 제공하고 있다.

그는 관료의 제약조건으로서 구조적 요인 가운데 예산과 정부기관(agency)을 다음과 같이 분류하고 있다(Dunleavy, 1991: 181–188). 먼저 예산은 <그림 6-1>에서와 같이 크게 핵심예산, 부처예산, 사업예산, 그리고 초사업예산으로 분류한다.

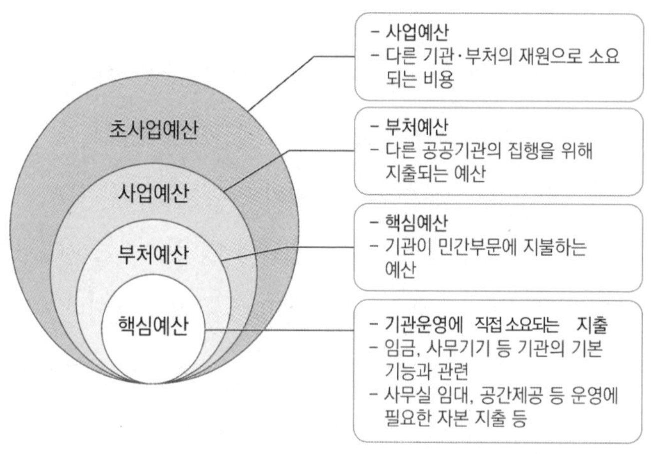


출처: Dunleavy 재구성(1991: 182).

그림 6-1 Dunleavy의 예산분류

기관의 핵심예산(core budget)이란 기관 자체 운영비용과 자본지출을 합한 것이다. 임금, 기본적인 사무집기 등 기관운영에 필요한 것이 운용비용에 해당하고 장비, 사무실, 건물 공간 등 기본적 기능을 위해 직접적으로 필요한 비용이 자본지출에 포함된다. 부처예산(bureau budget)이란 핵심예산을 포함하여 기관이 민간부문(outsourcing)에 직접 지불하는 비용으로써 부처 고유의 의사결정에 의해 직접적으로 통제되는 모든 비용을 포함한다. 기관의 사업예산(program budget)은 부처예산에 다른 공공기관의 집행을 위해 지출되는 예산으로 '이전비용'에 대해 해당 기관이 관리(통제, 감독)한다. 마지막으로, 초사업예산(super-program budget)이란 사업예산을 포함하여 다른 기관의 자체자원이지만 해당기관이 특정 정책을 집행하는 데 소요되는 모든 지출로, 추가적인 비용은 사업예산과 달리 최상위기관(top-tier agency)에 의해 통제된다.

Dunleavy는 정부기관을 예산과 연계하면서 <표 6-1>과 같이 1) 자체 인력 등을 동원하여 시민에게 재화와 서비스를 직접 생산/제공하고 정책을 집행하는 전달기관(delivery agency), 2) 개인, 기업, 다른 정부기관의 행동을 제한하는 규제기관(regulatory agency), 3) 보조금, 사회보장을 위한 재정지원 등 재원을 이동시키는 이전기관(transfer agency), 4) 정부부문에서 입찰을 요하는 용역 등에 대해 민간부문과 계약을 체결하는 계약기관(contract agency), 5) 교부금이나 정부 간의 이전 등을 통해 다른 정부기관에게 자금을 전달하고 이를 감독하는 통제기관(control agency), 6) 정부재정을 확보하는 역할을 하는 조세기관(taxing agency), 7) 직접 시장에서 영리활동을 수행하는 거래기관(trading agency), 8) 정부의 다른 모든 기관에 서비스와 시설 등을 제공하는 봉사기관(servicing agency)의 여덟 가지로 분류한다.

부처최적화 모형에서 관료는 어떤 전략적인 접근을 시도할 것인가? Dunleavy는 다섯 가지 핵심 수단을 제시하고 있다(Dunleavy, 1991: 203－205). 첫째, 관료가 자신의 효용극대화를 위하여 제일 먼저 취할 수 있는 전략은 맡은 일(직무) 가운데 선호하는 일은 확대하고 선호하지 않는 일은 기능을 줄이거나 다른 형태로 분리하는 등 조직의 내부구조를 개편(reorganize)하는 것이다. 둘째, 자신이 선호하는 방향으로 직무를 전환한다. 즉, 자신의 직무의 관심을 증대시키고 의사결정의 시간(time horizon)을 연장하고, 정책을 통제할 수 있는 재량권을 확대하는 방향으로 직무실천(work practice)을 전환한다. 셋째, 외부 파트너와의 관계를 재정립한다. 예를 들어, 만약 부처의 성과가 다른 이해관계자(다른 부처, 기관, 이익집단 등)에게 의존이 큰 경우에는 이를 제도화하여 일상적 관리로 부담을 감소시킴으로써 실질적인 업무에 집중할 수 있게 할 것이다. 넷째, 다른 부처와의 경쟁을 통해 선호하는 직무와 관련된 기능의 담당 권한을 확대하고 나머지 사소한 직무를 다른 부처로 이전시킨다. 다섯째, 업무의 부담을 줄이고 일상적이고 사소한 업무는 분리하기 위해 복잡한 업무를 하위수준의 부처나 준정부기관 혹은 민간으로 위탁하여 감독권은 유지하되 보다 선호하는 일에 집중할 수 있도록 한다.

〈표 6-1〉 정부기관의 유형

| | |
|---|---|
| 전달기관 | 베버 이론이나 경제적 분석의 고전적 계선관료제에 해당하며 상위 부처에서 하위 부처 간 명확한 책임과 권한이 있고 주로 노동 집약적인 업무를 담당함. |
| 규제기관 | 면허, 표준 등을 활용하여 개인, 기업, 혹은 다른 단체의 행위를 통제함. |
| 이전기관 | 민간이나 기업에게 제공되는 정부의 보조금이나 재정지원혜택을 관리하며 무엇보다도 '돈'을 움직이는 기관임. |
| 계약기관 | 해당 기관의 용역, 사업 등을 계획/개발한 후 민간과 계약을 체결하여 실제 집행, 고용, 생산은 계약자가 수행함. |
| 통제기관 | 교부금 혹은 정부의 이전재원을 다른 공공기관에 전달한 후 이들 수혜기관들의 집행을 감독함. |
| 조세기관 | 재정확보를 위한 기관으로 조직의 크기는 작으나 조세의 활용 등을 볼 때 인사, 예산의 규모가 확대될 유인이 존재함. |
| 거래기관 | 해당기관이 시장에서 완전 또는 유사하게 영리활동을 하며 일반적으로 하나의 임무만을 수행함. |
| 봉사기관 | 해당기관이 정부의 모든 다른 조직의 시설이나 용역을 제공하는 유사한 기능을 가지지만, 민간 영역이 포함되지 않고 가격적인 요소가 아닌 정부나 부처 간 공동의 이득을 기준으로 산출을 결정함. |

출처: Dunleavy(1991).

Dunleavy 모형 역시 한계가 있다. 무엇보다도 그의 주장처럼 관료가 선호하는 직무와 예산 수준의 균형점은 어떤 과정을 통해 형성되는가에 대한 구체적인 설명이 필요하다. 또한 외부환경의 제약조건이 일정 수준 이상일 경우에는 모형에서 제시하는 부처최적화 전략 자체가 의미가 없을 수 있다. 결론적으로 부처최적화 모형은 관료의 개인적 선택과 이 선택을 둘러싼 직위간, 조직간 수준의 구조적 제약을 분석한다. 이에 방법론적 개인주의를 전제하면서도 관료의 효용이 그들의 직급, 소속부서나 기관, 지출하는 예산 등에 따라 차이가 있을 수 있음을 지적하고 있다(정용덕, 1993).

## 에필로그

우리는 정치시장에 대한 공공선택론의 접근을 통해 정치시장에서 투표를 하는 유권자의 동기와 행태가 시장에서 소비자의 행태와 크게 다르지 않으며, 같은 이유로 정치인의 행태도 같은 원리로 작동할 것이라고 가정하였다. 그것은 효용극대자로서의 개인이라는 가정으로 관료에게도 똑같이 적용된다. 그리고 소비자, 유권자, 정치인 등과 마찬가지로 관료 역시 내외적 조건에 제약을 받고 이 제약조건들에 따라 그들의 의사결정과 행동이 결정된다(마치 효용극대자인 소비자가 소득과 예산에 제약을 받듯이). 이것이 관료와 관료제에 대한 공공선택론의 모형들이다. 이 같은 공공선택론의 이론과 모형들은 기존의 관료제와 관료모형에서 설명하지 못하는 부분을 보완한다는 데 중요한 기여를 한다. 특히 관료제를 권위, 통제, 규칙, 명령과 지시 등의 시각에서 바라보는 것에서 벗어나 시스템과 구조 내에서의 관료, 교환 관계로서의 관료, 우리와 같은 보통사람으로서의 관료로 초점을 전환시킨다.

모든 모형은 본질적으로 단순화시키는 과정을 동반하기 때문에 구체적으로 완벽한 설명력을 갖기란 매우 어렵다. 공공선택론의 모형들 또한 예외일 수 없으며 현실적인 적용에 있어서 문제점과 제약이 있다. 그럼에도 불구하고 공공선택론은 관료제에 대한 기존의 기능주의적 접근방식과 상이한 접근을 통해 보다 현실적인 해석을 추구한다. 기능주의의 바탕이 되는 전제는 정부조직(기관, 부처 등)을 하나의 유기체로 보고 구성원과 하부 구성요소들이 그 체계를 유지하기 위한 각각의 역할(기능)을 한다고 보는 방법론적 집합주의이다. 그러나 공공선택론이 전제하듯이 모든 행위의 주체는 개인이며 따라서 정부 조직은 관료에 의해 모습을 갖추게 된다는 설명이 더욱 설득력이 있다. 이러한 공공선택론의 입장은 기존의 기능주의 관점에서만 바라보던 국가 조직의 변화(개편)를 이해하는 데 보다 현실적인 시사점을 던져주며 행정개혁을 재조명할 수 있는 대안을 제시한다는 데 의의가 있다.

## 참고문헌

김근세, 권순정. (2001). “한국 중앙 행정기관의 조직 구조와 맥락의 정합성 분석 – 던리비의 기관 유형을 중심으로”. 「한국행정학보」. 35(1).

김종순. (2001). 지방재정학. 삼영사.

민경국. (1993). 「신정치경제학」. 석정.

백완기. (2007). 「행정학」. 박영사.

메데이로스, 슈미트. (1986). 관료제: 가치와 전망. 백완기 · 전영평 공역. 박영사.

베버, 막스. (2011). 소명으로서의 정치. 최장집 엮음. 박상훈 옮김. 후마니타스.

여운승. (2003). 「신제도학파 기업이론」. 한올출판사.

이종수 편. (2000). 「행정학 사전」. 대영문화사.

정용덕. (1993). “합리적 선택으로서의 국가기구 형성”. 「사회과학」. 32(2).

Anderson, J. (2006). Public Policy–making: An Introduction. Houghton Mifflin Company.

Boyne, G. & Walker, R. (1999). Social Housing Reforms in England and Wales: A Public Choice Evaluation. *Urban Studies, 36(13),* 2237–2262.

Downs, A. (1967). *Inside Bureaucracy.* Rand Corporation.

Jackson, P. (1983). *The Political Economy of Bureaucracy.* Barnes & Noble Books.

Migue, J. & Belanger, G. (1974). Towards a General Theory of Managerial Discretion. *Public Choice, 17(1),* 27–47.

Meier, K. (1993). Representative Bureaucracy: A Theoretical and Empirical Exposition. Research in Public Administration 2(1).

Meier, K. & Bohte, J. (2006). *Politics and Bureaucracy.* Thomson– Wadsworth.

Mises, L. (1944, 1969). *Omnipotent Government.* Yale University Press.

Niskanen, W. (1968). The Peculiar Economics of Bureaucracy. *American Economic*

*Review, 57,* 2.

__________. (1971). *Bureaucracy and Representative Rovernment.* Aldine－Atherton.

Parkinson, C. (1958). *Parkinson's Law: The Pursuit of Progress.* John Murray.

Schultze, C. (2010). The Public Use of Private Interest. Brookings.

Tullock, G. (1965). *The Politics of Bureaucracy.* Public Affairs Press.

Williamson, O. (1996). The Mechanisms of Governance. Oxford University Press.

CHAPTER

# 7

# 헌법정치경제학

*"The Constitution is not an instrument for the government to restrain the people, it is an instrument for the people to restrain the government – lest it come to dominate our lives and interests."*

*– Patrick Henry*[1]

*"자유와 충돌하는 법은 법이 아니다"*

*민경국*[2]

1 패트릭 헨리(1736–1799). 미국의 정치가이자 독립혁명의 주요 인물 중 하나로 대륙 회의의 대표와 Virginia주 주지사를 역임했다. 그는 민주주의 헌법을 실현시키고자 많은 노력을 하였으며 당시 연설가로도 유명했는데, "Give me liberty or give me death"라는 말로 유명하다.

2 민경국(1949–). 독일 프라이부르크대학교에서 경제학 석사·박사 학위를 취득하고 강원대학교 경제학과 교수를 지냈다. 한국하이에크소사이어티와 한국제도경제학회 회장을 역임했으며 한국 자유주의 경제학의 대표적인 학자이다.

CHAPTER 07

# 헌법정치경제학

## 프롤로그

어려서부터 오랫동안 궁금한 것이 있었다. 비슷한 가정환경과 그만그만한 능력을 가지고 나름대로 노력하는 친구들 중에 왜 유독 일부만 좋은 성적을 내고 다른 친구들은 그 만큼의 성과를 내지 못할까 하는 의문이었다. 어느 정도 세상을 알아갈 즈음 비슷한 궁금증이 생겼다. 불과 얼마 전까지만 해도 비등한 경제수준의 국가들이 지금에 와서는 왜 이렇게 큰 격차가 날까? 심지어 누가 봐도 더 풍부한 물적 자원과 더 좋은 환경을 보유하고 있는 나라가 그보다 훨씬 열등한 조건의 나라보다 번영하지 못하는 이유는 무엇일까? 이 같은 의문은 개인, 집단, 국가 등 모든 수준에서 비슷하게 적용된다. 헌법정치경제학은 이런 차이가 발생하는 원인을 국가의 가장 기본적인 게임의 규칙(rule of game)인 헌법에서 찾고, 국가 간 발전의 차이는 법과 제도의 차이에서 온다고 본다.

우리는 어떤 문제점을 발견하고 그를 변화시키고자 할 때 자칫 지협적인 문제에 천착하여 문제의 진짜 원인을 간과하게 되는 경우가 종종 있다.

근본적인 원인을 알아내고 이를 바꾸어야만 문제를 해결할 수 있음에도 불구하고 지나치게 작은 것에만 몰입하여 큰 그림을 보지 못하는 것이다. 주류경제학은 법과 제도를 주어진 것으로 보고 시장과 그를 구성하는 경제주체들의 선택과 행동을 관찰한다. 법과 제도를 주어진 것으로 간주한다는 것은 그에 대해 우리가 매우 소극적인 자세를 견지할 수밖에 없다는 의미로 해석할 수 있다. 그 결과 해결하려는 문제의 근본적이 원인이 바로 법과 제도에  있음에도 불구하고 이를 바꾸고 새로운 대안을 선택하려는 노력을 하지 않게 된다. 이와 달리 헌법정치경제학은 법과 제도를 주어진 것으로 보지 않고 그에 대한 선택을 연구하는 학문이다. 사람들이 생각하고 행동하게 되는 기본 틀인 법과 제도의 선택과 그 규칙에 관심을 집중한다. 우리는 7장에서 헌법정치경제학자들의 기본적인 생각과 주장을 공부할 것이다.

# 1절 헌법정치경제학의 기초

## 1. 헌법과 헌법정치경제학

헌법정치경제학(constitutional political economy)의 개념을 알기 위해 우선 공공선택론의 관점에서 헌법이란 무엇을 의미하는가를 알아보자.[3] 헌법정치경제학자들이 바라보는 헌법의 개념은 법학적 의미보다 포괄적이다. 그들은 헌법을 "사전에 합의되고 이후의 행동이 수행되는 일련의 규칙a set of rules that is agreed upon in advance and within which subsequent action will be conducted"이라고 정의한다(Buchanan & Tullock, 1962). 그리고 헌법을 크게 네 가지로 인식하고 있다(Buchanan, 1975).

첫째, 한 사회 안에서 다른 사람들에 대한 개인의 행동을 제한하는 행동규율로서 법, 관습, 종교 등의 규범을 포함한다. 둘째, 소유에 관한 적극적인 권리에 관한 규정으로서 재화를 생산하는 인적, 물적 자산에 관한 규정이다. 상법, 재산법 등을 포함한 민법이 여기에 해당한다. 셋째, 행동규율과 인적, 물적 자산에 대한 적극적인 권리들을 보호하고 집행하기 위해 필요한 규율로서 일반적으로 형법에 해당한다. Buchanan의 보호적 국가의 내용을 규정하는 규율이라고 할 수 있다. 넷째, 예산에 관한 법률과 같은 공공재나 행정서비스의 제공과 이에 필요한 재정조달에 관한 집단적 의사결

3 헌법정치경제학과 헌법경제학(constitutional economics)은 학자들 사이에서 혼용되고 있다. 다만, 이 분야의 권위자인 Buchanan 교수와 민경국, 김행범 등의 국내학자들은 헌법정치경제학이라는 용어를 더 선호하는 것으로 보인다. 필자의 생각으로도 공공선택론 혹은 신정치경제학과의 맥락에서 헌법정치경제학이라는 용어가 더 적절하다고 판단하여 이 책에서는 통일하여 사용하고자 한다.

정에 필요한 규율로서, Buchanan의 생산적 국가의 과제에 해당한다.

앞의 세 가지 헌법의 개념을 비정치적 헌법으로, 마지막을 정치적 헌법이라고 부를 수 있다(민경국, 1993: 14–15). 비정치적 헌법은 민법과 형법으로 소위 사법(private law)사회의 기초이며 정치적 헌법은 공법(public law)을 의미한다. 이렇듯 헌법정치경제학에서는 헌법의 개념을 법학, 행정학, 정치학 등에서 사용되는 개념보다 매우 포괄적인 개념으로 파악한다. 즉, 헌법은 한 공동체의 행동규율뿐만 아니라 사회 전체의 기초가 되는 모든 것을 포함하는 개념으로 이해할 수 있다. 이런 의미에서 헌법정치경제학은 국가와 사회전체의 기초가 되는 행동규율, 그리고 이러한 행동규율의 생성과 변동을 경험적으로 인식하고 이들에 대한 규범적인 평가를 인식하는 하나의 패러다임을 제공하고 있다(공병호 · 조창훈, 1996).

일반적으로 신고전파 주류경제학[4]에서는 법, 제도, 시스템을 주어진 것으로 보고 외생변수(exogenous variables)로 간주한다. 그리고 이러한 주어진 조건(규칙)하에서 개인, 가계, 기업과 같은 경제주체의 의사결정을 설명하고 그 결과와 영향을 분석한다. 예를 들어, 소비자이론에서 소득제약하의 효용극대화라든지 혹은 생산자이론에서 자원제약하의 이윤극대화 등 주어진 제약조건에서 경제주체의 목적을 '극대화(maximization)'의 문제로 파악한다.

반면 헌법정치경제학은 경제 및 정치 주체들의 선택과 행동을 제약하는 틀을 결정짓는 법적 · 제도적 규칙 자체를 선택의 대상으로 일련의 대안

---

4 이 때 주류경제학이란 신고전파류의 미시경제학, 거시경제학 등을 지칭하는 것으로 공공선택론을 포함한 신정치경제학(new political economy)과 대비되는 것이다.

들을 분석하고 설명하는 연구이다. 이는 소위 '헌법의 경제 분석the economic analysis of constitutional law'이라는 범위를 넘어선 것이며, 주어진 규칙 안에서 정치/경제 행위자들의 선택을 설명하는 것과도 구별된다. 주류 경제학이 재화와 서비스의 역학적인 분배 기능으로서 경제적 관계의 분석에 제한하는 것에 비해 헌법정치경제학은 정치경제적 의사결정의 영향을 고려한다. 즉, 기존의 경제학에서 제약조건 혹은 외생변수로 취급하던 법과 제도를 내생변수(endogenous variables, 설명변수)로 보고 개별 경제주체의 자유로운 선택에 대해 설명하고자 한다.

뿐만 아니라 Buchanan이 소위 '헌법적 사고 방식(the constitutional way of thinking)'이라고 부른 것이 정치적 질서 틀의 규칙(정치체의 구성원 사이에 동의를 보장하는)으로 관심을 옮기고 있다(Buchanan, 2003). 따라서 헌법의 개념에서도 살펴보았듯이 헌법정치경제학은 공동체 안에서 다른 사람들의 행동을 제한하는 행동규율, 법과 제도, 민사적 책임이나 형사적 처벌, 그리고 공공재 생산과 관련된 법과 제도 모두를 분석대상으로 한다. Buchanan은 규칙의 선택과정에서 나타나는 사람들 사이의 상호 계약적 합의(계약적 합의과정)를 강조한다. 그는 이러한 집합적 결정과정의 특징적 양상을 '계약적 입헌주의(contractarian constitutionalism)'라고 부르고 그의 규칙형성 이론 체계의 기초로 삼고 있다.[5]

---

5 헌법정치경제학은 '법경제학'과 다르다. 법경제학(Law and Economics)은 한마디로 법(넓은 의미에서는 규칙)과 제도에 대한 경제학적 분석이라고 할 수 있는데(명순구, 2006), 규범적 이상형으로 효율성을 중심으로 경제학적 분석방법을 택하고 있기 때문에 헌법정치경제학에 비해 주류 경제학에 가깝다고 할 수 있다.

## 2. 헌법정치경제학의 진화

이제 헌법정치경제학은 어떻게 생성되어 어떤 진화과정을 경험했는지 살펴보자. 헌법정치경제학은 몇 가지 근본적인 의문에서 출발한다. 민주주의 국가에서 다수결원칙은 대의민주주의의 근간을 이룬다. 그런데 만약 다수결원칙에 따른 결과가 불공정하고 비효율적일지라도 그 원칙이 여전히 유효한가? 나아가 정치적 안정성이 오직 소수에 대한 다수의 차별을 통해서만 확보된다면 정치구조에 대한 구성원칙으로서의 민주주의가 어떻게 규범적 합법성(normative legitimacy)을 주장할 수 있는가? 또한 집합적 행동에서 공정성과 효율성을 달성하기 위한 Wicksell 기준으로의 전환 즉, 다수결원칙에서 만장일치로의 전환은 제도적으로 비현실적이라는 지적을 받는다. 그러나 이 같은 근본적인 개혁(전환) 없이 민주주의에 대한 시민들의 참여가 사회적인 순편익을 낳는다고 확신할 수 있는가?

이러한 질문들에 대한 합리적인 답을 모색하기 위한 탐구는 Buchanan과 Tullcok의 '합의의 분석'에서 싹을 틔운다. 이후 헌법정치경제학은 50년대 중반 이후 소위 복지국가의 등장과 함께 정부지출이 크게 증대하면서 중요한 연구 분야로 발전한다. 이후 1980－90년대에 들어오면서 복지부문의 폭발적인 확대, 정부규제의 지속적인 증가 등 거의 모든 분야에서 정부개입이 본격화되고 시민의 경제적 자유가 축소되면서 전 세계가 대규모 경제 침체를 겪기 시작했다. 헌법정치경제학은 이 문제를 시장의 문제(시장실패)로 보지 않고 오히려 정부실패로 본다. 그리고 정부실패의 핵심 원인을 집단적 의사결정의 기초인 헌법이라는 제도적 문제로 파악한다(민경국, 2018: 465). 이후 헌법정치경제학이 본격적으로 세상의 주목을 받기 시작하였다.

전통적으로 공공선택론은 대안적 정치적 선택의 구조에 대한 분석과 구조 속에서 참여자의 행태에 중점을 두었다. 따라서 연구의 초점은 정치적 상호작용에 대한 예측가능한 모형을 개발하는 데 있었으며 헌법적 연구는 초기 수준이었다. 그러나 당시 세계가 커다란 헌법적 변화(constitutional change)를 경험하게 되는 것과 같은 맥락에서 공공선택론의 연구와 논의의 초점을 정치적 선택에 관한 주제에서 바로 그 정치가 일어나는 법적(헌법적), 제도적 구조로 옮겨지게 된다(Brennan & Buchanan, 2008).

물론 이러한 법과 제도의 구조라는 주제에 대한 연구가 이전에 없었던 것은 아니다. 넓은 의미에서 헌법정치경제학은 고전적 접근의 보다 일반적인 부활의 중요한 구성요소로 Smith와 고전적 정치경제학(classical political economy)의 이론적 배경과 개혁가적 태도에 영향을 받았다. 이런 맥락에서 헌법정치경제학은 입법학이라 부르던 학문의 현대적 접근과 해석이라는 주장도 있다(Hauwe, 2008). 입법학(science of legislation)이란 과거 '도덕철학(moral philosophy)'의 일부였던 것으로 입법적 현상을 현대적 의미에서의 법학에 제한한 것이 아니라 경제, 사회, 정치, 철학 및 법률적 관점을 보다 긴밀하게 통합하고자 하는 학문이라고 할 수 있다. 입법학은 주로 입법의 정책적 타당성과 그를 현실적으로 구현하기 위한 방식을 대상으로 하고 있다. 예를 들어, 한 국가의 정치사회적 상황과 환경 속에서 특정 법률이 도입될 경우 사회적으로 어떤 영향을 미치고 사회적 반향을 불러오는지를 탐구하는 것이다. 입법학이 주목받는 배경은 현대 국가에서 다양한 집단 간에 복잡한 이해관계가 발생하고 권력에 의해서 일방적으로 입법하는 것이 불가능하기 때문이다. 또한 입법 목적의 유효성을 확보하고 능률적인 관철을 위해서는 입법의 보다 합리적인 기초가 요구되기 때문이다. 입법학은 이를 역사적, 사회적 연관성의 시각에서 파악하여 실정법의 제 · 개정 및 폐지에 기여하려는 데 목적을 두고 있다(박영도, 2002).

헌법정치경제학은 또한 J. Rawls롤즈가 'Theory of Justice정의론'에서 추구했던 집단적 의사결정이 공정하게 이루어지는 제도를 만드는 데 관심이 있다. Rawls는 "인간이 태어나기 전의 원초적 상태이자 보편적인 평등이 유지되는 상태"라는 무지의 장막(veil of ignorance)의 개념을 통해 인간은 공정한 규칙을 선호하며 이 상태에서 사회계약이 형성되어 계약에 따른 공정한 제도와 규칙을 제정하는 것이야말로 정의를 실현하기 위한 필요조건이라고 주장한다(Rawls, 1971). 비슷한 맥락에서 헌법정치경제학 역시 공정하고 효율적인 제도를 통해 개인의 자유를 최대한 보장하는 것을 목표로 하고 있다.

현대사회에서 정치질서의 중요한 특징은 국민주권을 토대로 삼권분립과 다수결 제도, 보통선거제도 등을 통해 개인의 자유를 최대한 보장하려고 노력한다는 것이다. 하지만 민주주의 정치에서는 시장에서와 같이 모든 개인이 각자의 이해관계를 추구하더라도 그 결과가 이들 모두에게 유익하게 되는 '보이지 않는 손'이 작동하지 않는다. 즉, 자본주의 경제사회의 모순에 따른 시장실패와 복지국가의 요청은 개인의 정부 의존도를 높이고 정부의 적극적인 개입을 요구한다. 동시에 행정부가 입법부, 사법부보다 우월한 정보와 권력을 보유하여 삼권분립제도를 명문화시키고 있는 상황에서 정부실패의 가능성이 점점 높아진다는 것이다. 따라서 헌법정치경제학은 제도 그 자체의 근본적인 결함을 수정함과 동시에 헌법적인 제약을 통한 제도의 효율성을 제고하고 헌법에 명시된 제도적인 제약을 통해 정부의 활동을 제약하는 것을 연구의 목적으로 한다.

## 3. 헌법정치경제학의 개념

이와 같은 논의를 통해 헌법정치경제학을 간략하게 '효율적인 규정과 의사결정 제도의 선택에 대한 정치경제학적 분석의 응용'이라고 정의할 수 있다(Johnson, 1991). 즉, 헌법정치경제학은 법과 제도 자체를 결정하는 규칙의 선택에 초점을 두고, 정치/경제 주체들의 일상적인 선택행위가 행해지는 제도적인 틀을 결정짓는 법적, 제도적 규칙 자체의 대안들의 성질을 분석하고 설명하는 학문이다.

한편 헌법정치경제학을 좁은 의미로 헌법(constitutional law)의 정치경제적 분석으로 정의할 수도 있다. Buchanan은 이런 의미에서 헌법정치경제학을 헌법적 구조의 실증적 분석positive analysis of constitutional structure으로 규정한다. 물론 좁은 의미의 헌법정치경제학적 관점으로 실제 헌법을 검토하고 분석하는 것 또한 흥미로운 일이며 이 접근의 유용성에 대한 일종의 시험을 제공할 수 있다는 것을 부인할 수 없다. 다만 헌법정치경제학을 좁은 의미에서 접근할 경우 자칫 본래의 의도를 왜곡할 여지가 있다는 점에 유의해야 한다. 왜냐하면 헌법정치경제학에서 '헌법적'이라는 용어가 대부분 은유적이고 포괄적으로 사용되기 때문이다. 따라서 연구 분야로서 헌법정치경제학은 헌법의 경제적 분석을 포함하여 보다 넓은 의미로 해석하는 것이 타당하다.

헌법정치경제학의 목적은 특정 개인의 선호를 반영하는 해결책을 제시하기보다는 다양한 제도 중에서 자발적 조화원칙(spontaneous coordina-tion)을 통하여 궁극적으로 하나의 대안을 결정지을 수 있도록 유도하는 작업을 하는 것이다(소병희, 1993). 제도는 법에 의해 결정되며 가장 핵심이 되는 기본법은 헌법에서 규정된다. 따라서 기존의 경제학이 헌법 자체는 그대로 두고 주어진 제도 안에서 문제를 분석하고 해결하는 데 반해(post-con-stitutional), 헌법정치경제학은 제도의 모순을 시정하기 위해 헌법 그 자체를 수정함으로써 문제의 근본을 해결할 수 있다는 인식이 기존의 경제학과의 차이점이라 할 수 있으며 헌법정치경제학의 의의라고 할 수 있다.[6]

---

6 이러한 맥락에서 헌법정치경제학에 대비하여 전통적인 경제학을 'post-constitutional economics'라고 부를 수 있다.

# 2절 헌법정치경제학의 방법론

## 1. 헌법정치경제학의 분석과 방법론

전통적으로 경제학적 분석은 기존의 국가조직과 정치형태의 법적, 제도적 구조 안에서 경제주체들의 선택과 서로 간의 상호작용, 그리고 이러한 상호작용의 결과를 설명하고자 한다. 이에 비해 헌법정치경제학의 분석은 경제적, 정치적 행위자의 선택과 행위를 제약하는 법적, 제도적 대안들이 작동하는 특징들을 설명하고자 한다. 따라서 헌법정치경제학 분석의 초점은 경제적, 정치적 행위자의 일상적인 선택을 결정짓는 틀(framework)을 특징짓고 정의하는 '규칙'에 있다.[7] 결국 헌법정치경제학의 분석은 주류경제학보다 상위 수준에 대해 관심을 갖는 것으로, 경제학에서처럼 주어진 제약조건하에서의 선택이 아니라 제약조건 자체의 선택을 탐구한다.

이런 의미에서 헌법정치경제학자는 제한된 규칙 안에서 행동하는 정치인이나 관료에게 어떤 구체적인 정책적 조언이나 자문을 제공하는 것이 아니라, 헌법적 변경(constitutional change)의 논의를 고민하고 참여자들에게 어떤 지침(guidance)을 제공하는 것이 중요한 임무이다. 다시 말하면, 헌법정치경제학은 헌법적 문제에 대해 규범적 조언을 위한 가능성(potential)을 제공하는 반면, 주류경제학은 정치인에게 실무적 조언을 위한 가능성을 제공한다고 볼 수 있다.

7 최근에는 경제학자들 또한 선택에 대한 제약조건이 항상 외부에서 부과된다는 가정을 완화시키고 있다. 최근에는 심지어 마약 또는 도박 중독과 같은 비집합적 세팅에서의 사람들의 행태에 부과되는 제약조건의 선택까지도 연구대상이 되고 있다.

통화정책의 예를 들어 보자. 헌법정치경제학자는 어떤 특수한 경제상황에서 안정화 목적을 추구하기 위해 통화팽창 정책을 시행할 것인지 아니면 오히려 통화제한 정책을 할 것인지에 대한 결정에는 직접적인 관심을 두지 않는다. 오히려 그들은 다양한 통화체제(monetary regimes)의 대안에 대한 특징을 평가하는 데 관심을 둔다. 물론 헌법정치경제학의 범위에는 정치/경제적 행위자가 선택하는 법률적 제약에 대한 관심을 끄는 다양한 세부 연구 분야들이 있으나 일반 경제학과는 분명한 차이가 있다.

방법론적 측면에서 헌법정치경제학 역시 공공선택론의 방법론을 택한다. 즉, 경제인간을 바탕으로 개인이 주체가 되어 선택하고 행동한다는 방법론적 개인주의를 받아들이고 집합적 현상이나 결과는 개인의 선택과 행동의 결과로서 나타난 것으로 가정한다. 앞서 설명한대로 방법론적 개인주의는 사회현상을 분석할 때 분석의 출발점을 개인을 중심으로 하는 방법론이다. 한 사회의 제도, 법, 질서는 사회 속에서 개인이 느끼고, 판단하고, 행동하기 때문에 발생하는 것으로 보고 기존의 유기체적 접근과 방법론적 집단주의를 거부한다. 이러한 입장은 기존의 접근과 달리 이기적인 개인(나아가 누구나 지대추구자가 될 수 있는 가능성)을 가정함으로써 공정한 제도의 형성이 왜 중요한지를 강조하게 된다.

## 2. 빅셀의 영향

헌법정치경제학은 Wicksell로부터 영향을 받은 Buchanan의 연구로부터 확립되었기 때문에 일부에서는 '빅셀주의 정치경제학(Wicksellian political economy)'으로 보기도 한다.[8] J. Schumpeter조지프 슘페터에게 북유럽 경제학의 위대한 학자라고 인정받은 Wicksell(1851-1926년)은 스웨덴 경제학자로서 소위 한계혁명(marginal revolution)[9]을 일으킨 경제학자들의 생각과 다양한 비주류 경제이론에 영향을 받았다. Mises미제스, Hayek하이에크 등 오스트리아 학파에 영향을 준 그는 정치제도가 조세제도 개선을 위한 전제조건이라는 인식에서 의회 및 선거제도, 표결원칙 등 제도의 중요성을 강조하였다.

Wicksell은 국가재정이론에서 정치/경제적 행위자의 의사결정에 영향을 주는 '규칙'의 중요성에 대해 관심을 갖는다. 그리고 개혁의 목적은 사람들의 행위에 영향을 미치는 기대 결과를 변화시키는 것이 아니라 의사결정을 위한 규칙 자체의 변화에 초점을 두어야 한다고 주장한다. 그는 잘못 만들어진 정치제도가 잘못된 조세(경제) 제도를 만들며, 정의로운 조세제도는 정부지출로부터 얻는 편익에 따른 조세부담의 배분이라고 주장하였다.

---

8 최근 경제학에서는 '새로운 합의(new consensus)'의 개념과 함께 소위 Neo-Wicksellian(신빅셀주의학파)가 기존 경제학의 대안으로 떠오르고 있다.

9 1870년대 초 영국의 Jevons와 Marshall, 오스트리아의 Menger, 프랑스의 Walras, 미국의 Clark를 중심으로 경제 분석의 방식으로서 한계분석(marginal analysis)을 도입하여 근대경제학을 출현을 가져왔다. 이전까지의 객관적 가치론(재화의 가치는 비용 혹은 노동에 의하여 결정된다는 이론)에 반하여, 가치의 원인을 효용으로 파악하는 주관적 가치론(한계효용이론)을 제창하고 방법론적으로는 한계분석을 경제현상의 분석에 적용한다.

나아가 소득이 적을수록 조세부담이 커지는 조세의 역진성 때문에 정부지출의 재원을 간접세나 관세에 의존하는 조세제도는 정의롭지 못하다고 생각하였다. 재정에 대한 그의 사고는 공공선택론과 헌법정치경제학에 중대한 영향을 미쳤다.

Wicksell은 규칙에 대한 제안된 변화의 능률성(efficacy)을 판단하기 위한 실질적인 기준을 필요로 하고 그 기준으로 만장일치 또는 합의검증(consensus test)을 제시한다. 그에게 피통치자의 합의(consent of the gov-erned)는 정부활동에 대한 평가의 출발점이 된다. 이 같은 생각은 Buchanan에게 결정적인 영향을 미친다. Buchanan은 정치 또한 일반 시장에서의 같이 일종의 교환모형에 따라 이해되어야 한다고 지적하고 정치과정을 상호호혜적인 교환으로 개념화한다. 그리고 이를 통해 만장일치의 원칙을 집합적 의사결정의 기본적인 규칙으로서 끌어낸다. 여러 규칙들 가운데 특정 규칙을 선택하는 행위는 하나의 사회적 선택(social choice)으로 이해되며, 자발적인 교환의 형태로서 정치적 합의를 유도한다. 헌법적 선택에 있어서 가장 근본적인 수준에서 이루어지는 합의는 선택에 대한 타당한 이유(justification)와 근거로서의 역할을 하며, 이러한 합의는 효율성을 판단하는 궁극적인 기준이 된다.

특히 Wicksell은 정치적 주체의 의사결정과 판단은 일반적으로 주어진 규칙 안에서 이루어지기 때문에 어떤 규칙을 가지고 있는가의 문제가 매우 중요하다고 지적한다. 사회를 개혁하고 국가를 발전시키고자 하는 정부의 노력은 각각의 정책과 사업을 통해 개인의 행태에 영향을 준다. 정부가 이러한 노력을 통해 의도된 결과(intended consequence)로 유도한다는 것은 분명한 한계를 갖기 마련이다.

따라서 궁극적으로 개혁의 출발은 의사결정을 위한 규칙 자체를 변화시키는 방향으로 추진되어야 한다. 이 경우 규칙을 바꾸기 위해 제안된 대안은 그에 대한 가치(효율성 등)를 평가할 기준이 필요하고 그 기준은 만장일치나 합의를 위한 검증을 통해야 한다고 주장한다. 이는 민주주의 국가에서 보편적으로 수용되고 있는 다수결원칙에 대한 Wicksell의 생각을 반영한 것이다. 그는 다수결원칙이 근본적으로 다수에 의한 횡포와 소수에 대한 강요로 '사회적 비용'을 발생시키기 때문에 가장 민주적인 방법인 직접민주제를 통해 제도적인 모순을 해결해야 한다고 주장한다. 그는 보통선거제도가 법치주의의 쇠퇴에 따라 '여론에 의한 정치'로 변질되는 상황에서 여론에 의한 헌법 개정이나 입법부의 종속 등으로 개인의 자유를 보장하기에는 적절하지 못한 제도로 변질되고 있다고 보았다. 이로 인해 무제한적인 민주주의 혹은 절대 권력의 국가(Leviathan)가 자의적으로 권력을 행사하고 개인의 영역에 개입하여 시민들이 정치제도는 물론 시장질서까지 불신하는 상황이 발생하는 결과를 가져온다고 주장한다.

Wicksell은 민주주의 정치제도의 대표적인 세 가지 제도인 다수결원칙, 보통민주주의, 시장경제제도의 결함으로 헌법실패(constitutional failure)가 발생한다고 보았다. 그리고 이러한 문제의식은 현대사회에서 더욱 더 시장적이고 민주적인 수준을 요구하는 것이 아니라 보다 입헌적 국가(more constitutional state)가 필요하다는 사실을 반영하는 것이라고 주장한다.

## 3절 헌법정치경제학의 내용

### 1. 헌법정치경제학의 주요 내용

Buchanan과 Tullock(1962)은 헌법을 사회 구성원 간 합리적 선택의 결과물로 인식한다. 그리고 비효율적인 정부 문제(정부실패)를 해결하기 위해서는 헌법 체계를 근본적으로 개혁해야 한다고 주장한다. 그들은 공공선택(정치활동)이 일어나는 두 가지 수준의 집합적 의사결정 구조를 구별하고 이를 경제학적 분석방법을 통해 접근한다. 하나는 의사결정이 입법적 수준에서 결정되는 헌법 이후 '일상적 정치ordinary politics(일상적 의사결정)'이고, 다른 하나는 일상적 정치에 대한 규칙을 결정하는 '헌법적 정치constitu-tional politics(헌법적 의사결정)'이다. 헌법적 정치는 일련의 활동에 제약을 부과하는 게임의 규칙 또는 헌법을 확립하는 정치활동을 의미하고, 일상적 정치란 주어진 규칙(헌법) 안에서 다양한 전략을 활용하는 정치활동이다.

이를 의사결정의 관점에서 해석하면, 일상적 의사결정은 정해진 규칙 안에서 이루어지는 의사결정으로 사람들은 투표 메커니즘을 통해 의사결정을 하고 결국 중위자의 선호가 결과를 결정하게 된다. 이는 사람들이 주어진 규칙 안에서 여러 대안들 가운데 결정을 하고 자원의 희소성으로 인한 제약(limitations)이 있음을 강조한 것이다. 반면 헌법적 의사결정은 일상적 실무(운영)수준의 의사결정보다 상위 수준으로 이 수준에서 게임의 규칙이 만들어지고 자원의 조달과 배분에 대한 미래의 운영상 의사결정 규칙을 결정한다.

Buchanan과 Tullock은 헌법적 정치(헌법적 의사결정)에서는 참여자들의 직접적인 자기 이익이 결여돼 있기 때문에 만장일치의 합의가 가능하다고 보았다. 사람들이 정부와 자신의 교환조건(terms of exchange)을 계산하는 것이 이 수준이다. 사람들은 일상적인 정치활동의 영향이 자신의 이해관계와 상반된 것으로 산정된다 할지라도 헌법적 질서 안에서는 장기적으로 자신의 복지수준이 개선될 것이라고 생각하기 때문이다. 반면 전략적 선택이 가능한 일상적 정치 수준에서는 자기 이익이 모습을 드러내 첨예하게 대립한다고 설명한다. 결국, 헌법적 민주주의에서 사람들은 정부보다는 오히려 헌법이라는 규칙에 따라야 한다는 것이다.

Buchanan과 Tullock은 만장일치원칙에 대한 공공선택론자들의 고민에 대해서 현실적인 답을 제시한다. 공평성과 효율성이라는 두 가지 관점에서 다수결원칙은 일상적 정치를 통해 할 수 있는 것을 규정하고 제한하는 규칙인 헌법에 대한 일반화된 보편적인 합의(generalized consensus)가 있다면, 일상적 정치의 영역에서 안전하게 작동될 수 있다는 것이다. 이러한 논의에 따라 헌법정치경제학에서의 헌법을 "일상적 정치를 통해 이루어질 수 있는 것을 규정하고 제한하는 규칙(rules that define and limit what can be done through ordinary politics)이라고도 정의할 수 있다.

이러한 개념을 '카드게임'에 비유해서 이해해 보자.

게임 참여자들이 공정한 카드게임을 즐기기 위해 해야 하는 첫 번째 일은 게임을 시작하기 전에 참가자들이 게임의 기본규칙에 '모두' 동의하는 것이다. 왜냐하면 게임의 규칙에 대해 참가자마다 의견의 차이가 생길 수 있기 때문이다. 이 조건이 최우선적으로 해결되어야(합의가 되어야) 카드

게임은 모든 참가자들에게 공정하다고 할 수 있다. 이 단계, 즉 헌법적 의사결정 단계에서는 참가자들이 게임을 보다 흥미롭고 효율적이면서도 공정하게 이끄는 규칙에 대해 얼마든지 논의할 수 있다. 또한 게임 규칙이 각자 자신들에게 어떤 영향을 줄 것인지 예상할 수 없기 때문에 특별히 염려할 필요도 없다.

이렇듯 카드게임에 관련해서 두 단계의 선택 수준(단계)이 있다고 볼 수 있는데, 하나는 규칙 자체에 대한 선택으로 일종의 헌법적 선택이라고 할 수 있으며, 다음은 규칙 내에서 보다 일상적 선택이다. 일상적 선택이란 예를 들어 카드를 계속 가지고 있을까, 포기할까, 허세를 떨까(bluffing), 얼마의 돈을 걸까 등의 운영상의 전략적 선택에 해당하는 것이다.

그렇다면 헌법적 의사결정으로부터 얻게 되는 편익은 무엇인가? 첫째, 가장 중요한 게임의 '공정성(impartiality)' 확보이다. 카드게임에서 이미 게임이 시작된 후에 규칙을 정하는 것이 어렵듯이 현실에서 이미 자리가 잡힌 후에 헌법적 규칙을 결정한다는 것은 어려운 일이다. 사람들마다 나이, 교육수준, 직업 등 사회적 위치나 입장에 따라 다양한 이해관계를 가지기 때문에 자신의 효용을 극대화하기 위해 운영상의 의사결정이 사용되길 기대하기 쉽고 정치시장에서는 투표에 대한 규칙에 대해 공정성을 잃기 쉽다. 이와는 달리 헌법적 규칙은 향후 만들어질 게임의 규칙이 누구에게 유리할지 모르기 때문에 시스템적으로 상당한 공정성이 확보된다.

둘째, 헌법적 의사결정은 자신뿐 아니라 다른 사람들이 어떻게 행동할지에 관한 정보를 제공한다는 사회적 편익이 있다. 자신의 행동과 방침을 계획하고 결정하는 사람에게 타인이 어떻게 행동할 것인가를 예상할 수 있다는 것은 매우 중요한 의미가 있다. 넓은 의미에서 불확실성의 개념으로 타인의 행동을 예측할 수 있을 때(불확실성을 줄일 수 있을 때) 개인의 결정행위에 대한 비용은 감소하고 편익은 증가하게 된다.

도로주행을 생각해보자. 승용차로 서울에서 부산을 가는 경우 운전자는 몇 가지 간단한 규칙, 예컨대 우측선 주행, 속도 및 신호 규정 등 간단한 규칙만 숙지하고 있으면 된다. 만약 이러한 규칙이 없어서 다른 운전자들이 어떻게 행동할지를 예상할 수 없다면 여행은 지연시간, 연료소모 등을 비롯한 적지 않은 불필요한 비용이 소요될 것이다.

사람들이 규칙을 정할 때 종종 규칙의 내용보다는 규칙 자체의 존재가 더 의미 있기도 하다는 말이 있다. 실제로 자동차가 우측으로 주행하던 좌측으로 주행하던 그 내용은 그리 중요하지 않다. 더 중요한 것은 좌측이든 우측이든 규칙 자체를 정하는 것이다. 도로 사례를 헌법정치경제학적으로 해석하면 도로에 대한 헌법적 규칙은 개인들이 미래에 대한 결정, 자신의 목적에 대한 추구 등 일상적(운영적) 의사결정에 대해 금지하지 않는다. 규칙의 목적은 어떤 특정한 사회적 결과(social outcome)를 금지하거나 개인의 자유를 제약하는 것이 아니라 사람들이 자신의 목적을 추구할 수 있도록 하는 것이기 때문이다.

기존의 규칙들을 새로운 것으로 교체하는 데 소요되는 비용은 가능한 한 최소화하는 것이 효율적이다. 그러나 어떤 경우 규칙이 반드시 명문화/성문화되어야 할 필요는 없다. 노인에게 자리를 양보하는 것은 특별히 규칙(법)으로 규제할 필요 없이 그저 사회적 관습(convention)으로도 충분하다. 다만 효율적인 규칙을 만들기 위한 중요한 요구사항은 자신의 자원을 사용하려는 사람들에게 미리 공지해야 하며 상당 기간 안정적으로 유지하는 것이 바람직하다. 안정성(혹은 보수성)은 효율성의 관점에서 유리한 점이 있다. 따라서 규칙은 변화에 대한 편익이 비용보다 명백하게 크지 않는 한 가급적 변하지 않는 것이 비용 측면에서 효과적(cost-effective)이다.

이런 측면에서 헌법정치경제학자들은 자신들은 '결과에 대해 보수적(outcome conservatives)'인 것이 아니라 '규칙에 대해 보수적(rule conservatives)'이라고 강조한다. 그들은 규칙이 자주 변하는 것을 선호하지는 않지만 설령 결과의 급격한 변화가 있다 하더라도 그에 대해 반대 입장을 취하지는 않는다는 의미이다.

## 2. 헌법정치경제학의 메시지

헌법정치경제학은 상호의존성과 외부효과의 증가, 정부가 관습이나 전통 등 사회적인 구속에서 일탈하고자 하는 현대사회에서 중요성이 점점 커지고 있다. 또한 정부예산과 관련하여 균형예산의 원칙이 깨어진 현실적인 상황에서 정치가들이 이를 악용하고 관료들의 예산극대화 같은 부패를 근절하기 위해서도 중요하다. Buchanan은 'Power to Tax과세권력(1980)'에서 세수극대화(tax maximizing)는 정부의 자연스러운 속성으로 법적으로 허용된 재량권의 행사로 나타나기 때문에 민간부문의 비효율을 초래한다고 주장한다. 때문에 정부의 재량권은 법으로 제한되어야 하며 과세표준, 세율, 세수액 등을 입헌적 차원에서 제한하는 '입헌적 세제 제약'을 주장하고 있다.

헌법정치경제학은 지대추구행위가 발현되는 일종의 '수인의 딜레마(Prisoner's Dilemma)'와 같은 전략적인 게임 상황에서 1) 상호이익이 실현되고 공존할 수 있는 제도를 형성할 수 있게 대안을 제시하고, 2) 경제부문에 대한 정부의 영향력을 억제하고, 3) 궁극적으로 정부의 규모의 효율성을 달성하기 위한 헌법적인 제약을 형성하는 데 의의가 있다. 또한 관료제의 비효율성을 극복하기 위해 관료 자체의 문제와 시스템으로서 관료제가 가지는 비효율성을 직시하면서 정부 내의 경쟁 제도의 도입을 주장하고 있다.

이제 합의(consent)의 논리에 대해 정리해보자. 일반적으로 사람들은 어떤 규칙이 자신에게 순이익(net benefit)을 줄 것으로 기대하면 그로 인해 누군가 다소의 손해를 보게 되더라도 제시된 규칙에 합의할 것이다. 그러나 규칙을 처음 만드는 과정에서는 참여자들이 자신의 이익을 정확하게 예상하고 산정하기가 어렵기 때문에 누구도 자신에게만 유리하게 규칙을 유도하기 어렵다. 따라서 어떤 규칙이 만들어지고 난 후에 그 규칙 내에서 특정목적을 위한 정책대안에 대해 합의를 이끌어내는 것보다는 규칙 자체에 대해 합의를 이끌어내는 것이 효율적이다.

헌법정치경제학은 기본적으로 집합적 결정 과정 자체를 가져오는 규칙을 분석하려 했으며, 이러한 규칙은 정치적 행위가 나타나기 이전의 헌법적 규칙(constitutional rules)이라고 제시한다. 그들은 가장 이상적으로 공정한 집합적 결정인 공익을 위한 집합적 결정은 모든 유권자가 만장일치로 결정하는 것이라고 주장한다. 물론 이들 또한 만장일치가 현실적으로 달성되기는 어렵다는 것을 인정하지만 현실적 어려움으로 인해 다수결에 의한 결정이 무비판적으로 수용되고 심지어는 다수결이 공평하다는 인식을 경계하고 있다. 이 같은 시각은 결국 한 국가의 규칙과 정부의 범위에 대한 한계에 관심을 두게 되고 헌법정치경제학이라는 분야를 탄생시키는 동력이 된다.

기존의 정치학에서는 정치과정을 참여자들 사이의 투쟁과 갈등이나 사익과 공익이 부딪치는 하나의 시스템으로 보고 모두에게 최선의 결과를 주는 방법을 탐구한다. 그러나 공공선택론자들은 공익이란 결국 개인적인 의사결정자들의 집합(aggregation of private decision makers)이라고 전제하고 교환으로서의 정치와 효용극대화 모형을 적용한다. 또한 전통으로 정치학은 공익은 특수이익의 저항과 반대를 받을 수도 있지만 모든 투표자들에게 똑같이 호소력을 갖는 항상 올바른 선택이라고 본다. 그러나 이러한 주장은 다수의 선택이 다양한 강도(strength)로 서로 다른 많은 '법소비자(law consumers)'에게 호소한다는 사실을 무시한 것이다. 정치적 행위 역시 인간의 행위이며 인간은 교환(행위)을 통해 서로가 이익을 보고자 한다. 그리고 이들이 정치과정을 통해 선택하게 되는 규칙들은 결국 합의를 통해 만들어진다.

## 에필로그

Buchanan은 게임을 하는 방식을 먼저 정하기 전에 게임의 규칙을 정하는 일이 선행되어야 한다고 지적하면서 가장 기초적인 규칙이 바로 헌법이며, 헌법에 대한 제정 및 변동에 대한 명제를 제공하는 것을 헌법정치경제학이라고 했다.

과거 주류경제학은 시장경제를 분석하면서 규칙·법을 그저 주어진 외생변수로 취급하였다. 즉, 시장과 다른 요소들의 상호의존성을 무시하고 모든 사회, 정치, 윤리적인 것에서 독립적으로 존재한다는 가정에서 시장을 분석하였다. 헌법정치경제학은 시장시스템의 중요한 기초임에도 불구하고 기존의 경제학이 소홀히 해왔던 바로 그 행동규율로서의 규칙(헌법)을 분석한다(민경국, 1993).

게임의 규칙은 참여자(player)의 행동양식을 결정한다. 합리적인 참여자는 게임의 규칙을 최대한 이해하려고 하며, 게임에서 승리하기 위하여 그 규칙 내에서 최상의 성과(performance)를 내고자 한다. 결국, 게임의 규칙은 궁극적으로 그 규칙이 적용되는 사회 전체의 성과를 결정짓는 셈이다. 우리가 어떤 규칙을 선택하느냐 하는 문제를 연구의 중심에 두고 있는 헌법정치경제학의 의의가 여기에 있다고 할 수 있다.

## 참고문헌

김행범. (2018). 뷰캐넌(James M. Buchanan)의 헌법적 정치경제론 : 방법론적 전제, 헌법 규칙 합의의 논리 및 정치 철학을 중심으로. 제도와 경제 12(3).

민경국. (1993). 「헌법경제론」. 강원대학교 출판부.

______. (1993). 「신정치경제학: 정치관료 시스템의 기능」. 석정.

박영도. (2002). 「입법학 용어해설집」. 한국법제연구원.

뷰캐넌. (1996). 「헌법적 질서의 경제학과 윤리학」. 공병호, 조창훈 옮김. 서울: 한국경제연구원.

소병희. (1993). 「공공선택의 정치경제학」. 박영사.

해리슨 . (2006). 「법경제학」. 명순구 옮김. 세창출판사.

Brennan, G. & Buchanan, J. (2008). The Reason of Rules: Constitutional Political Economy. Cambridge University Press.

Buchanan, J. (2003). The constitutional way of thinking. *Supreme Court Economic Review, 10,* 143－155.

Buchanan, J. & Brennan, G. (1980 [2000]). *The power to tax - analytical foundations of a fiscal constitution.* Indianapolis: Liberty Fund.

Buchanan, J. & Tullock, G. (1962). The calculus of consent, logical foundations of constitutional democracy University of Michigan Press.

Henry, P. (1976). *Give me liberty or give me death.* Retrieved from http://www.gutenberg.org/dirs/etext90/liber11h.htm

Rawls, J. (1971), A Theory of Justice, Cambridge, MA: Belknap Press.

Johnson, D. (1991). *Public choice: An introduction to the new political economy.* Bristlecone Books.

Rowley, C. & Schneider, F. (2004). *The encyclopedia of public choice.* Kluwer

Academic Publishers.

Vanberg, V. (1994). *Rules and choice in economics*. Routledge.

Wicksell, K. (1896). *Finanztheoretische untersuchungen [investigations into the theory of finance]*. Jena: Gustav Fischer.

# 참고문헌


강신택. (1981). 「사회과학 연구의 이론」. 박영사.

강태진 외. (2005). 「미시적 경제분석」. 박영사.

고든 털럭. (2005). 공공재, 재분배 그리고 지대추구. (황수연 옮김). 경성대학교 출판부. (2008).

_________. (2007). 「지대 추구」. (황수연 옮김). 경성대학교 출판부. (1993).

_________. (2009). 「득표 동기론Ⅱ: 공공선택론의 이해」. (황수연 옮김). 경성대학교 출판부. (2006).

김근세, 권순정. (2001). "한국 중앙 행정기관의 조직 구조와 맥락의 정합성 분석 – 던리비의 기관 유형을 중심으로". 「한국행정학보」. 35(1).

김비환. (2005). 「자유지상주의자들 자유주의자들 그리고 민주주의자들」. 성균관대학교 출판부.

김성준. (2002). "규제연구의 정치 경제학적 접근 방법: 흡연에 대한 규제정책 사례를 중심으로". 「규제연구」. 11(2).

______. (2018). 정책학: 공공정책의 이해를 위한 입문. 박영사.

김성준, 오정일. (2012). 「비용편익분석의 이해」. 경북대학교 출판부.

김성준, 하선권. (2015). 규제 로그롤링? 의원발의 규제 법률안의 네트워크 분석. 규제연구. 24(2).

김윤권, 김성준. (2010). 「공공선택이론에 입각한 역대정부의 성공 및 실패사례 연구」. 한국행정연구원.

김종순. (2001). 지방재정학. 삼영사.

김행범. (2008). 집합적 선택 상황에서의 Logrolling에 관한 연구. 사회과학연구 24(4).

김행범. (2018). 뷰캐넌(James M. Buchanan)의 헌법적 정치경제론 : 방법론적 전제, 헌법 규칙 합의의 논리 및 정치 철학을 중심으로. 제도와 경제 12(3).

나성린, 전영섭. (2005). 「공공경제학」. 박영사.

루퍼트 셸드레이크. (2016). 「과학의 망상」. (하창수 역). 김영사. (2012).

맨슈어 올슨. (2010). 「지배권력과 경제번영: 공산주의와 자본주의 아우르기」. (최광 옮김). 나남. (2000).

메데이로스, 슈미트. (1986). 「관료제: 가치와 전망」. (백완기 · 전영평 공역). 박영사. (1977).

민경국. (1993). 「헌법경제론」. 강원대학교 출판부.

민경국. (1993). 「신정치경제학」. 석정.

박영도. (2002). 「입법학 용어해설집」. 한국법제연구원.

백승기. (2005). 「정책학원론」. 대영문화사.

백완기. (2007). 「행정학」. 박영사.

베버, 막스. (2011). 「소명으로서의 정치」. (최장집 엮음. 박상훈 옮김). 후마니타스. (1919).

뷰캐넌. (1996). 「헌법적 질서의 경제학과 윤리학」. (공병호, 조창훈 옮김). 한국경제연구원. (1991).

소병희. (1993). 「공공선택의 정치경제학」. 박영사.

안병만. (2005). 「한국의 선거와 한국인의 정치 행태」, 인간사랑.

여운승. (2003). 「신제도학파 기업이론」. 한울출판사.

윤홍근, 유석진. (1995). 「정치적 시장과 렌트추구행위」. 세종연구소.

이덕환. (2008). 「인문사회－과학기술 전문가 소통을 위한 방안 연구」. 교육과학기술부.

이만우. (2004). 「공공경제학」. 율곡출판사.

이만우, 전병헌. (2000). 「미시경제학」. 율곡출판사.

이영환. (1999). 「정보경제학」. 율곡출판사.

______. (2006). 「미시경제학」. 율곡출판사.

이종수. (2009). 「행정학 사전」. 대영문화사.

이학용. (2007). 「이해하기 쉬운 정치경제」. 율곡출판사.

전용주 외. (2009). 「투표행태의 이해」. 한울아카데미.

정용덕. (1993). "합리적 선택으로서의 국가기구 형성". 「사회과학」. 32(2).

조승민. (2005). 「로비의 제도화」. 삼성경제연구소.

중앙선거관리위원회. (2006). 5. 31 지방선거 투표율 분석 결과. 중앙선거관리위원회.

차조일, 박선웅 (2018). 『사회·문화』 교과서의 사회 명목론/사회 실재론 관련 논의에 대한 비판적 고찰. 교육연구 73.

최광. (2006). 「공공선택의 이론과 응용」. 봉명.

____. (2007). 「큰 시장 작은 정부를 위한 재정 정책의 과제」. 한국경제연구원.

최정택, 김성준. (2009). "치안서비스는 순수공공재인가?" 「치안행정논집」. 5(2).

한국정치학회 (2015). 정치학: 인간과 사회 그리고 정치. 박영사

해리슨. (2006). 「법경제학」. (명순구 옮김). 세창출판사. (2008).

Akerlof, G. (1970). The Market for "Lemons": Quality Uncertainty and the Market Mechanism. The Quarterly Journal of Economics, 84(3).

Anderson, J. (2006). Public Policy－Making: An Introduction. Houghton Mifflin Company.

Arrow, K. (1951, 1963). *Social Choice and Individual Values.* John Wiley & Sons, Inc.

Berry, J & Wilcox, C. (2009) The Interest Group Society. Taylor and Francis.

Bhagwati, J. (1982). Directly Unproductive, Profit－seeking (DUP) Activities. *Journal of Political Economy, 90(5).*

Black, D. (1948). On the Rationale of Group Decision－making. *Journal of Political Economy, 56(1).*

________. (1958). *The Theory of Committees and Elections.* Cambridge University Press.

Bowen, H. (1943). The Interpretation of Voting in the Allocation of Economic Resources. *The Quarterly Journal of Economics, 58(1).*

Boyne, G. & Walker, R. (1999). Social Housing Reforms in England and Wales: A Public Choice Evaluation. *Urban Studies, 36(13),* 2237−2262.

Brennan, G. & Buchanan, J. (2008). The Reason of Rules: Constitutional Political Economy. Cambridge University Press.

Buchanan, J. (1949). The Pure Theory of Government Finance: A Suggested Approach. *Journal of Political Economy, 57.* University of Chicago Press.

__________. (1968). *The Demand and Supply of Public Goods.* Rand McNally. Chapter Links.

__________. (1987). Justification of the Compound Republic: The Calculus in Retrospect. *Cato Journal, 7(2).*

__________. (2003). *Public Choice: The Origins and Development of a Research Program.* Center for Study of Public Choice. George Mason University.

__________. (2003). The Constitutional Way of Thinking. *Supreme Court Economic Review, 10.*

Buchanan, J. & Brennan, G. (1980 [2000]). *The Power to Tax - Analytical Foundations of a Fiscal Constitution.* Liberty Fund.

Buchanan, J. & Tullock, G. (1962). *The Calculus of Consent.* University of Michigan Press.

Caplan, B. (2001). Rational Ignorance versus Rational Irrationality. Kyklos, 54(1).

Coase, R. (1960). The Problem of Social Cost. *Journal of Law and Economics*, 3(1).

Coate, S. & Morris, S. (1995). On the Form of Transfers to Special Interests. *Journal of Political Economy, 103(6).*

Colander, D. (1985). Some Simple Geometry of the Welfare Loss from Competitive Monopolies. *Public Choice, 45(2).*

Congleton, R. (2001). Rational Ignorance, Rational Voter Expectations, and Public Policy: A Discrete Informational Foundation for Fiscal Illusion. Public Choice 107.

Crew, M. & Rowley, C. (1971). On Allocative Efficiency, X−Efficiency and the

Measurement of Welfare Loss. *Economica, 36(143).*

Dahl, R. & Lindblom, C. (1953). Politics, Economics and Welfare: Planning and Politico－Economic Systems, Resolved into Basic Processes. Harper & Bros.

Downs, A. (1957). *An Economic Theory of Democracy.* Cambridge University Press.

________. (1967). *Inside Bureaucracy.* Rand Corporation.

Endres, A. (2011). Environmental Economics: Theory and Policy. Cambridge University Press.

Epstein, R. & Clark, F. (1934). *Industrial Profits in the United States.* National Bureau of Economic Research, Inc.

Frank, R. & Cook, P. (1995). The Winner－Take－All Society: How More and More Americans Compete for Ever Fewer and Bigger Prizes, Encouraging Economic Waste, Income Inequality, and an Impoverished Cultural Life. Free Press.

Goldsmith, A. (2006). *Business, Government, Society: The Global Political Economy.* South－Western.

Gwartney, J. & Holcombe, R. (2014). Politics as Exchange: The Classical Liberal Economics and Politics of James M. Buchanan. Constitutional Political Economy, 25.

Harberger, A. (1954). Monopoly and Resource Allocation. American *Economic Review, 44(2).*

Hardin, R. (1982). Collective Action. The Johns Hopkins University Press.

Henry, P. (1976). *Give me liberty or give me death.* Retrieved from http://www.gutenberg.org/dirs/etext90/liber11h.htm

Hotelling, H. (1929). Stability in Competition. *The Economic Journal, 39(153).*

Jackson, P. (1983). *The Political Economy of Bureaucracy.* Barnes & Noble Books.

Johnson, D. (1991). *Public Choice: An Introduction to the New Political Economy.* Bristlecone Books.

Johnson, H. (1958). The Gains from Freer Trade with Europe: An Estimate. *The*

*Manchester School, 26(3).*

Koford, K. (1993). "The Median and the Competitive Equilibrium in One Dimension.}"*Public Choice, 76(3).*

Koford, K. & Colander, D. (1984). *Taming the Rent-seeker. Neoclassical Political Economy: The Analysis of Rent-seeking and DUP Activities.* Cambridge, MA: Ballinger.

Krahmann, E. (2008). Security: Collective Good or Commodity? *European Journal of International Relations.* 14(3).

Krueger, A. (1974). The Political Economy of the Rent−seeking Society. *American Economic Review 64(3).*

Leibenstein, H. (1966). Allocative Efficiency vs. "X−Efficiency". *The American Economic Review.* 56(3).

Lindblom, C. (1959). The Muddling Through. *PAR, 19(1).*

__________. (1968, 1980). *The Policy-Making Process.* Prentice−Hall.

Mankiw, N. (2001). *Principles of Economics.* Harcourt College Publishers.

Mansfield, E. (1991). Microeconomics: Theory & Applications. W. W. Norton & Company.

McGuire, M. & Olson, M. (1996). The Economics of Autocracy and Majority Rule: The Invisible Hand and the Use of Force." The Journal of Economic Literature, 34(1).

Meier, K. (1993). Representative Bureaucracy: A Theoretical and Empirical Exposition. Research in Public Administration 2(1).

Meier, K. & Bohte, J. (2006). *Politics and Bureaucracy.* Thomson− Wadsworth.

Migue, J. & Belanger, G. (1974). Towards a General Theory of Managerial Discretion. *Public Choice, 17(1),* 27−47.

Miller, N. (1977). "Logrolling, Vote Trading, and the Paradox of Voting," *Public Choice, 30:.*

Mises, L. (1944, 1969). *Omnipotent Government.* Yale University Press.

Mueller, D. (1979). *Public Choice.* Cambridge University Press.

__________. (1989). *Public Choice II.* Cambridge University Press.

Musgrave, R. (1987). Merit Goods. *The New Palgrave: A Dictionary of Economics*, 3.

Niskanen, W. (1968). The Peculiar Economics of Bureaucracy. *American Economic Review, 57*, 2.

___________. (1971). *Bureaucracy and Representative Rovernment.* Aldine－Atherton.

___________. (1987). *Bureaucracy.* In Charles K. Rowley(Ed.). Democracy and Public Choice. Basil Blackwell.

Olson, M. (1965, 1971). The Logic of Collective Action: Public Goods and the Theory of Groups. Harvard University Press.

________. (1982). The Rise and Decline of Nations Economic Growth. Stagflation, and Social Rigidities. Yale University Press. 1982.

________. (2000). Power and Prosperity: Outgrowing Communist and Capitalist Dictatorships. Oxford University Press. 2000.

Ostrom, E. (1990. 2015). Governing the Commons: The Evolution of Institutions for Collective Action. Cambridge University Press.

Ostrom, V. (1986). *The Theory of the Compound Republic.* University of Nebraska Press.

Parkinson, C. (1958). *Parkinson's Law: The Pursuit of Progress.* John Murray.

Philps, L. (1988). *The Economics of Imperfect Information.* Cambridge University Press.

Pindyck, R. & Rubinfeld, D. (1998). *Microeconomics.* Prentice Hall.

Popkin, S. (1991). *The Reasoning Voter: Communication and Persuasion in Presidential Campaigns.* University of Chicago Press.

Rawls, J. (1971), A Theory of Justice, Cambridge, MA: Belknap Press.

Riker, W. (1962). *The Theory of Political Coalitions.* Yale University Press.

Romer, T. & Rosenthal, H. (1979). The Elusive Median Voter. *Journal of Public Economics, 12(2).*

Rosen, H. (1992). *Public Finance.* Homewood.

Rowley, C. (1973). *Antitrust and Economic Efficiency.* Macmillan.

Rowley, C. & Schneider, F. (2004). *The encyclopedia of public choice.* Kluwer Academic Publishers.

Rowely, C. & Tollison, R. (1986). Rent－seeking and Trade Protection. *Swiss Journal of International Economic Relations, 41.*

Samuelson, P. & Nordhaus, W. (1998). *Economics.* McGraw－Hill.

Savas, E. (1994). *Privatization: The Key to Better Government.* Chatham House Publishers.

Scherer, F. (1980). *Industrial Market Structure and Economic Performance.* Rand McNally.

Schultze, C. (2010). The Public Use of Private Interest. Brookings.

Schwartzman, D. (1960). The Burden of Monopoly. *The Journal of Political Economy, 68(6).*

Smithies, A. (1941). Optimum Location in Spatial Competition. *Journal of Political Economy, 49(3).*

Stigler, G. (1975). The Citizen and the State: Essays on Regulation. University of Chicago Press.

________. (1976). The Xistence of X－Efficiency The American Economic Review. 66(1).

Stiglitz, J. (2000). *Economics of the Public Sector.* Norton and Company.

Tullock, G. (1965). *The Politics of Bureaucracy.* Public Affairs Press.

________. (1967). The Welfare Costs of Tariffs, Monopolies and Theft. *Western Economic Journal, 5.*

________. (1971). The Cost of Transfers. *Kyklos, 24.*

_________. (1975). Competing for Aid. *Public Choice, 21.*

_________. (1989). *The Economics of Special Privilege and Rent-seeking.* Kluwer Academic Publishers.

_________. (1993). *Rent Seeking.* The Locke Institute.

_________. (2000). *Government: Whose Obedient Servant? A Primer in Public Choice.* The Institute of Economic Affairs.

_________. (2003). *Public Choice: The Origins and Development of a Research Program.* Center for Study of Public Choice, George Mason University.

Tullock, G. Seldon, A., Brady G. (2002). *Government Failure: A Primer in Public Choice.* Cato Institute.

Vanberg, V. (1994). *Rules and Choice in Economics.* Routledge.

Viscusi, W., Veron, J. & Harrington, J. Jr. (2000). *Economics of Regulation and Antitrust.* MIT Press.

Wagner, R. (1988). The Calculus of Consent: A Wicksellian Retrospective. Public Choice 56.

Wicksell, K. (1896). *Finanztheoretische Untersuchungen [Investigations into the Theory of Finance].* Gustav Fischer.

Wildavsky, A. (1964). The Politics of the Budgetary Process. Little, Brown.

Williamson, O. (1996). The Mechanisms of Governance. Oxford University Press.

Winston, C. (2006). *Government Failure versus Market Failure.* Washington, AEI－Brookings Joint Center for Regulatory Studies.

Wolf, C. (1988, 1990). *Markets or Governments: Choosing between Imperfect Alternatives.* RAND Books.

# 찾아보기

## 인명 색인

## 사항 색인

## 저자 소개

김 성 준(songjune@knu.ac.kr)

김성준은 서울에서 태어나 고려대학교 경제학과를 졸업하고 텍사스대(University of Texas at Dallas)에서 행정학과 정치경제학으로 석 · 박사 학위를 취득하였다. 한국규제학회 회장을 역임하고 현재 공공선택학회 회장으로 봉사하면서 경북대학교 행정학부 교수로 재직하고 있다. 한국 정부와 공공기관뿐만 아니라 ASEAN(동남아시아 국가연합), ADB(아시아개발은행), 대만 정부 등의 초대를 받아 프로젝트 책임자와 초청강연자로 참여하였다. 저서로는 「제임스 뷰캐넌: 공공선택학의 개척자, 정부만능주의를 경계하다」(2022, 지식발전소), 「정책학: 공공정책의 이해를 위한 입문, 제2판」(2023, 박영사) 등이 있고, 「자유의 길: 애덤 스미스와 한국경제」(2023, 북코리아), 「Handbook of Regulatory Impact Assessment」(2016, Edward Elgar Publisher) 등에 기고하였다.

제2판
공공선택론: 정치행정의 경제학적 분석

초판발행 2012년 3월 18일
제2판발행 2020년 12월 24일
중판발행 2024년 1월 31일

지은이 김성준
펴낸이 안종만 · 안상준

편 집 배근하
기획/마케팅 장규식
표지디자인 박현정
제 작 고철민 · 조영환

펴낸곳 (주) 박영사
서울특별시 금천구 가산디지털2로 53, 210호(가산동, 한라시그마밸리)
등록 1959. 3. 11. 제300-1959-1호(倫)
전 화 02)733-6771
f a x 02)736-4818
e-mail pys@pybook.co.kr
homepage www.pybook.co.kr
ISBN 979-11-303-1121-0 93350



정 가 19,000원